대화 리더가 되게 하는
지식 & 이슈 330

대화 리더가 되게 하는
지식 & 이슈 330

2017년 1월 15일 초판 발행
2020년 8월 15일 3쇄 개정판 발행

지은이 이경윤
발행인 겸 편집인 김낙봉
디자인 미디어픽스
사진, 일러스트 Fotolia.com, 유재헌
교정 우정민
발행처 북네스트
출판등록 제2016-000066호
주소 경기도 고양시 일산서구 강성로 232번길 16-2
전화 070-8200-6727
팩스 031-622-9863
독자문의 laejoo@naver.com

ISBN 978-89-93409-35-2 03300

사람을 행복하게 하는 출판사 북네스트

값 16,000원

이 도서의 국립중앙도서관 CIP는 서지정보유통지원시스템 홈페이지(http://seoji.nl.go.kr)와
국가자료공동목록시스템(http://www.nl.go.kr/kolisnet)에서 이용하실 수 있습니다.(CIP제어번호: CIP2020029295)

대화 리더가 되게 하는 지식 & 이슈 330

이경윤 지음

북네스트

끼자니 잘 모르겠고 멀뚱 있자니 어색하고…

친구들을 만나 커피를 마셨다. 어제는 직장 동료, 상사와 치맥집에서 어울렸다. 가끔 대화가 내가 잘 모르는 방향으로 흐른다. 그날 화제나 세상 돌아가는 관심에 따라 럭비공 튀듯 하는 게 원래 우리네 대화다.

누군가 말한다.

“우리나라, 신자유주의인 거지? 시장이 갈수록 정글인데, 그러면서 경제민주화는 무슨.”

신자유주의? 경제민주화? 좀 끼어보고 싶지만 별로 아는 게 없다. 침묵…. 럭비공이 또 튄다. 이머징 마켓? 별건수사? 이건 또 뭔 얘기?

살다 보면 대화 중에 난처할 때 많다. 리플리 증후군, 어나니머스, 산시방(정치 · 사회), 신휴머니즘, 이슬람, 나노 트럭(인문 · 과학), 개념미술, 미장센, 팝아트(문화 · 예술)…. 들어는 봤지만 ‘아리까리’!

그런데 고약한 건 대화가 나에 대한 평가가 되기도 한다는 점이다. 풍부한 지식과 상식, 합리적 사고, 배려가 있는 대화로 좌중을 이끄는 당신이라면 은연중에 주변에서 리더로 부각되고 있을 것이다.

그 힘은 당신의 삶을, 조직 안에서의 미래를 더 밝게 할 수도 있다. 어디 그뿐인가. 사람들과의 인간적 교분을 좋게 하고, 연인에게는 더욱 믿음직한 당신이 되게 해줄 수도 있다.

이 책에서 강조하는 '대화 리더'는 말로써 상대를 이기는 사람이 아니다. 리더는 '상대나 집단을 잘 이끄는 사람'을 가리키므로 대화 리더란 상대와의 대화를 잘 이끄는 사람이다.

대화는 궁극적으로 나 혼자 일으키는 작용이 아니라 나와 너, 나와 우리 사이에 일어나는 상대적 작용이다. 공감, 호감, 커뮤니케이션, 그런 대화를 이끈다면 당연히 상대도 좋고 나도 좋은 상황이 연출된다. 만약 이런 일이 지속적으로 일어난다면 나는 일시적인 대화 주도자가 아니라 성공의 자리에도 오를 수 있게 될 것이다.

그런 대화 리더가 되기 위해 갖추어야 할 것 중 하나가 '지식'이다. 다양하고 바른 지식을 많이 갖춘 사람이 대화 리더가 될 수 있다는 뜻이다. 대화는 말로 이루어지는데 말의 원천이 지식이기 때문이다.

지식에는 넓이와 깊이가 있다. '넓이'는 다방면의 지식과 상식이다. 이 책에서는 정치, 경제, 사회, 인문, 과학, 문화 등 다양한 분야의 이야깃거리를 제공하는데 이것이 지식의 넓이가 된다. 상식도 지식을 넓히는 요소로 중요하다. 상식은 토막 이야기가 아니라 서로의 상관성에 의해 지식으로 성장한다.

다음으로 '깊이'는 어떤 분야의 지식과 관련한 통찰을 의미한다. 그 분야가 어떻게 흘러왔는지, 지금은 어디쯤에 위치하는지 꿰뚫는 힘이 지식의 깊이다.

그런데 지식의 넓이와 깊이는 묘한 관계가 있다. 지식의 넓이를 알아갈 때 깊이도 깊어진다. 가령 넓게 퍼져 있는 정치, 사회, 문화 분야의 여러 이야기를 내 것으로 만들다 보면 우리가 사는 세상에 대한 식견도 쌓이게 되는 것이다. 그것이 진정 깊이 있는 지식이다.

또 대화 리더가 되자면 여러 가지 상황에 부닥칠 때 해결할 수 있는 대화법도 갖추어야 한다. 이는 타고나는 사람도 있지만 후천적 노력으로도 기량을 끌어올릴 수 있다. 이 책에서는 부록으로 '대화 리더의 대화법' 편을 두어 상황별 대화법에 대해 이해를 키울 수 있는 기회를 부여하고 있다.

아마도 이 책이 제공하는 지식과 상식을 내 것으로 하고 나면 한층 달라져 있는 나를 발견하게 될 것이다. 내 지식의 질량이 풍부해졌기 때문이다. 누구와 대화하든 자신감도 높아질 것이다. 여기서 자신감은 단지 상대를 이기자는 것이 아니라 상황을 리드할 수 있는 자신감이다.

훌륭한 대화 리더는 세상을 이롭게 한다. 가정에서라면 그를 통해 가족이 함께 좋아지는 성공 가정을, 직장에서라면 동료들을 잘 이끄는 성공 직장을 만들어갈 것이다. 어떤가? 대화 자리에서 쭈뼛거리는 구경꾼이 아니라 여유 있는 대화 리더가 되어보고 싶지 않은가. 아는 것 없이 마구 떠

드는 수다쟁이가 아니라 지식으로 무장한 대화 리더가 되어보고 싶지 않은가.

이 책《대화 리더가 되게 하는 지식 & 이슈 330》이 당신을 넓이와 깊이를 갖춘 대화 강자로 만들어줄 것이다. 더불어 이 책은 각종 시사상식 시험 등의 대비에도 매우 유용할 것이다.

표제어 선정부터가 특별하기 때문이다. 차례를 보면 들어본 듯하면서 설명하려면 정확히 모르는 말이 많을 것이다. 이유가 있다. 인터넷의 시사상식 조회수, 유력 언론 추천 '대기업 입사시험 시사용어', 고전 지식 등을 합해 3배수의 지식 · 이슈 · 상식을 뽑은 뒤 뉴스 빈출도를 따져 압축한 것이 본문의 표제어다.

설명은 사전식 풀이가 아니라 가급적 사실 에피소드를 곁들어 쉽게 와닿게 했다. 그러면서 각 설명을 원고지 3~5매 분량에 담아 부담 없이 볼 수 있게 했다.

이상으로 서언을 맺으며 독자들에게 즐거운 지식 여행이 되기를 빈다.

이경윤

차례

Chapter 01 | 경제 · 경영 편

지식 Classic

시장경제 인류가 개발한 최고의 경제정책 18 | **애덤 스미스 《국부론》** 보이지 않는 손 19 | **맬서스 《인구론》** 빗나간 예측 20 | **리카도의 자유무역** 200년 전에 이미 발상 21 | **카를 마르크스 《자본론》** 최후의 승자는 노동자 22 | **케인스, 케인스학파, 뉴딜정책** 대공황이 탄생시킨 영웅 23 | **신자유주의, 시카고학파** 1970년대에 다시 자유주의로! 25 | **대처리즘** 신자유주의의 성공과 그늘 26 | **레이거노믹스** 대처와는 결과가 달랐다 27 | **슘페터의 창조적 파괴** 성장 기업의 공통분모 28 | **수정자본주의** 자본주의 연구는 계속되고 있다 29 | **미시경제학? 거시경제학?** 헷갈리는 경제학 30

이슈 · 상식

경제민주화 뜻은 좋지만 실천이 어려워 32 | **블루오션, 레드오션, 퍼플오션** 새로운 시장을 찾아라 33 | **빅 데이터** 인터넷 자취로 여론을 읽는다 34 | **소셜커머스** SNS 세상의 새로운 상술 35 | **클라우딩 컴퓨터** 하드와 프로그램 없이 컴퓨터 사용 36 | **FTA 협정과 ISD** 요란했던 반대 시위의 끝은? 37 | **Fed, FOMC, FRB** 미국 금리가 중요하다 38 | **버냉키 쇼크** 미국 FRB 의장은 세계 경제대통령 39 | **양적완화, 아베노믹스** 해결책일까? 혼돈의 전주곡일까? 40 | **재정 절벽** 나랏돈이 바닥났다 41 | **모라토리엄과 디폴트** 나라가 '배 째라' 하다니! 42 | **그리스 구제금융** 남유럽이 위태롭다 43 | **BIS 비율** 은행도 퇴출된다 43 | **기준금리, 콜금리, 리보금리** 아! 어려운 금리 44 | **환차익** IMF 때 돈 번 기업도 있다 46 | **MMF, CMA 통장** 목돈 짧게 굴리기 좋은 예금 47 | **핀 테크** 금융거래의 진화 48 | **뱅크 런** 은행이 망하기 직전 사태 49 | **전환사채(CB채권)** 삼성이라서 더 특별했다 50 | **서브프라임 모기지론** 미국을 무너뜨린 연체 50 | **수쿠크** 이슬람 금융이 뜬다 51 | **오일머니** 의식주 공짜 나라를 만들어준 마법 52 | **블랙 스완** 경제는 검은 백조도 만드는 요지경 53 | **반세계화운동** 다국적기업에 반대한다 54 | **NAFTA(북미자유무역협정)** 미국도 지역 이기주의? 55 | **아마르티아 센** 아시아 최초 노벨경제학상 56 | **AIIB(아시아인프라투자은행)** 금융 국제기구도 G2 체제 57 | **국가신용등급** 나라는 어려운데 안정적이래! 58 | **승자의 저주** 이긴 게 이긴 게 아니야 59 | **한국판 미텔슈탄트** 청년 실업의 구세주로 키워라 60 | **지하경제** 국가 1년 예산과 맞먹는 수준 61 | **골디락스** 따듯한 수프 같은 경제 62 | **출구전략**

군사용어가 경제용어로 63 | **파레토의 법칙** 80 대 20의 마법 64 | **기회비용, 매몰비용** 비용을 알아야 이익이 보인다 65 | **적대적 M&A** 무서운 기업 사냥꾼 66 | **경제의 풍선효과** 아낀다고 아낀 게 아니네 67 | **나비효과** 나비의 날갯짓이 태풍을 부른다 68 | **지니계수** 우리나라는 평등한가? 불평등한가? 69 | **우리나라 세계경제순위** 세계 10대 경제강국이라는데… 70 | **코스피와 코스닥** 주식시장의 큰집과 작은집 72 | **다우지수, S&P500, 나스닥** 세계 주식시장의 풍향계 73 | **PBR** 저평가 주식이라고 좋은 것일까? 74 | **사이드카, 서킷브레이커** 주식시장의 폭락 상징 75 | **자사주 소각, 우리사주** 주식을 왜 태우지? 76 | **선물거래** 투기냐? 투자냐? 77 | **ELS** 안전을 우선으로 하는 증권 78 | **어닝 쇼크** 실망스러운 실적 79 | **우회상장** 보이지 않게 터뜨리는 대박 80 | **사모펀드** 펀드계의 대세 80 | **헤지펀드** 자본주의의 악마 82 | **이머징 마켓** 신흥 시장은 신선한가 83 | **규모의 경제** 대량에는 당할 자 없다 84 | **피케티 신드롬** 자본세 가능한 일일까? 84 | **지주회사** 사실은 내가 그룹의 주인이야 85 | **브랜드 가치** 한국 기업의 세계 순위는? 86 | **G20** 세계 GDP 85% 차지 87 | **탄소포인트제** 에너지 아낀 개인에게 주는 혜택 88 | **셰일가스 혁명** 에너지시장의 태풍의 눈 89 | **소비자심리지수** 서민경제의 바로미터 90 | **바오류 시대** 중국의 고속성장이 끝나간다 91 | **푸드 테크** 음식과 스마트폰이 결합했다 92 | **펭귄효과** 눈치 보고 사는 한국인 93 | **토빈세** 막을 것이냐 말 것이냐 93 | **그레셤의 법칙** 나쁜 것이 좋은 것을 이긴다 94 | **히든 챔피언** 진정한 최고 강소기업 95 | **슈퍼노트** 위조지폐의 최강자 96 | **레버리지** 지렛대 효과로 돈 벌자 96 | **조세부담률, 상속세, 증여세, 양도세** 아! 세금 98 | **조세 피난처** 탈세가 너무 감쪽같아 99 | **와타나베 부인** 일본 금융계의 우먼파워 99 | **경제자유구역** 송도의 변신을 불러오다 100 | **리커노믹스** 나도 신자유주의 101 | **쌍둥이 적자** 하나도 아니고 둘씩이나 101 | **젠트리피케이션** 상권 일궈놓으니 나가래 102 | **패블릿** 난 큰 스마트폰이 좋다 103 | **삼성과 애플의 소송전** 디자인이 뭐길래 104 | **갈라파고스 증후군** 우물 안 개구리는 망한다 105 | **팝업 스토어** 떴다가 사라지는 가게 105 | **크라우드 펀딩** SNS로 자금을 모은다 106 | **비트코인** 수학 천재라면 수조 원도 벌 수 있다 107 | **바이두** 중국 최대 포털 기업 109

Chapter 02 | 정치 · 사회 편

지식 Classic

봉건, 봉건제도 계약에 의한 권력 분할 112 | **민주주의의 탄생** 나에게 빵과 자유를 달라 114 | **공산주의의 탄생** 자본주의의 허점을 파고들었지만… 115 | **공산주의와 사회주의의 차이** 아! 헷갈린다 116 | **사회민주주의** 이건 또 뭐야? 118 | **전체주의의 비극** 히틀러와 무솔리니 119 | **좌파, 우파? 보수, 진보?** 원조는 프랑스 의회 120 | **매카시즘** 너 공산주의자지? 121 | **강희제** 중국 최대 영토를 이룩했던 황제! 122 | **왕이 있는 나라** 입헌군주제의 배경 123 | **이원집정부제** 독재 막고 위기 대응력은 높이고 124 | **다니엘 벨의 탈공업화** 40년 전에 지금을 예측 125

이슈 · 상식

국민연금 및 공무원연금 개혁 이대로 가다간 망한다 127 | **증세 논란** 올릴까? 말까? 128 | **선택적 복지, 보편적 복지** 어느 게 맞을까? 129 | **눔프 현상** 도둑놈 심보의 끝판왕 130 | **살라미 전술** 쪼개서 하나씩 먹겠다 131 | **별건수사** 모로 가도 서울만 가면! 131 | **북한 6·28 조치** 북한이 이런 생각도 했어? 132 | **무수단 미사일** 잠수함 탑재로 미국 위협 133 | **휴민트** 최고의 정보통은 역시 사람 133 | **사드와 MD** 북한 핵위협 막는 방법 있다? 없다? 135 | **방공식별구역** 한 · 중 · 일은 영공이 겹치는 게 문제 135 | **한 · 일청구권협정** 일제식민지 피해자들은 억울하다 136 | **이어도** 바다 5m 아래의 수중 섬 137 | **IS 무장단체** 서방세계와 앙숙 된 이유는? 138 | **바샤르 알 아사드** 지옥의 독재자 139 | **시리아 반군, 시리아 난민문제** 국제전쟁의 도화선 될까 140 | **알카에다** 9 · 11 뉴욕 테러의 주범 141 | **쿠르드족** 우리의 소원은 독립 142 | **보스포루스해협** 아시아와 유럽의 경계 143 | **아랍의 봄** 피어나다 꺼진 민주화의 불꽃 144 | **농르풀망원칙** 난민을 보호하라 145 | **도미노이론** 하나가 쓰러지면 이웃도 위험하다 146 | **팍스 시니카** 중국 시대가 온다 146 | **포퓰리즘** 정치는 인기가 최고야! 147 | **불곰사업** 돈 없어! 무기로 갚을게 148 | **샤오캉 사회** 중국이 꿈꾸는 나라 149 | **중국의 권력 구조** 주석과 7명의 상무위원이 핵심 150 | **상시방** 중국을 움직이는 세력 151 | **일본의 우경화 문제** 군국주의 회귀 꿈꾸는 사람들 152 | **후쿠자와 유키치** 일본 최고액 지폐 인물 153 | **요시다 쇼인** 일본 메이지유신의 정신적 지도자 154 | **야스쿠니 신사** 전쟁 범죄자들을 받들다니! 155 | **노동3권** 전교조로 인해 새삼 부각 156 | **사회서비스 바우처**

복지 지급을 위한 묘수 157 | **기소유예** 한 번 봐준다 158 | **보이스피싱 · 스미싱 · 파밍** 사기도 진화한다 158 | **넥슨 캐시, 넥슨 카드** 게임머니가 필요해 160 | **대포통장, 대포폰, 대포차** 내 명의 도용 조심하기를 160 | **저작권, 초상권, 지적재산권** 알아야 안 당한다 161 | **딸통법** 음란물 보기만 해도 잡혀가? 162 | **리플리 증후군** 가짜 인생을 진짜로 믿어! 162 | **불안장애** 두려움과 공포의 괴물 163 | **분노조절장애** 화나면 뵈는 게 없다 164 | **사이코패스, 소시오패스** 극단적 냉혈인간들 165 | **온라인 확정일자** 주민센터 안 가고 처리한다 166 | **학생인권조례** 두발과 복장 검사 그만! 166 | **전자위치추적제도** 아동보호가 더 중요한 가치 167 | **신데렐라법** 아이들을 게임으로부터 보호하라! 168 | **이태백, 삼초땡, 알밴 명태** '웃픈' 신조어 만드는 사회 168 | **등골 브레이커** 등골 휘게 하는 가격 169 | **사이버 불링** 사이버 왕따도 있다 170 | **액티브 시니어** 은퇴 후 삶을 풍요롭게 171 | **신중년, 노노족 열풍** 나는 노인이 아니라 중년이다 171 | **베이비붐 세대 VS 에코 세대** 생각은 '에코'가 아니었다 172 | **프렌디 마케팅** 친구 같은 아빠를 공략하라 173 | **로케팅족** 작은 사치를 즐기자 174 | **소셜다이닝 문화** 새로운 개념의 소셜 식사 문화 174 | **헬조선** 에이! 지옥 같은 나라 175 | **금수저, 흙수저** 자본주의의 경고 176 | **제로섬 게임** 누구 하나는 다친다! 177 | **국제사면위원회(앰네스티)** 150여 나라 퍼져 있는 국제인권단체 178 | **뇌물공여지수 BPI** 검은돈 주는 사람이 없어야 돼! 178 | **양해각서** 좀 더 확실히 해두자고 179 | **로드맵** 다음 제품에 대한 관심까지 판다 180 | **교토의정서, 파리기후협약** 온실가스를 줄여라! 181 | **NGO 단체, 굿네이버스** 비영리 비정부 국제구호기구 181 | **유니세프** 전쟁 피해 아동 구호하는 유엔기관 182 | **일루미나티** 거대한 음모 조직 183 | **어나니머스** 국제적 해커 조직 184 | **워킹홀리데이** 해외로 일하러 가자 185 | **카우치 서핑** 색다른 여행을 하고 싶다면 186

Chapter 03 | 인문 · 과학 편

지식 Classic

발견과 발명 인간 삶의 질을 바꾼 혁신 190 | **문화의 전파** 유럽의 기술과 민주주의가 퍼져 나가다 191 | **문화접변 현상** 공존이냐 융화냐 192 | **문화의 진화** 이용할 수 있는 에너지량이 척도라고? 193 | **다**

윈 – 종의 기원 인간은 점진적 진화의 산물 194 | **《성경》 신약과 구약** 인류 최고의 베스트셀러 195 | **노자** 무위자연 '억지로 말고 자연스럽게!' 196 | **공자** 인의예지신 '어질고 예의 바른 사람이 최고!' 198 | **맹자** 성선설 '힘이 아닌 사랑과 덕으로!' 199 | **동로마제국** 2,000년 이상을 존속했던 나라 201 | **변증법적 유물론** 물질이 정신을 만든다 202 | **벤담 – 최대 다수의 최대 행복** 공리주의를 대표하는 표어 203 | **생시몽과 콩트 – 관념의 3단계론** 실증주의를 위한 연구 203 | **허버트 스펜서 - 사회진화론** 다윈에 앞서 진화를 주장 204 | **막스 베버 – 가치 합리성** 서양이 세계의 중심이 된 이유 205 | **신휴머니즘** 휴머니즘을 반대한다 206 | **실존주의** 인간에 대한 원초적 질문 207

이슈 · 상식

칵테일파티 효과 듣고 싶은 것만 듣는다 208 | **콘클라베** 교황을 뽑는 비밀회의 209 | **회상성 기억조작** 유리한 것만 기억한다 210 | **트라우마** 방치하면 위험하다 210 | **검정 · 국정 · 인정교과서** 역사는 팩트일 것인데 왜? 211 | **이슬람교와 기독교** 원수가 따로 없다 212 | **원불교와 불교의 차이** 같은 불교 아니었나? 213 | **대순진리회** 도를 아십니까? 214 | **여호와의 증인** 병역은 하느님 외 숭배이므로 거부 215 | **세계의 미니국가들** 마을이야, 도시야? 216 | **자가면역질환** 면역세포가 나를 공격한다 217 | **메탄하이드레이트** 미래 에너지원인 '불타는 얼음' 218 | **원두커피와 인스턴트커피** 건강에 차이가 있다 220 | **막걸리 효능** 보약이 따로 없을 발효주 220 | **줄기세포** 희망은 남아 있는 걸까? 221 | **그래핀** 강철보다 200배 강한 신소재 222 | **빙하 코어** 빙하시대의 타임캡슐 223 | **나노 트럭** 아픈 부위에만 약물을 전달하는 기술 224 | **유전자 화장품** 개인 타입별 화장품 가능한 걸까 225 | **석면** 1급 발암물질 226 | **인공지능 AI** 진짜 인간 닮은 로봇 나올까 226 | **초연결지능망** 모든 사람과 사물을 연결한다 228 | **임베디드** 특정 기능 수행하는 컴퓨터 시스템 229 | **시스템 반도체** 컴퓨터 운용 기능 담은 반도체 230 | **사물인터넷** 제2의 스마트 혁명! 231 | **3D 프린팅** 자동차도 찍어낸다 232 | **증강현실** 현실세계에 가상세계를 더한다 233 | **LED와 OLED** 자체 발광하고 곡선 화면도 되고 234 | **8K TV** 안방극장의 끝없는 진화 235 | **서비스 거부 공격, 디도스** 인터넷 세상의 범죄자 235 | **슈퍼문** 가장 크게 보이는 달 237 | **정지궤도 위성과 저궤도 위성** 인공위성에도 종류가 있다 237 | **탄도미사일과 순항미사일** 어떤 점이 다른지 아시나요? 239 | **스페이스 클럽** 자국산 위성 발사 성공한 나라! 240

Chapter 04 | 문화 · 예술 · 스포츠 편

지식 Classic

고전주의 이성적인 조화와 균형이 중요해! 244 | **낭만주의** 개인의 감성과 상상의 세계가 좋아 245 | **사실주의** 있는 그대로의 모습으로 246 | **자연주의** 자연과학자처럼 인간 내면을 분석 표현 247 | **상징주의** 모든 것은 상징으로 표현할 수 있다 248 | **모더니즘** 현대적 예술의 태동 249 | **포스트모더니즘** 대중과 친해야 예술이다 250 | **미래파와 입체파** 참 알기 힘든 예술 250 | **다다와 초현실주의** 기존의 예술을 부정한다 251 | **세계 3대 시인** 호메로스, 베르길리우스, 단테 252 | **이태백과 두보** 천재 시인과 상념의 시인 253 | **세익스피어 희곡집** 나라와도 안 바꾼다 254 | **세계 3대 단편작가** 오 헨리, 모파상, 체호프 255 | **세계 3대 교향곡** 음악교과서에는 나오지 않는다 256 | **고대올림픽** 1,169년간 293회나 대회가 열렸다 256 | **근대올림픽 - 쿠베르탱** 1894년 9개 종목으로 시작 257 | **근대5종경기** 고대올림픽 5종경기에서 착안 258 | **동계올림픽** 처음엔 하계 대회에 포함되어 있었다 259 | **FIFA의 탄생** 한 종목 협회가 올림픽위원회와도 맞짱 260 | **월드컵 역사와 줄 리메컵** 최고의 축구제전 만든 줄 리메 261

이슈 · 상식

1인 방송 고수익 1인 미디어 스타들 263 | **먹방 현상** 대리만족과 불안감 해소? 265 | **스웨그 신드롬** 자유분방함의 가벼움 266 | **디지털 네이티브, 모바일 네이티브** 디지털 언어를 원어민처럼 266 | **소셜테이너** 사회 이슈에 목소리 내는 연예인 267 | **또봇** 뮤지컬까지 평정한 애니메이션 268 | **세계문화유산** 유네스코가 인정한 문화유산 269 | **세계기록유산** 기록도 세계유산으로 보호한다 270 | **문화자본** 거대 미디어기업들이 장악한다 271 | **지상파 방송광고 총량제** 돈이냐 시청권이냐 272 | **플롯** 이야기의 흥미를 결정하는 것 273 | **모티브** 표절과의 경계가 애매해 273 | **무라카미 하루키** 쉬운 중독성으로 끌어들인다 274 | **최인호** 영원한 청춘을 살다 간 소설가 275 | **레디메이드, 오브제** 기성품도 예술이 될 수 있다 276 | **개념미술** 아이디어가 작품이다 277 | **팝아트** 창작할 때부터 대중과 더 친숙하게 278 | **비디오아트 - 백남준** 비디오도 예술이 된다 278 | **재즈, 소울, 블루스** 흑인 특유의 감성을 담은 음악 279 | **리듬앤블루스** 블루스가 리듬을 타다 280 | **로큰롤, 록** 꼭대기에 엘비스 프레슬리가 있어 281

| **하드록, 헤비메탈, 펑크** 그룹밴드의 유행을 개척한 원조들 282 | **얼터너티브 록** 시끄러운 소리는 이제 지겹다 283 | **디스코** 전 세계를 춤추게 하다 284 | **일렉트로닉 음악** 못 내는 소리가 없는 연주 기기 285 | **힙합** 헐렁한 바지에 엉덩이를 좌우로 285 | **레게** 자메이카 스타일의 흑인 음악 286 | **리믹스** 원본 음악에 또 다른 맛을 가미 287 | **랩** 말이 노래가 된다 288 | **버스킹** 길거리 공연도 좋기만 하다 289 | **마이클 잭슨의 기록** 역사상 가장 성공한 가수 289 | **블록버스터** 흥행을 위한 대작 290 | **스크린셀러** 영화와 책의 상관관계 291 | **세계 3대 영화제** 베를린 · 칸 · 베니스 292 | **몽타주** 컷과 컷을 연속시켜 메시지를 전달 293 | **샷과 컷, 롱테이크** 끊어지지 않게 찍되 길이가 달라 294 | **신과 시퀀스** 신이 모인 부분적 이야기 단위 294 | **하드보일드** 냉철하고 무감각하게 295 | **시놉시스** 한눈에 보는 영화 개요서 296 | **미장센** 극적 효과를 더하기 위한 외적 설정 296 | **볼리우드** 세계 최다 영화 제작국은? 297 | **독립영화, 인디즈** 상업주의를 거부한다 298 | **투자배급사, 영화제작사** 영화계의 복잡한 수익 구조 299 | **다양성 영화** 작품성 넘어 이젠 흥행까지! 300 | **만화 〈원피스〉** 3억 부 이상이 팔렸다 301 | **〈진격의 거인〉** 역발상의 성공 만화 302 | **게임시장** 최고의 문화콘텐츠 산업 303 | **웹툰** 인터넷으로 옮겨온 만화 304 | **웹드라마** 인터넷용으로 제작한 드라마 305 | **캘리그라피** 개성이 담긴 독창적 손글씨 306 | **가드닝 열풍** 역시 자연이 좋아 307 | **애슬레저룩 인기** 운동 +레저를 동시에! 307 | **한국의 역대 올림픽 성적** 최고 성적은 세계 4위 308 | **메이저리그** 야구의 아메리칸 드림 309 | **메이저리그를 빛낸 스타들** 베이브 루스에서 칼 립켄 주니어까지 310 | **사이 영상** 역대 다승 1위 사이 영을 기념 312 | **일본 프로야구** 센트럴리그와 퍼시픽리그 312 | **장훈, 백인천, 선동열, 이승엽, 이대호** 일본에서 뛴 한국 야구 스타들 313 | **배트 플립** 배트를 던지는 세리머니 314 | **사이클 히트** 1루타, 2루타, 3루타, 홈런 315 | **세이브, 블론 세이브** 마무리 투수의 숙명 316 | **포심, 투심 패스트볼** 야구 투수의 직구 종류 317 | **슬라이더, 포크볼, 체인지업** 야구 투수의 변화구 318 | **FA(자유계약선수)** 황금알을 낳는 거위 319 | **한국 프로야구 역사** 프로스포츠 최고 인기 종목 320 | **이승엽, 송진우** 프로야구 홈런 1위, 다승 1위 321 | **최동원과 선동열** 두 최고 투수의 맞대결 322 | **월드컵을 빛낸 스타들** 펠레에서 호나우두까지 323 | **한국의 월드컵 성적** 눈물과 영광의 기록 325 | **유럽 프로축구 4대 빅 리그** 축구로 해가 뜨고 진다 326 | **런던 더비, 엘 클라시코** 펄펄 끓는 축구 라이벌전 327 | **챔피언스리그와 유로컵** 유럽 축구 메이저 대회 328 | **차범근, 박지성** 우리가 아는 것 이상의 별 329 | **K리그(한국 프로축구)** 1983년 2개 팀으로 출발 330 | **K리그 최다 우승팀, 최다 골 선수** 전북 현대, 이동국 332 | **농구 주요 룰** 3초룰, 8초룰, 24초룰 332 |

농구 포지션 포인트가드? 스몰포워드? 333 | **농구 등번호의 비밀** 1, 2, 3번이 없다 334 | **한국 농구를 빛낸 스타들** 허동택 트리오, 이상민, 서장훈 335 | **NBA** 세계 최고의 농구 리그 336 | **마이클 조던** 역사상 가장 위대한 농구 황제 337 | **미식축구, 슈퍼볼** 미국인이 가장 사랑하는 스포츠 338 | **하인스 워드** 슈퍼볼의 한국계 최고 스타 340 | **박인비** LPGA 평정, 커리어 그랜드슬램 341 | **보스턴 마라톤** 가장 유서 깊은 마라톤 대회 342

Plus 장 | 대화 리더의 대화법 편

말 에너지에 숨은 비밀! 346 | **대화의 무기, 지식** 348 | **내 수준이 상대보다 달릴 때의 대화법** 349 | **내 수준이 상대보다 높을 때의 대화법** 351 | **비슷한 수준의 사람 간의 평형 대화** 352 | **뒷담화 좋아하는 사람에 대한 대응** 354 | **상대가 나에게 싫은 말을 할 때의 대응** 355 | **자기 말만 하는 사람과의 대화법** 356 | **내가 아는 것을 상대에게 효과적으로 전하려면** 358 | **상대의 마음을 읽기 위한 대화법** 359 | **상대와 언쟁이 생겼을 때** 360 | **부부 사이 소통 대화법** 362 | **대화의 신, 래리 킹** 363 | **열등감을 역이용하는 아들러 식 대화법** 365 | **인터넷 공간에서의 대화법** 366

찾아보기 368

참고한 자료 382

지식 Classic

시장경제 | 애덤 스미스 《국부론》 | 맬서스 《인구론》 | 리카도의 자유무역 | 카를 마르크스 《자본론》 | 케인스, 케인스학파, 뉴딜정책 | 신자유주의, 시카고학파 | 대처리즘 | 레이거노믹스 | 슘페터의 창조적 파괴 | 수정자본주의 | 미시경제학? 거시경제학?

이슈 · 상식

경제민주화 | 블루오션, 레드오션, 퍼플오션 | 빅 데이터 | 소셜 커머스 | 클라우딩 컴퓨터 | FTA 협정과 ISD | Fed, FOMC, FRB | 버냉키 쇼크 | 양적완화, 아베노믹스 | 재정 절벽 | 모라토리엄과 디폴트 | 그리스 구제금융 | BIS 비율 | 기준금리, 콜금리, 리보금리 | 환차익 | MMF, CMA 통장 | 핀 테크 | 뱅크 런 | 전환사채(CB채권) | 서브프라임 모기지론 | 수쿠크 | 오일머니 | 블랙 스완 | 반세계화운동 | NAFTA(북미자유무역협정) | 아마르티아 센 | AIIB(아시아인프라투자은행) | 국가신용등급 | 승자의 저주 | 한국판 미텔슈탄트 | 지하경제 | 골디락스 | 출구전략 | 파레토의 법칙 | 기회비용, 매몰비용 | 적대적 M&A | 경제의 풍선효과 | 나비효과 | 지니계수 | 우리나라 세계경제순위 | 코스피와 코스닥 | 다우지수, S&P500, 나스닥 | PBR | 사이드 카, 서킷 브레이커 | 자사주 소각, 우리사주 | 선물거래 | ELS | 어닝 쇼크 | 우회상장 | 사모펀드 | 헤지 펀드 | 이머징 마켓 | 규모의 경제 | 피케티 신드롬 | 지주회사 | 브랜드 가치 | G20 | 탄소포인트제 | 셰일가스 혁명 | 소비자심리지수 | 바오류 시대 | 푸드 테크 | 펭귄효과 | 토빈세 | 그레셤의 법칙 | 히든 챔피언 | 슈퍼노트 | 레버리지 | 조세부담률, 상속세, 증여세, 양도세 | 조세 피난처 | 와타나베 부인 | 경제자유구역 | 리커노믹스 | 쌍둥이 적자 | 젠트리피케이션 | 삼성과 애플의 소송전 | 갈라파고스 증후군 | 팝업스토어 | 크라우드 펀딩 | 비트코인 | 바이두

Chapter 01

경제 경영 편

지식 Classic

시장경제 인류가 개발한 최고의 경제정책

인류 문명의 경제 역사를 5,000년 정도로 잡았을 때, 인류가 지금처럼 잘살게 된 것은 어느 날 갑자기 일어난 일이었다. 산업혁명(industrial revolution)이 일어난 근대를 거쳐 세계 국가들의 GDP(Gross Domestic Product, 국내총생산)가 급상승하게 되면서부터다.

그렇다면 산업혁명은 왜 어느 날 갑자기 일어나게 된 것일까? 그러나 세상에 느닷없이 일어나는 일이란 없다. 반드시 징후가 있게 마련이다. 산업혁명의 징후가 바로 시장경제라 할 수 있다. 시장경제(market economy)란 그동안 국가가 통제해 온 경제를 시장 자율에 맡긴다는 개념이다.

영국 등 서구 열강은 식민지 쟁탈을 통해 국가의 부를 쌓으려 했으나 땅덩어리만 커질 뿐 쉽게 국가의 부가 축적되지 않았다. 이때 문제를 해결해주러 나타난 경제 영웅이 애덤 스미스(Adam Smith, 1723~1790, 영국)다. 그는 저서 《국부론》을 통해 국가의 부는 식민지가 아니라 '생산'으로 쌓인다고 역설했다. 그리고 생산력을 높이기 위해서는 시장을 국가가 통제할 것이 아니라 자유경쟁에 맡겨야 한다고 주장했다. 그러면 개인은 더 큰 이익을 내기 위해 노력하게 되며 그것이 생산력을 높여 국가에 부를 가져다준다는 것이다.

애덤 스미스의 논리는 그대로 적중했다. 시장경제 체제를 도입한 나라들은 하나같이 경제발전을 이루었기 때문이다. 물론 영국도 그중 한 나라였고 산업혁명도 그런 가운데 터진 최고의 사건이었다. 이후 영국은 막강한 부를 일궈 '해가 지지 않는 나라(역사상 가장 넓은 지역을 차지한 나라)'로 세계 최강국이 될 수 있었다.

이처럼 어느 날 괴물처럼 등장한 시장경제 체제는 오랫동안 제자리걸음을 하던 세계 경제를 수직 상승시킨 발원지가 되었다.

애덤 스미스《국부론》 보이지 않는 손

17세기 이전까지 유럽은 세계경제의 주인공이 아니었다. 이때까지 오히려 동양에 뒤처져 있었다! 하지만 17세기부터 서서히 서양의 경제 역전이 일어나기 시작한다. 물론 그 중심에 자본주의, 즉, 시장경제가 있었다.

그런 시장경제의 아버지라 불리는 사람이 바로 애덤 스미스다. 그는 1776년에 쓴 《여러 나라 국민의 부의 성질과 원인에 관한 한 고찰(An Inquiry into the Nature and Causes of the Wealth of Nations)》이라는 책(통칭 《국부론》)을 통해 시장경제 이론을 체계화했다. 《국부론》의 핵심을 요약하자면 자유경쟁과 '보이지 않는 손(invisible hand)'이다. 인간은 개인의 이익을 추구하는 동물이므로 각자가 이익을 추구할 수 있도록 시장에서 자유경쟁을 허용하면 생산력이 높아져 국가가 부를 쌓을 수 있다는 논리 구조다.

스미스의 이런 주장에, 사람들이 가장 걱정한 것은 과연 시장에 자유를 줬을 때 질서가 유지될 수 있을까, 하는 부분이었다. 하지만 스미스는 자유시장이 정상적으로 작동되면 보이지 않는 손(수요와 공급에 의해 가격이 자율적으로 결정되는 현상)에 의해 시장은 질서 있게 돌아가면서 발전하게 된다고 설파했다.

사람들은 설마 현실에서 이런 일이 벌어질까 의심했지만 놀랍게도 자유를 준 시장은 스미스의 논리대로 돌아갔으며, 이후 근 200년 이상 세계경제가 발전을 거듭하는 계기가 되었다. 이런 이유로 애덤 스미스는 시장경제의 아버지로 불리고 있다.

맬서스 《인구론》 빗나간 예측

18세기 말, 자본주의의 발전을 불안한 눈으로 지켜보고 있던 한 남자가 있었다. 바로 영국의 고전학파 경제학자 토머스 맬서스(Thomas Robert Malthus, 1766~1834)다. 그는 계속된 자본주의의 발전이 빈민을 만들어내는 데 주목했다.

그러면서 '아무리 생산력이 높아져도 그 생산품을 살 여력이 없는 사람들이 많아진다면 결국 수요는 줄어들고 공급과잉이 되어 자본주의에 심각한 위기가 도래할 것'이라 예측했다.

특히 그는 빈민들은 자녀를 많이 낳음으로써 빈곤 문제를 해결하려 하기에 인구가 기하급수적으로 늘어날 것임을 예견했다. 또 식량의 생산은 인구 증가를 따라가지 못하므로 인류의 미래에 심각한 위기가 닥칠 것임을 경고하며 《인구론(An Essay on the Principle of Population)》이라는 책을 썼다.

하지만 안타깝게도 인류의 미래는 그의 예측대로 흘러가지 않았다. 인구가 기하급수적으로 늘어난 것은 맞았으나 그에 걸맞게 식량의 생산량도 기하급수적으로 늘어났기 때문이다. 물론 아직 기아로 허덕이는 나라들이 있긴 하지만, 전반적으로 볼 때 인류는 그 어느 때보다 배부른 시절을 보내고 있다.

리카도의 자유무역 200년 전에 이미 발상

《인구론》을 쓴 맬서스 당대에 그와 대립한 또 한 명의 경제학자가 있었으니 데이비드 리카도(David Ricardo, 1772~1823, 영국)다. 재미있는 것은 리카도와 맬서스가 소문난 절친이었다는 사실이다. 그럼에도 불구하고 두 사람을 대립하게 만든 것은 당시 영국을 떠들썩하게 만들었던 '곡물법(곡물 수입을 제한하는 법)'이었다.

리카도는 애덤 스미스의 자유경쟁을 지지하는 입장이었기에 곡물법을 폐지하는 자유무역을 주장했다. 그래야 곡물 가격이 떨어지고 서민들의 수요가 증가해서 경제에 도움을 줄 것이라고 생각했기 때문이다.

데이비드 리카도.

반면 맬서스는 수입을 제한해야 한다는 주장을 펼쳤다. 가격이 떨어지더라도 워낙 돈이 없는 빈민들은 곡물을 살 수 없게 될 뿐 아니라 오히려 떨어진 곡물 가격이 농장 지주들에게 커다란 피해를 줄 것이란 생각 때문이었다.

두 친구의 싸움에서 승자는 누구였을까? 이후 영국은 곡물법을 철폐하고 자유무역을 도입함으로써 커다란 국부를 이루었다. 또 여러 나라들에서도 자유무역이 성행하고 발달하면서 세계경제 성장에 크게 기여했다. 그렇다면 리카도의 압승이라 할 수 있지 않을까? 물론 자유무역의 폐해를 제외했을 때의 이야기이긴 하지만 말이다.

카를 마르크스 《자본론》 최후의 승자는 노동자

카를 마르크스(Karl Marx, 1818~1883, 독일)는 유물론과 공산주의 이론가로 유명하지만 사실 그가 쓴 책 중 가장 유명한 것은 《자본론(Das Kapital)》이다. 《자본론》은 사회주의와 공산주의를 공부하는 사람에게 바이블로 통할 정도로 위력을 갖고 있는 책이다.

애덤 스미스(Adam Smith, 1723~1790, 영국)에 의해 시장경제가 촉발되고 새로운 자본가(기업)들이 나타나던 18세기. 사람들은 잘살아보겠다는 일념에 도시로 몰려들었으나 기다리고 있는 건 혹독한 착취와 가난뿐이었다. 이로 인해 도시빈민이라는 새로운 계급 아닌 계급이 탄생했으며,

이는 훗날 사회주의 혁명의 불쏘시개가 되었다.

마르크스는 바로 이 사회주의 운동의 지도자였다. 그는 1848년 엥겔스(Friedrich Engels, 1820~1895, 독일 혁명가)와 함께 공산당 혁명에 실패한 뒤 영국에서 망명 생활을 했는데, 이 시절인 1887년 자본주의를 철저히 해부하기로 작정하고 쓴 책이 《자본론》이다.

책은 자본가가 노동 착취를 통해 어떻게 이윤을 남기다가 결국 몰락의 길을 가게 되는지 그 과정을 논리적으로 설명하고 있다. 즉, 자본가들은 노동자에게 생계비로 주는 임금 이상의 노동을 강제한다. 이 노동은 그만큼의 잉여가치(이윤)를 남기므로 자본가는 더욱 자본을 축적한다.

이때 자본가는 더 높은 이윤 추구를 위해 기계를 도입하게 되는데, 임금 비용보다 기계 비용이 더 늘어나 결국 이윤이 줄어든다. 급기야 부족한 이윤을 보충하기 위해 노동자들을 더욱 착취하게 되나 오히려 노동자의 생존을 보장할 수 없을 정도의 막다른 처지에 이른다. 그 끝에 자본가 계급은 무너지고 최후에 노동자 계급이 권력을 장악하게 된다는 것이 《자본론》의 요지다.

케인스, 케인스학파, 뉴딜정책 대공황이 탄생시킨 영웅

최소한 그 일이 있기 전까지는 자유시장경제 이론이 맞아떨어지는 것처럼 보였다. 역사상 그 어느 때보다 세계경제가 승승장구했으니까! 하지만 1920년대 말 발발한 대공황(great depression, 1929년에 터진 경제위기)은 그때까지의 경제이론을 송두리째 뒤흔들었다. 당시 호황을 구가하던 미국마저 몰락시킬 정도의 충격이었다. 이것은 자유시장경제가 맞은 직격

탄이었다. 아무도 이 초유의 불황을 설명하지 못했다.

하지만 영웅은 난세에 나는 법. 이때 혜성처럼 등장한 경제학자가 있었으니 바로 케인스(John Maynard Keynes, 1883~1946, 영국)다. 그는 자유시장에서 언제나 수요와 공급이 균형적으로 유지되는 것은 아니라며 대공황은 유효수요(실제 물건을 사려는 수요)의 위축으로 인한 불균형 현상 때문에 온 것이라 정의했다. 나아가 이 문제를 해결하기 위해서는 국가의 시장 개입이 필연적이라 주장했다.

당시까지만 해도 각 나라들이 국가의 개입 없는 자유시장경제를 신봉하던 시기라 케인스의 주장은 혁신을 넘어 혁명에 가까운 발언이었다. 이에 비난과 반발이 쏟아졌다. 게다가 대부분 나라들의 재정 상태가 좋지 않았기에 시장에 개입할 돈도 없는 상황이었다. 따라서 케인스의 주장은 현실성도 없어 보였던 터라 그는 더욱 코너로 몰렸다.

이런 케인스에게 구세주가 나타났으니 미국의 32대 대통령 루스벨트(Franklin Delano Roosevelt, 1882~1945)였다. 루스벨트는 케인스의 경

케인스 이론의 적용을 가져온 1929년 미국의 경제대공황.

제이론을 그대로 실행하는 뉴딜정책(new deal policy)을 실시했다.

당시 미국의 문제는 과도한 잉여 농산물과 1,500만 명에 달하던 실업자였다. 루스벨트는 '통화의 국가 통제, 생산물 조정, 테네시 강 개발을 통한 실업자 구제, 실업급여와 최저임금제 도입' 등을 시행했다. 그 결과 미국은 대공황에서 탈출하게 되었다. 이 때문에 케인스의 경제이론은 각광받기 시작했고 케인스학파라는 말이 생겨날 정도로 유명해지게 되었다.

신자유주의, 시카고학파 1970년대에 다시 자유주의로!

뉴딜정책이 성공하며 세계 각국은 자유시장경제를 버리고 케인스의 계획경제에 동참하기 시작했다. 하지만 이를 우려의 시각으로 바라보는 경제학자가 있었으니 바로 하이에크(Friedrich Hayek, 1899~1992, 영국)였다. 그는 케인스의 계획경제가 반드시 문제를 일으킬 것이라 생각했다.

아니나 다를까, 1970년대를 지나면서 세계경제는 다시금 요동치기 시작했다. 오일쇼크, 금융 불안 등으로 위기에 처한 것. 경제학자들은 원인 분석에 골몰했고 그중 신자유주의를 주장하고 나선 시카고학파(chicago school, 미국 시카고 대학을 중심으로 한 경제학자들)의 의견이 주목받기 시작했다.

그들은 국가의 과도한 시장 개입이 경제의 효율성을 악화시키는 원인이라고 진단했다. 그보다는 자유시장, 즉, 규제 완화와 국제금융의 자유화, 시장 개방을 통해 안정된 경제성장에 도달할 수 있다고 주장했다. '세계화'나 '자유화'라는 용어도 신자유주의에서 나온 말이다.

하이에크는 시카고학파는 아니었지만 줄곧 자유시장경제를 언급했던 그의 경제이론은 신자유주의와 일맥상통한다. 이처럼 하이에크와 시카고 학파로 대변되는 경제이론을 고전적 자유주의와 구분해 신자유주의라고 부른다.

대처리즘 신자유주의의 성공과 그늘

1970년대 세계경제가 다시 휘청거릴 때 신음하던 또 한 나라가 있었으니, 한때 세계 최강국으로 군림하던 영국이었다. 1979년 수상에 취임한 대처(Margaret Hilda Thatcher, 1925~2013, 영국 최초 여자 수상)는 영국 경제를 살리기 위한 방편으로 신자유주의 경제정책을 들고 나왔다.

당시 영국은 과도한 사회복지와 강성 노조로 인한 고복지 · 고비용 · 저효율의 만성적인 '영국병'에 시달렸다. 이에 대처는 대폭적인 정부 재정지출 삭감, 공기업의 민영화, 규제 완화와 경쟁 촉진 등 대대적인 개혁 조치를 위기 탈출의 해법으로 내놓았다. '대처리즘'은 대처 수상의 경제정책을 이르는 말로, 미국의 로널드 레이건 공화당 정부가 실시한 '레이거노믹스'와 함께 오늘날 대세가 되고 있는 신자유주의의 원조로 꼽힌다.

대처는 결과적으로 경기를 회복시키는 데는 성과를 냈으나 실업 문제의 악화를 불렀다. 강력한 정책 시행으로 '철의 여인'으로 불렸던 대처도 신자유주의의 그늘인, 약육강식으로 인한 실업 문제는 극복하지 못했다.

레이거노믹스 대처와는 결과가 달랐다

대처 수상 이후 신자유주의 경제정책에 동참한 또 한 명의 강대국 지도자가 있었으니 미국의 40대 대통령 로널드 레이건(Ronald Wilson Reagan, 1911~2004)이었다. 당시 미국은 오래된 인플레이션을 일컫는 스태그플레이션(stagflation, 경기침체 속에 물가가 상승하는 현상)으로 장기 침체의 늪에 빠져 있었다.

레이건은 거대해진 정부를 축소하고 기업을 활성화시켜야 문제가 풀릴 것이라고 생각했다. 그 주요 실행은 정부 지출의 삭감, 소득세의 대폭 인하, 기업에 대한 규제 완화, 금리 안정을 통한 금융 신뢰의 회복으로 진행되었다.

그의 정책은 적중했다. 미국 경제가 다시 살아나기 시작한 것. 게다가 스태그플레이션도 줄어들기 시작했다. 레이건은 신자유주의 속에서 실업률도 떨어뜨렸다. 1981년 집권 초기 7.6%에 달했던 실업률이 이듬해 9.7%까지 치솟았으나 대통령을 마칠 때는 5.5%로 안정되었다. 개인과 기업에 대한 세금 인하로 경기 부양이 이루어지고 그것이 고용 증대로 연결된 것이다.

사람들은 레이건의 경제정책을 레이거노믹스(Reaganomics)라 불렀다. 하지만 밝음이 있으면 어두움도 있는 법. 레이건 대통령 시절 기록한 사상 최대의 국가 재정 적자는 오점이었다. 당시 소련과 경쟁하느라 지출한 과도한 군비가 문제였다.

슘페터의 창조적 파괴 성장 기업의 공통분모

애플이 어떻게 초유의 스마트폰을 만들어내고 페이스북이 최단기간에 세계 일류 기업의 대열에 낄 수 있었는지 아는가? 그 중심에 창조적 파괴(creative destruction)의 원리가 숨어 있었다는 사실을 아는 사람들은 많지 않다. 사실 창조적 파괴라는 말 자체에는 묘한 기운이 감돈다. 창조와 파괴라는 두 단어가 전혀 어울리지 않을 듯 어울리기 때문이다.

그러나 경제계에 종사하는 사람들 입장에서 창조적 파괴는 귀에 익숙한 단어다. 세계적 경제학자 슘페터(Joseph Schumpeter, 1883~1950, 오스트리아 출신의 미국 경제학자)가 이미 1912년경에 경제발전의 원리로 내세운 경제이론이기 때문이다.

슘페터는 기업이 과거를 파괴하고 새로운 혁신을 이룰 때 성장할 수 있다고 조언한다. 거의 독점적 혜택을 누릴 수 있기 때문이다. 하지만 성공 후에도 그 자리에 머물러 있으면 모방 기업들이 늘어나 다시 위기를 맞는다. 따라서 기업이 지속적으로 성장하기 위해서는 창조적 파괴가 지속적으로 일어나야 한다.

한때 세계 카메라필름 시장을 석권했던 일본의 코닥과 후지는 디지털 카메라를 먼저 개발해놓고도 출시를 미루다가 시장을 선점할 기회를 놓쳤다. 시장 지배적 기업들은 신제품이 자사의 주력제품 시장을 잠식하는 '카니발리제이션'을 우려해 신제품 출시를 미루는 경향이 있다. 이런 때의 과감한 버림과 선택도 창조적 파괴라 할 수 있다.

삼성전자가 애플보다 스마트폰 출시에 늦었던 것도 유사하다. 2009년 삼성 등 국내 휴대전화 회사들은 당시 1, 2위를 달리던 2G폰 시장이 무너질까 우려해 스마트폰 기술을 확보하고도 제품화를 미루다가 애플에 일격을 당했다.

조지프 슘페터.

삼성의 이건희 회장은 창조적 파괴를 지속적으로 실천하려 했던 인물로 유명하지만 이때는 탄식을 쏟아낼 수밖에 없었다.

수정자본주의 자본주의 연구는 계속되고 있다

오늘날 우리는 혼란스러운 자본주의 시대를 살고 있다. 우리나라도 이미 IMF를 겪었지만 자본주의의 세계 최강국 미국의 경제마저 흔들리면서 어느 나라도 안심할 수 없는 시대에 서 있기 때문이다.

자본주의가 태동한 이래 세계는 위기가 올 때마다 초기 자본주의에 칼질을 해왔다. 케인스의 계획경제가 그랬고 하이에크의 신자유주의가 그랬다. 우파들은 신자유주의를 외쳤고, 좌파들은 아예 사회자본주의(국가의 통제로 움직이는 자본주의)로 가자고 외쳐댔다. 덕분에 오늘날 자본주의를 시행하고 있는 국가 중 초기 자본주의를 그대로 따르고 있는 국가는 거의 없다. 그래서 이를 수정자본주의라 부른다.

우리나라에서 한때 이슈가 된 경제민주화도 이런 일환에서 나온 것이라 봐야 한다. 자본주의가 낳은 병폐인 빈부격차, 분배의 불균형, 공황 등의 문제를 해결하기 위해 각국은 초기 자본주의를 조금씩 고친 수정자본주의를 시행하고 있다. 안타까운 것은 그럼에도 불구하고 자본주의는 여전히 해답을 찾지 못한 채 불안한 살얼음판을 걷고 있다는 사실이다.

미시경제학? 거시경제학? 헷갈리는 경제학

세상에는 미시세계와 거시세계가 있다. 예를 들어 원자, 전자 등이 미시세계라면 지구, 태양계, 우주 등은 거시세계다. 마찬가지로 경제학에도 미시경제학과 거시경제학이 있다.

미시경제학이란 경제의 주체라 할 수 있는 일반 생산자와 소비자 사이에 이루어지는 경제를 다루는 학문이다. 생산자와 소비자 사이의 민감한 관심사에 무엇이 있을까? 그것은 당장 생필품들의 가격일 것이다. 그래서 미시경제학에서는 수요와 공급, 그리고 수요와 공급에 의해 결정되는 가격 등을 주로 다룬다.

반면, 거시경제학에서는 국가나 세계 단위의 경제를 다룬다. 어떻게 하면 국가의 경제가 성장, 발전할 수 있을지, 세계경제의 방향이 어디로 흘러갈지 등이 주요 관심사다. 그래서 거시경제학에서는 국민총생산(GDP), 실업률, 인플레이션과 디플레이션(deflation, 물가 하락으로 오는 경기침체 현상) 등과 같은 커다란 경제지표를 다룬다.

그런데 경제학이 미시경제학과 거시경제학으로 구분되어 있다 해서 분리되어 있다고 여겨서는 안 된다. 왜냐하면 미시경제학과 거시경제학이 분리는커녕 서로 밀접하게 연관되어 있기 때문이다. 예를 들어, 미시경제학에서 다루는 물품 가격들이 바르게 형성되어야 거시경제학에서 다루는 실업률, 인플레이션 지수도 좋아질 수 있다. 즉, 작은 미시경제학들이 모여 커다란 거시경제학에 영향을 미친다는 것을 잊지 말아야 한다.

이슈 · 상식

경제민주화 뜻은 좋지만 실천이 어려워

수 년 전 우리나라 경제에 '경제민주화'가 핵심 이슈로 떠오른 적이 있다. 경제민주화란 사실 경제학 교과서에 나오지 않는 신생 경제용어였다. 자유시장경제는 당연히 경제성장에 초점을 맞추고 있기에 분배를 강조하는 경제민주화는 다루지 않고 있었다.

아이러니한 것은 이런 경제민주화를 줄곧 경제성장 위주의 자유경제를 주장하던 여당의 박근혜(1952~ , 18대 대통령) 후보가 들고 나왔다는 사실이다. 이 때문에 야당에서는 포퓰리즘(populism, 대중 인기영합주의) 공약이라며 비난하고 나섰다.

사실 그때 야당의 주장은 어느 정도 신빙성이 있었다. 당선된 박근혜 대통령이 분배에 방점이 찍힌 경제민주화보다는 경제성장 촉진을 위한 창조경제에 더 올인 했기 때문이다.

그렇다면 경제민주화란 도대체 무엇이며 또 어떻게 가능한 것일까? 경제민주화란 말 그대로 공정하게 거래되고 분배되는 경제를 뜻한다. 자유경제의 병폐라 할 수 있는 대기업 독과점, 빈익빈 부익부 현상을 막아보자는 뜻으로 등장한 신생 경제용어다. 하지만 경제민주화를 제대로 시행할 경우 대기업의 활동은 위축될 수밖에 없고 이는 국가의 경제성장에도 영향을 미칠 것이 분명하다. 이런 이유로 경제민주화는 좋은 줄 알면서도 함부로 시행하지 못하는 딜레마에 빠져 있는 상황이다.

블루오션, 레드오션, 퍼플오션 새로운 시장을 찾아라

프랑스 인시아드 경영대학원 국제경영 담당 석좌교수이며 유럽연합(EU) 자문위원인 김위찬 교수는 동료인 르네 모보르뉴(Renée Mauborgne, 인시아드 전략 및 경영학 교수)와 함께 2005년 2월 《블루오션 전략(Blue Ocean Strategy)》이란 책을 출판했다. 이 책은 순식간에 베스트셀러에 오르며 세계 경제계를 강타했다. 물론 우리나라에서도 번역 출간되었다.

블루오션이 사람들의 관심을 끈 이유는, 무한경쟁 상태에 놓인 레드오션(red ocean) 대신 무경쟁 시장이라 할 수 있는 블루오션을 개척하자는 것이 매우 매력적인 논리였기 때문이다. 그렇다면 무경쟁 시장으로는 어떤 게 있을까? 예를 들어, 기존 냉장고 시장이 레드오션이라면 처음 김치 냉장고를 내놓은 것은 블루오션이다. 즉, 숨어 있는 시장, 새로운 개척 시장이 바로 블루오션인 것이다.

한편, 최근에는 퍼플오션(purple ocean)이 떠오르고 있다. 퍼플(보라색)은 레드와 블루를 섞을 때 나오는 색깔이다. 따라서 퍼플오션이란 레드오션의 장점과 블루오션의 장점을 조합한 새로운 시장을 뜻하는 신생 경제용어다.

블루오션이 중요하다는 사실은 알고 있지만 블루오션을 개척한다는 것이 쉽지 않기에 대안으로 등장한 것이 퍼플오션이다. 이러한 예로는 파생상품을 들 수 있다. 즉, 만화 〈미생〉이 드라마로 만들어지고 관련 상품이 만들어지듯 시장을 확장시켜나간 파생상품은 퍼플오션의 좋은 예다.

빅 데이터 인터넷 자취로 여론을 읽는다

인터넷은 마법처럼 우리에게 정보화시대를 안겨주었다. 세상의 웬만한 정보가 모두 인터넷에 담겨 있으며, 사람들은 인터넷을 통해 생활하고 대화하며 정보를 주고받는다. 이러한 인터넷 활동은 스마트폰이 등장하면서 더욱 촉진되기에 이르렀다. 그리고 사람들이 인터넷에 남긴 정보량도 폭발적으로 증가했다.

그런 가운데 빅 데이터(big data)가 탄생했다. 빅 데이터란 사람들이 인터넷에 남긴 정보자료로 그 양이 워낙 방대하기에 붙여진 이름이다. 그런데 이 빅 데이터가 왜 주목받게 되었을까? 빅 데이터 이전까지 대중의 여론을 읽기 위해서는 일일이 여론조사를 실시해야 했다. 하지만 여론조사는 한정된 표본을 이용하기에 오차가 발생할 수 있다. 이에 반해 빅 데이터는 사람들이 인터넷에 남긴 방대한 자취를 통해 여론을 파악하는 것이기에 오차가 훨씬 줄어들 수 있다.

게다가 여론조사는 많은 시간과 인력을 필요로 하지만 빅 데이터는 인터넷 자료만 조사할 수 있다면 실시간으로 사람들의 생각, 의견, 심지어 행동 패턴까지 읽을 수 있다. 그래서 전문가들은 앞으로 빅 데이터의 시대가 열릴 것이라고 예측하고 있다.

소셜커머스 SNS 세상의 새로운 상술

요즘 SNS를 모르는 사람은 없다. 처음에 트위터가 유행인가 싶더니 최근에는 페이스북이 대세다. 국내에서는 카카오톡도 만만치 않다. 이처럼 새로운 소통 공간이 생기면 보통 사람들은 그저 즐기기에 몰두하지만 특별한 사람들은 돈벌이에 주목한다.

미국의 할인쿠폰업체 그루폰이 대표적이다. 그루폰은 SNS에 몰려든 사람들에게 일정 수 이상의 구매자가 모이면 파격적인 할인가로 상품을 제공한다고 선전했다. 예상은 적중했다. 사람들이 구름처럼 몰려들었고 고객들은 50~90%까지 할인된 가격에 원하는 상품을 구매하는 횡재를 하기도 했다. 어떻게 이런 일이 가능했을까?

소셜커머스(social commerce)란 그루폰처럼 SNS 공간을 이용하는 상거래를 뜻한다. 2008년 미국의 그루폰에서 촉발된 소셜커머스는 우리나라에도 쿠팡, 티켓몬스터 등을 통해 번졌다. 이런 소셜커머스에 들어가 보면 상품의 가격이 정말 턱없이 싼 것을 확인할 수 있다.

그렇다면 소셜커머스에 올라온 상품에 혹 문제가 있지는 않을까? 하지만 걱정하지 마라. 기업들은 진작부터 인기 SNS를 마케팅 공간으로 이용하려 했다. 그래서 마케팅 광고비까지 고려해 소셜커머스에 헐값의 상품을 제공할 수 있는 것이다.

클라우딩 컴퓨터 하드와 프로그램 없이 컴퓨터 사용

지금까지 컴퓨터는 자고 나면 달라져 있을 정도로 초고속 발전을 거듭해 왔다. 이젠 추억 속 이름이 된 386 → 486컴퓨터를 지나 펜티엄으로 혁신한 뒤 점점 속도가 빨라지더니 태블릿 PC와 스마트폰의 등장으로 획기적 전환점의 기로에 서 있다.

그럼에도 불구하고 아직 컴퓨터 마니아들의 배고픔을 해결하지 못한 부분도 더러 있다. 예를 들면, 지금까지의 컴퓨터는 어떤 파일을 사용하기 위해 해당 프로그램이나 애플리케이션을 깔아야만 했다. 또 모든 파일을 개인용 하드디스크에 저장해야 했기에 공간 부족이라는 불편함도 있었다.

하지만 이 모든 목마름을 단번에 깨는 컴퓨터가 등장했으니 바로 클라우딩 컴퓨터다. 클라우딩 컴퓨터(clouding computer)란 이름 그대로 구름 저편의 자료를 이용하는 컴퓨터로 인터넷 접속만 하면 원하는 모든 프로그램 또는 애플리케이션을 내 컴퓨터나 스마트폰에 깔지 않아도 사용할 수 있으며 저장 공간 또한 온라인상에서 제공되어 저장 공간을 걱정할 필요가 없는 서비스형 컴퓨터를 말한다.

만약 이런 컴퓨터가 나온다면 또 한 번 세계의 컴퓨터 유저들이 열광할 것이 분명하다. 이 때문에 세계적 컴퓨터 회사들이 클라우딩 컴퓨터 개발에 박차를 가하고 있다. 다시 한 번 세계 경제가 요동칠 준비를 하고 있는 것이다.

FTA 협정과 ISD 요란했던 반대 시위의 끝은?

2005년 대한민국은 한미 FTA(Free Trade Agreement, 자유무역협정) 반대 시위로 들끓었다. 상대적으로 약소국가인 우리나라가 미국과 FTA를 체결하면 강대국 기업들의 횡포로 인해 피해를 볼 것이 뻔하다는 선입견 때문이었다. 그럼에도 불구하고 당시 참여정부는 미국과의 협상을 밀어붙여 결국 2007년 한미 FTA를 체결하기에 이른다.

한미 FTA의 주요 골자는 각국 무역품에 대한 관세를 줄이거나 없애는 방향으로 진행하고, 또 서비스 부문에 대한 개방 분야를 늘리는 것이었다. 재미있는 것은, 당시 한미 FTA를 체결하면 국가경제에 급변 사태가 올 것이라고 주장했던 반대파들의 우려가 현실로 잘 나타나지 않고 있다는 사실이다. 크게 볼 때 큰 발전도 후퇴도 없이 흘러가는 모양새다.

그렇게 조용히 묻히는 듯했던 한미 FTA가 2011년 ISD(Investor-State Dispute settlement, 투자자 국가소송제도) 문제로 다시 들끓었다. 투자자 국가소송제도란 그 나라에 투자한 기업이 문제가 생길 경우 그 나라를 상대로 국제민간기구에 제소할 수 있게 허용하는 제도다.

미국은 우리나라가 ISD를 수용해야 FTA를 통과시킬 수 있다고 으름장을 놓았다. 얼핏 보기에 미국에 매우 유리한 제도처럼 보인다. 그래서 야당은 절대반대를 외치고 나섰다. 이에 당시 이명박 정부의 여당은 ISD법을 날치기로 통과시켰다. 그래서 다시 한 번 한미 FTA가 도마 위에 올랐고 온 국민들이 ISD에 대해서도 알게 되었다.

Fed, FOMC, FRB 미국 금리가 중요하다

2015년 12월 17일, 미국의 금리 인상이 큰 화제가 되었다. 무려 9년 반 만의 인상이고 7년간 이어지던 제로(0) 금리에서 벗어나는 일이었다. 이날 Fed(Federal Reserve System, 연방준비제도, FRS라는 약어로 쓰이기도 함)가 FOMC(Federal Open Market Committee, 연방공개시장위원회)에서 연준위원 만장일치로 기준금리를 0.25% 올리기로 결정했다.

2008년 글로벌 금융위기 이후 미국은 경기 부양을 위해 양적완화 정책과 제로금리 정책을 폈다. 그로 인해 시장에 엄청난 양의 통화가 공급되었다. 이로써 경기 부양 효과는 거두었으나 양적완화는 서서히 화폐가치를 떨어뜨렸고 인플레가 일었다. 이에 통화를 회수해 물가를 안정시키려 한 게 미국 금리 인상의 목적이었다.

Fed는 미국의 중앙은행으로서 달러를 찍어내는 등 통화를 관장하는 업무를 한다. 그리고 FOMC는 그 산하기관으로서 공개적으로 시장에 개입해 통화 공급량이나 금리 조정 여부를 결정한다. 이 모든 금융정책 시스템을 통괄 운영하는 핵심기구가 있는데, 바로 뉴스에 자주 오르내리는 FRB(Federal Reserve Board, 연방준비제도이사회)다.

경제 최강국 미국의 금리 인상은 세계 각국의 금리 인상을 뜻한다. 우리나라도 미국과 3~4개월의 간격을 두고 금리를 올리는 게 보통이다. 세계의 금융 추세에 맞추기 위해서다. 금리가 오르면 여러 경제지표가 달라질 수 있다. 예를 들면, 대출금리가 높아지므로 가계대출이 많은 집들이 타격을 받을 수 있다. 이는 부동산시장의 위축으로도 이어진다.

주식시장에도 영향을 준다. 미국 금리가 오르면 우리 주식시장에 투자하고 있던 외국인들이 자금을 미국시장으로 옮기기 위해 주식 매도에 나선다. 그 영향으로 주가가 하락한다.

Fed와 FOMC, FRB. 이래저래 전 세계에 끼치는 파급이 작지 않은 미국의 금리 결정 기구임에 틀림없다.

버냉키 쇼크 미국 FRB 의장은 세계 경제대통령

앞에서 미국의 금리 인상은 세계 경제에 충격을 준다고 했다. 그리고 그 중심에 Fed(연방준비제도)와 FOMC(연방공개시장위원회)가 있으며, 이 모든 것을 컨트롤하는 곳이 FRB(연방준비제도이사회)라고 했다.

FRB에는 일곱 명의 이사진이 있는데, 금융에 관한 한 특히 그 의장의 권한은 막강하다. 그래서 FRB 의장을 세계의 경제대통령이라 부르기도 한다.

버냉키(Ben Bernanke, 1953~ , 미국의 경제학자)는 2006~2014년 FRB 의장으로 있었다. FRB 의장 시절, 버냉키의 말 한마디에 세계 경제가 울고 웃었다. 2013년 버냉키 의장은 미국의 양적완화 정책을 중단할 수 있다는 발언을 했다. 이는 금리 인상을 뜻하는 말이다. 이 버냉키의 말 한마디에 세계 경제가 요동쳤고 그래서 '버냉키 쇼크'라는 말이 한동안 세계의 언론에 오르내렸다.

양적완화, 아베노믹스 해결책일까? 혼돈의 전주곡일까?

2008년 금융위기가 터졌을 때 미국은 양적완화 정책을 펼침으로써 가까스로 위기에서 벗어나는 듯 보였다. 그러자 뒤를 이어 유럽이 양적완화 정책에 뛰어들었다. 당장은 유럽도 경기가 나아지는 듯 보였다.

이런 모습을 지켜보던 사람이 있었으니 바로 일본 총리 아베였다. 아베는 총리가 되자 잃어버린 20년을 되살리기 위한 경제 방안으로 아베노믹스를 내놓았다. 아베노믹스의 핵심은 막대한 국가 자금을 각종 토목공사에 투입하는 것과 중앙은행을 통해 통화를 확대하는 것이었다. 요약하면 결국 양적완화 정책인 셈이다.

그렇다면 글로벌 금융위기를 계기로 미국부터 유럽, 일본까지 펼치고 있는 양적완화란 도대체 어떤 정책일까? 양적완화는 시중에 돈이 돌게 하려는 금리인하 정책에도 경기가 살아나지 않을 때 최후의 수단으로 중앙은행이 시중에 돈을 푸는 정책이다. 이때 그 실행으로 국채를 사들이는 방식을 즐겨 쓴다.

하지만 양적완화는 경제에 도움이 되는 단기처방이라는 긍정론과 함께 장기적으로는 인플레를 초래하는 정책이라는 지적도 따른다. 사람들은 살얼음판을 걷는 심정으로 양적완화 정책을 지켜보고 있는 상황이다.

재정 절벽 나랏돈이 바닥났다

2011년 8월 8일, 우리나라 증시가 폭락했다. 서킷 브레이커가 발동되어 잠시 시장을 가라앉혀야 했을 정도로 투자자들은 망연자실했다. 이날의 주식시장 하락은 미국발 악재 때문이었다. 세계적 신용평가사인 스탠더드앤드푸어스가 미국의 신용등급을 AAA에서 AA+로 강등한 것이다.

당시 극심한 재정난을 겪고 있던 오바마 정부는 이 돈 저 돈을 끌어대며 돌려막기를 할 만큼 경제정책에 어려움을 겪고 있었다. 공화당에서는 오바마 정부의 복지 지출에 책임을 물었다. 그러나 오바마 대통령은 오히려 전임 부시 정부의 전쟁비 지출 등 누적된 원인으로 재정이 어렵게 되었다고 반박했다. 어쨌든 당시 미국은 재정 절벽에 직면했다.

재정 절벽이란 정부가 재정 지출을 갑자기 축소해 절벽에서 추락하듯 경제 전반이 큰 충격을 받는다는 의미로 사용된다. 하지만 경기에 계속 주름이 가게 할 수는 없기에 재정 절벽을 장기간 이어갈 수는 없다.

모라토리엄과 디폴트 나라가 '배 째라' 하다니!

2016년 6월 30일 미국 자치령 푸에르토리코가 모라토리엄(moratorium)을 선언했다. 다행히 미국 연방정부가 채무 조정을 약속해 파국은 피할 수 있었다. 하지만 2015년 12월에 나온 우크라이나의 모라토리엄 선언은 관련국들을 제대로 놀라게 했다.

모라토리엄이란 국가가 외부로부터 빌린 돈을 갚기 힘드니 시간을 달라고 일방적으로 공포하는 것을 말한다. 이는 국가 신용에 커다란 타격을 줄 일이다. 그래서 웬만해선 거의 선택하지 않는다.

그렇다면 우크라이나에 어떤 긴급 사태가 일어난 것일까? 사실 우크라이나의 모라토리엄 선언은 러시아와의 갈등에서 비롯되었다. 러시아는 우크라이나 정부가 유럽연합(EU) 편을 들려 하자 자기편으로 유인하기 위해 35억 달러라는 거금을 빌려주었다. 그런데 우크라이나에 친EU 정권이 들어서면서 우크라이나와 러시아의 관계가 틀어져버렸다.

이 사이 우크라이나의 경제가 악화되었고, 러시아에 상환 조건을 완화시켜달라는 요구를 했으나 받아들여지지 않았다. 급기야 러시아는 빚을 갚으라고 우크라이나를 압박했고, 결국 우크라이나는 러시아에서 빌린 35억 달러에 대해 모라토리엄을 선언하기에 이르렀다.

한편, 모라토리엄보다 더 극단적인 선언이 있는데 바로 디폴트(default)다. 디폴트는 국가의 채무를 아예 갚을 수 없는 상태라고 선언하는 것이다. 2015년 6월 그리스가 디폴트를 선언해 전 세계 경제에 파문을 일으켰다.

그리스 구제금융 남유럽이 위태롭다

©glisic_albina – Fotolia

'2020년 그리스 10년 만에 IMF 졸업'이라는 뉴스가 떴다. 무슨 말인가? 2008년 미국의 금융사태 이후 세계 경제는 불안한 줄타기를 지속하고 있었다. 그런 가운데 충격파가 유로존으로 전해졌다. 2010년 그리스와 포르투갈, 스페인, 이탈리아 등의 국제신용등급 하락이 이어졌다.

스페인의 경우 근 20여 년간 호황을 누려 왔던 국가라는 점에서 충격은 더욱 컸다. 스페인의 재정위기는 구제금융으로 가기 직전 상황에 몰릴 만큼 위태로웠다. 다행히 스페인은 파산 직전에 경기부양책으로 가까스로 위기를 넘겼다.

진짜 문제는 그리스에서 터졌다. 그리스는 위기 상황을 반복하다가 2010년 유럽연합과 IMF의 구제금융을 받은 데 이어 2015년에는 디폴트 선언과 함께 3차 구제금융을 받았다. 그러다 2018~2020년 유럽연합과 IMF의 구제금융에서 차례로 벗어났다.

그리스 사태는 유럽 경제도 위험할 수 있다는 인식을 남긴 사건이었다.

BIS 비율 은행도 퇴출된다

1997년의 IMF 사태는 대한민국의 국민 전체에게 큰 아픔을 가져다주었지만, 특히 은행원들에게 가혹한 시련을 안겼다. 수많은 은행들이 퇴출되는 바람에 은행원들이 졸지에 실업자 신세가 되어야 했기 때문이다.

지금이야 은행이라 하면 하나, 국민, 우리, 신한 등 몇 손가락으로 꼽을 수 있지만 당시엔 은행의 수가 무척 많았다. IMF로 인해 사라진 은행의 이름을 대보면 대동 · 동남 · 동화 · 경기 · 충청은행 등이며, 서울 · 한일 · 주택 · 상업 · 조흥 · 제일은행 등은 이후 구조조정 과정에서 다른 은행에 합병되거나 외국 자본에 인수되었다.

그렇다면 당시 은행의 퇴출 기준은 무엇이었을까? 바로 국제결제은행(BIS, Bank for International Settlements, 본부 스위스 바젤) 자기자본 비율이다. 이를 줄여서 BIS 비율이라 한다. 국제결제은행은 은행의 재무건전성을 위해 각 은행의 BIS 비율이 8% 이상 유지되어야 한다고 권고했다. 이에 당시 김대중 정부는 BIS 비율이 8% 미만인 은행에 칼질을 했고 수많은 은행들이 퇴출된 것이다.

그렇다면 지금 우리나라 은행들의 BIS 비율은 얼마나 될까? 다행히 대부분의 시중은행들은 12~16%의 높은 BIS 비율을 유지하고 있는 것으로 파악되고 있다.

기준금리, 콜금리, 리보금리 아! 어려운 금리

금융은 가장 생활 가까이에 있는 것임에도 불구하고 여전히 어렵다. 하지만 그럼에도 꼭 알아야 할 것이 있으니 바로 금리다. 금리는 당장 내 통장, 대출과 직결되기 때문이다. 그런데 금리에는 수많은 종류가 있어 우리의 머리를 아프게 한다. 그래도 정신 바짝 차리고 금리 공부를 해보자.

먼저 금리의 가장 기본이라 할 수 있는 기준금리(basemoney rate)가 있다. 기준금리란 말 그대로 우리나라의 중앙은행이라 할 수 있는 한국은행이 정한 금리다. 모든 은행은 이 기준금리를 바탕으로 자체 금리를 결정하게 된다.

다음으로 많이 들을 수 있는 금리는 콜금리(call rate)다. 콜금리는 조금 복잡한데, 은행과 개인 간 금리인 일반 금리와 달리 은행과 은행 간 대출 금리를 뜻한다. 그런데 여기서 조금 이상한 것이 있다. 왜 은행이 돈을 빌린단 말인가!

은행은 예대마진(예금 금리와 대출 금리의 차액)으로 수익을 올리는데 이때 예금으로 들어온 돈을 모두 대출해 줘버려 금고를 비게 하면 안 된다. 때문에 나라에서는 각 은행마다 지불준비금을 책정해두고 있다. 그런데 지불준비금이 남아도는 은행이 있는가 하면 모자라는 은행도 생기게 마련이다. 이때 모자란 은행이 남아도는 은행에 잠시(하루 정도의 아주 짧은 기간) 돈을 빌릴 때 붙는 금리가 바로 콜금리다.

이런 콜금리가 중요한 이유는 일반 대출금리가 이 콜금리보다 높게 책정되기 때문이다. 한국은행은 이런 콜금리도 조절하는 권한을 가지고 있으며 이를 통해 통화도 조절하게 된다.

마지막으로 리보금리(LIBOR, London Inter-Bank Offered Rates)가 있다. 이는 런던의 금융시장에서 거래되는 대표적인 단기금리다. 국제 간 금융거래에서 기준금리가 되기 때문에 리보금리도 매우 중요하다. 은행들은 나라를 건너서도 금융거래를 하기 때문이다.

환차익 IMF 때 돈 번 기업도 있다

1997년 말 몰아닥친 IMF 때 오히려 승승장구한 기업이 있었다면 믿을 수 있겠는가? 주인공은 S&T그룹! 열교환기 생산이 주된 사업이었던 당시 S&TC는 매출액 300억 원대 미만의 중소기업이었다.

그런데 IMF를 거치며 급성장해 2001년에는 매출액 973억 원, 영업이익 294억 원을 기록하기에 이른다. S&TC는 어떻게 IMF의 격랑 속에서 이런 성공을 거둘 수 있었을까? 물론 평범한 중소기업에서 지금의 S&T그룹으로 환골탈태한 것은 기업의 역량이겠지만, 최소한 IMF 당시에는 환차익의 영향을 크게 입었다.

환차익이란 환율의 변동으로 인해 얻는 이익을 뜻한다. IMF 당시 환율은 달러당 800원에서 2배나 되는 1,600원으로 급등했다. 만약 이 시기 100달러를 가지고 있었다면 한국 돈 8만 원이 졸지에 16만 원이 되는 셈이다.

1990년대, 국내 기업에 열교환기를 납품하던 S&TC는 수입제품의 등장

환율의 급등은 일부 기업에 기회가 되기도 한다. ©shockfactor.de – Fotolia

으로 판로가 막히자 역으로 미국 기업을 뚫어 수출에 나섰다. 대금은 물론 100% 달러로 받고 있었다. 그런 차에 환율이 2배로 치솟았으니 앉아서 돈을 버는 것은 당연했다.

실탄이 두둑해진 S&TC는 이후 자금난 때문에 매물로 나오는 업체들까지 잡았다. 2003년 통일중공업(현 S&T중공업), 2006년 대우정밀(현 S&T 모티브), 2007년 효성기계공업(현 KR모터스) 등이 차례로 S&T그룹에 병합되었다.

IMF가 가져다준 기회. 참 아이러니한 세상이라 하지 않을 수 없다.

MMF, CMA 통장 목돈 짧게 굴리기 좋은 예금

만기가 된 적금을 찾거나 갑자기 목돈이 생긴 사람이 있다. 어딘가 넣어둬야 할 텐데, 그렇다고 정기예금 같이 정해진 기간 동안 건드리지도 못하는 곳에 예치할 수는 없는 돈이다. 일이 생기면 써야 할 돈이기 때문이다. 이럴 경우 어떤 통장에 넣어두는 것이 좋을까? 일반 예금통장은 거의 이자가 붙지 않으니 괜히 손해 보는 느낌이라 싫다.

위와 같은 고민을 하는 사람이라면 MMF 통장을 고려해봄 직하다. MMF 통장은 Money Market Fund의 약자로, 쉽게 말해 money market에 투자하는 펀드 통장이다. 대개는 우량 채권의 money market에 투자하기 때문에 매우 안정적이다. 물론 100% 원금보장형 상품은 아니지만 거의 보장된다고 봐도 무방할 정도다.

MMF 통장의 장점은 정기예금 수준은 아니지만 그에 준하는 금리가 보장된다는 것과 일반 예금통장처럼 입출금이 자유롭다는 데 있다. 물론 카드와 CD기 사용이 안 되고 은행 창구를 이용해야 하는 불편함은 있지만 말이다.

한편, MMF 통장과 비슷한 성격으로 증권사에서 운용하는 CMA 통장도 있다.

핀 테크 금융거래의 진화

은행보다 스마트폰으로 금융거래를 하는 사람들이 늘고 있다. 일명 핀 테크(fin tech)의 탄생이다. 핀 테크란 금융(financial)과 정보기술(technology)의 결합으로 만들어진 신조어. 기존의 인터넷 뱅킹, ATM도 물론 포함되는 개념이지만 가장 앞선 모습은 역시 이동 중에도 처리가 가능한, 스마트폰을 이용한 금융거래다.

핀 테크를 모르는 사람들은 돈을 찾거나 송금하기 위해 여전히 은행 문턱을 드나들고 있다. 하지만 핀 테크족들은 스마트폰 하나로 모든 은행 업

©amekojp – Fotolia

무는 물론 증권, 보험 등의 업무까지 장소를 가리지 않고 처리해버린다. 앞으로 핀 테크는 마치 스마트폰 바람이 처음 몰려왔던 때처럼 막을 수 없는 물결이 될 것 같다.

뱅크 런 은행이 망하기 직전 사태

2015년 그리스가 디폴트(default, 채무 불이행) 선언을 앞두고 있을 때 그리스 국민들이 제일 먼저 취한 행동은 무엇이었을까? 그것은 바로 은행으로 달려가는 일이었다. 디폴트는 나라가 망할 수도 있다는 것을 뜻하므로 은행에 넣어둔 내 돈도 안심할 수 없기 때문이었다.

문제는 사람들이 대규모로 돈을 인출하면 은행 잔고가 부족해져 예금 지급 불능이라는 새로운 금융 사태가 발생할 수 있다는 점에 있다. 그리스 정부는 이를 걱정했다. 하지만 국민 개개인의 입장에서는 국가가 디폴트 되는 것보다 자신의 돈이 날아가는 것이 더 걱정일 수 있다. 그래서 그리스 국민들은 자신의 예금을 찾기 위해 은행으로 내달렸다. 그리고 대규모 예금 인출 사태, 그야말로 뱅크 런(bank run)이 터졌다. 이때 하루 동안 은행에서 인출된 돈만 2조 원에 달할 정도로 그리스는 혼란에 빠졌다. 그리스는 결국 이런 금융위기를 견디지 못하고 디폴트를 선언하기에 이른 것. 그리스 디폴트 선언에 뱅크 런도 한몫했다 하지 않을 수 없다.

뱅크 런이란 이처럼 금융시장이 극도로 불안해진 상태에서 예금자들이 돈을 찾기 위해 한꺼번에 은행으로 몰려드는 상황을 말한다.

전환사채(CB채권) 삼성이라서 더 특별했다

삼성이 전환사채 때문에 사회적으로 비난받은 적이 있다. 바로 이건희 회장이 아들 이재용에게 20년 가까이 전환사채를 배정해준 것. 이후 이재용 삼성 부회장은 자연스럽게 에버랜드를 승계받을 수 있었다.

그렇다면 전환사채란 무엇이기에 이런 일이 가능할 수 있었을까? 일반적으로 회사는 자금 조달이 필요할 경우 사채(회사채, 채권)를 발행한다. 물론 무분별한 사채 발행을 막기 위해 자기자본 한도 내에서만 가능하다.

그런데 사채 중에 주식으로 전환할 수 있는 사채도 있으니 그런 사채를 전환사채(CB채권, Convertible Bond)라 한다. 이제 이재용 부회장이 전환사채로 에버랜드를 승계받을 수 있었던 비밀이 조금 풀렸는가? 그렇다. 전환사채를 주식으로 전환해 손쉽게 에버랜드의 지분을 확보할 수 있었던 것이다.

서브프라임 모기지론 미국을 무너뜨린 연체

2000년대 중반, 미국인들은 2%의 은행이자만 물면 집 한 채를 살 수 있는 호시절을 누렸다. 물론 신용도를 서브프라임(프라임, 알트-A, 서브프라임 3단계의 신용도 중 가장 낮은 단계) 등급으로 판정받으면 약간 더 높은 금리를 내야 했지만 말이다.

미국은 주택의 월세가 워낙 비싼 나라였으므로 신용도가 서브프라임에 해당하는 사람들이 앞다퉈 모기지론으로 집을 샀다. 하지만 시간이 가면서 예상하지 못한 사태가 벌어졌다. 집값은 폭락하는 반면 대출이자는 급격히 치솟기 시작한 것.

2004년 이후 FRB(미국 연방준비제도이사회)는 정책목표금리를 17차례에 걸쳐 1.0%에서 5.25%로 점차 올렸다. 이에 이자 부담이 커진 저소득층이 집을 팔려고 내놓았으나 팔리지가 않았고 오히려 집값만 더 떨어졌다. 모기지론을 시행한 은행마다 연체율이 급상승했고 부도가 나는 은행들이 속속 생겨나기 시작했다.

이즈음 가장 큰 사건이 터지는데 바로 리먼브라더스(당시 세계 5위 금융회사) 사태다. 서브프라임 모기지론에서 파생되어 나온 상품(증권)들도 금융권에서 거래되고 있었는데, 리먼브라더스는 과도하게 여기에 투자한 상태였다. 파생상품에 투자한 금융사들의 줄도산이 하나둘 이어지는 가운데, 2008년 리먼브라더스마저 파산을 신청하는 초유의 사태가 벌어진다.

이렇게 하여 유명한 미국의 서브프라임 모기지론 금융 사태가 발발했다. 미국발 서브프라임 모기지 사태는 세계적인 신용 경색을 몰고 오고 실물경제에도 악영향을 주었다. 세계경제가 흔들렸고, 2008년 이후 글로벌 금융위기로까지 번져갔다. 당시 우리나라도 IMF 이후 또 한 번의 고통 속에서 추운 겨울을 맞이해야 했다.

수쿠크 이슬람 금융이 뜬다

이슬람 경제는 최근 5년간 추정치 6.2%에 달하는 높은 성장률을 기록하고 있다. 인구 18억 명의 이슬람권 경제의 알짜 국가는 어디일까. 바로 말레이시아다. 2019년 9월 기준, 전체 이슬람 채권의 48.8%를 보유하고 있다는 뉴스가 나와 세계를 놀라게 했다.

이런 뉴스의 확산으로 이슬람식 채권인 수쿠크(sukuk)에 대한 관심도 높아졌다. 사실 이미 2014년에 미국 대표 투자은행인 골드만삭스가 5억 달러 규모의 수쿠크를 발행해 화제가 되기도 했다. 세계 금융이 수쿠크를 블루오션으로 보면서 일어난 현상이라 할 수 있다.

어쨌든 이슬람 금융에 대한 관심이 높아졌고 그에 따라 이슬람 펀드도 동시에 뜨고 있다. 이슬람은 공식적으로 이자를 금지하고 있기에 이자 대신 배당금이나 부동산 임대료와 같은 방식으로 보상을 준다고 하니 더 흥미롭다.

오일머니 의식주 공짜 나라를 만들어준 마법

산유국인 쿠웨이트는 아기가 태어나면 자라서 직장을 잡을 때까지 매달 20만 원씩을 준다. 또 교육과 관련된 모든 학비, 기타 생활비용을 국가가 대준다. 외국으로 유학을 가도 마찬가지다. 게다가 국민이 사는 집과 결혼 비용도 국가가 지급한다.

이쯤 되면 당장 쿠웨이트로 이민 가고 싶지 않을까? 그런데 쿠웨이트뿐만 아니라 중동의 부자 나라들은 이보다 더한 복지도 제공한다. 도대체 이들 나라들은 무슨 돈으로 국민에게 막대한 혜택을 퍼붓는 걸까?

그 재원은 바로 오일머니(oil-money, 석유를 팔아서 번 돈)다. 자신들의 땅에서 펑펑 솟는 석유를 팔아 벌어들인 막대한 오일머니를 국민에게 베풀고 있는 것. 문제는 이 나라들이 석유수출국기구(OPEC, Organization of Petroleum Exporting Countries)를 결성하고 담합을 통해 막대한 부를 누리기도 했다는 데 있다.

석유가 없으면 당장 하루도 살 수 없는 세상이니 다른 나라는 울며 겨자 먹기로 이들 나라에 달러를 제공할 수밖에 없었다. 하지만 최근 이상 기류가 흐르고 있다. 국제 유가가 폭락하면서 중동의 산유국들이 위기에 처한 것이다.

중동 국민들을 즐겁게 했던 오일머니가 예전만 못해졌다. 과연 이 현상이 어디까지 갈지 두고 볼 일이다.

블랙 스완 경제는 검은 백조도 만드는 요지경

2008년 미국 경제가 휘청거리는 소리가 들렸다. 이른바 서브프라임 모기지 사태! 미국 경제의 위기는 곧 세계경제의 위기를 뜻했으므로 이 사태는 국제금융위기 사태로 번졌다.

당연히 우리나라도 영향을 받아 심각한 타격을 입었다. 이대로 세계 자본주의가 무너지는 것처럼 보였다. 미국은 양적완화 정책으로 기사회생했지만, 세계경제는 한동안 불안에 떨어야 했다.

그런데 이런 미국의 서브프라임 모기지 사태를 미리 예언한 사람이 있었다. 바로 레바논 출신의 월가 투자전문가인 나심 니콜라스 탈레브(Nassim Nicholas Taleb, 1960~). 그는 서브프라임 모기지 사태가 벌어지기 전 《The Black Swan(검은 백조)》이란 책을 내놓았는데, 그 책에서 서브프라임 모기지 사태를 예언했다.

사실 블랙 스완은 근세까지 '실제로는 존재하지 않는 것'을 의미하는 용어로 쓰였다. 그런데 17세기 한 생태학자가 검은 백조를 발견하면서 의미가 달라졌다. 즉, '도저히 일어나지 않을 것 같은 일이 발생했을 때'를 뜻하는 말로 변이된 것이다. 나심 니콜라스 탈레브가 저서를 통해 예언한 블랙스완은 현실에서 서브프라임 모기지 사태로 날아왔다. 경제는 신조어도 참 잘 낳는다.

반세계화운동 다국적기업에 반대한다

에콰도르의 수쿰비오스 지역은 죽음의 땅이 되었다. 미국의 다국적 석유회사 텍사코가 1962년 이곳에 진출한 이후의 일이었다. 텍사코는 1992년까지 원유개발 사업을 벌이며 비용을 절감하기 위해 기름 구덩이를 방치하고 원유 폐기물과 유독성 폐수를 주변의 하천에 내다 버렸다. 900여 개의 유독성 폐기물 저장 웅덩이는 아직도 남아 토양을 오염시키고 강으로 흘러들고 있다.

가장 큰 피해를 당한 사람들은 이 지역의 지하수를 이용한 주민들이다. 암 발병률이 다른 지역에 비해 2, 3배 높으며 기형아 출산, 피부질환 등의 고통을 겪고 있다. 피해를 입은 주민들이 텍사코를 상대로 소송을 벌였으나 이는 계란으로 바위 치기였다. 결국 텍사코가 무죄를 선고받은 채 사건이 마무리되었기 때문이다.

위 이야기는 다국적 기업(multinational corporation)에 의한 대표적인 폐해 사례다. 다국적 기업이란 세계 각지에 자회사나 합병회사, 공장 등을 확보하고 생산 · 판매 활동을 하는 국제적 기업을 말한다. 세계화(globalization) 시대가 열리면서 투자라는 명목으로 선진국의 거대 기업들이 중 · 후진국에 진출해 경제적 이득을 꾀하는 것은 흔한 일이 되었다.

우리나라도 과거 론스타 등의 다국적 금융기업으로부터 피해를 입은 경험이 있을 정도다. 유엔 세계무역개발회의의 보고에 의하면 전 세계적으로 활동하는 다국적 기업의 수는 81만 개로 세계 무역의 약 70%, 세계 GDP의 약 30%를 차지한다고 한다.

문제는, 다국적 기업이 진출한 나라의 경제가 활성화되는 면도 있으나 지나친 횡포와 독과점으로 피해를 주는 사례도 적지 않다는 데 있다. 이에 반기를 든 사람들의 움직임이 나타났으니 반세계화운동의 물결이다.

반세계화운동이란 이름 그대로 다국적 기업과 같은 세계화의 경제 움직임을 반대한다는 운동이다. 반세계화 운동단체들은 대규모 시위를 펼치며 세계화를 추구하는 국가나 단체들과 맞서 저항하고 있는 상태다.

NAFTA(북미자유무역협정) 미국도 지역 이기주의?

1950년대까지 미국 경제는 세계경제의 50%를 차지할 정도로 승승장구했다. 덕분에 미국은 세계 최강국의 지위에 오를 수 있었다. 그 중심에 미국 중심으로 추진했던 자유무역이 있었음은 두말할 나위 없다. 자유무역이야말로 미국의 경제력을 이끌어주는 보물처럼 보였다. 그런데 문제가 발생하기 시작했다. 일본의 경제가 치고 올라오는가 싶더니 서유럽 경제도 미국을 위협해온 것.

이때부터 미국은 뭔가 조치를 취해야 한다고 생각했다. 그래서 나온 것이 1994년 발효된 NAFTA(North American Free Trade Agreements, 북미자유무역협정)였다. 이는 자유무역으로 인한 일본과 서유럽의 경제 침투에 대비해 북미에 해당하는 국가들끼리 연합해 방어막을 구축하겠다는 뜻으로 세운 보호무역기구다.

사실 NAFTA의 설립은 GATT(General Agreement on Tariffs and Trade, 관세 및 무역에 관한 국제무역협정)까지 만들면서 세계 자유무역을 이끌었던 미국으로서는 반칙과도 같은 행위라 하지 않을 수 없다. 왜냐하면 자유무역을 하자고 해놓고 자신들은 지역연합으로 자유무역에 방어막을 치는 모순적인 행동을 취했기 때문이다.

이를 계기로 세계 각국들은 다시 자국의 경제를 보호하기 위한 보호무역으로 눈길을 돌리지 않을 수 없었다.

아마르티아 센 아시아 최초 노벨경제학상

1998년 이전까지 노벨경제학상은 모조리 유럽과 미국 차지였다. 그런데 1998년 노벨경제학상 발표에 전 세계가 술렁거렸다. 최초로 비서구인이라 할 수 있는 인도의 아마르티아 센(Amartya Sen, 1933~ , 인도 출신의 미국 경제학자) 교수가 선정되었기 때문이다. 더욱 놀라운 것은 센 교수의 연구 분야가 순수경제학이 아닌 복지경제학이었다는 점이다.

복지경제학이란 무엇인가? 성장만이 아니라 분배에도 관심을 가지는 경제학 분야다. 사실 센 교수 자신이 인도의 빈민가를 경험해봤기에 이 분야에 더 관심을 갖게 된 것인지도 모른다. 센 교수는 빈곤계층의 경제와 공평한 분배정책 연구에 심혈을 기울였다. 그 결과 각국의 빈곤 정도를 측정할 수 있는 빈곤지수, 국민소득과 분배를 동시에 반영할 수 있는 사회복지지수 등을 고안해내기도 했다.

AIIB(아시아인프라투자은행) 금융 국제기구도 G2 체제

세계경제에서 G2로 부상한 중국이 미국에 도전장을 내밀었다. 미국 주도로 설립된 국제은행인 IMF(International Monetary Fund, 국제통화기금)를 무시하고 AIIB(Asian Infrastructure Investment Bank, 아시아인프라투자은행) 설립을 선포했기 때문이다. 나아가 미국한테도 AIIB에 가입하라고 권유하고 나섰다.

AIIB는 아시아와 비아시아를 포함해 57개국이 모여 2016년 1월 공식 출범했으며, 이후 회원국이 2017년 6월 77개국, 2019년 7월 기준 100개국으로 늘어났다.

중국은 우리나라에도 압력을 가해 왔다. AIIB 가입은 물론 투자금까지 내놓으라 한 것. 국내의 여론이 들끓었다. 미국을 생각하면 참가할 수 없다는 의견과 이제 중국 시대가 열리므로 가입해야 한다는 의견이 충돌했다. 당시 박근혜 정부는 고민 끝에 AIIB 공식 출범 직전인 2015년 가입을 결정했다. 미국을 배신한 것은 아니란 점을 강조하면서.

AIIB는 총 1,000억 달러의 기금을 조성해(중국이 500억 달러, 나머지 회원국들이 500억 달러를 채우는 방식) 각국의 인프라와 투자를 위해 사용한다. 우리나라는 지분율 3.81%로 중국, 인도, 러시아, 독일에 이어 다섯 번째로 높다.

그렇다면 AIIB 출범에 대한 미국의 반응은 어떨까? 당연히 부정적이다. 중국이 세계경제를 주도하려는 조짐이 보이기 때문이다. 미국은 세계경제가 반드시 미국 주도로 이루어져야 한다고 굳게 믿고 있다.

국가신용등급 나라는 어려운데 안정적이래!

몇 년째 경기 침체가 이어지고 있는 가운데 2020년 2월 12일, 국제신용평가사인 피치(Fitch)가 우리나라의 국가신용등급을 AA-(최상위 AAA 다음으로 안정적인 높은 수준)로 유지한다고 발표했다.

사람들은 어리둥절했다. 어? 나라 경제가 계속 안 좋다고 걱정하던데 어떻게 국가신용등급은 안정적이라고 평가받지? 하는 반응들이었다.

이 상황을 이해하려면 먼저 국가신용등급이 무엇을 뜻하는지부터 알아야 한다. 국가신용등급은 개인이 아닌 국가의 재무 건전성을 따진다. 국가신용등급을 매기는 회사는 피치 외에 스탠더드앤드푸어스(S&P)와 무디스가 있다. 이 세 회사를 3대 국제신용평가사라 일컫는다.

우리나라는 2019년 말 기준 사상 최고의 외환보유액(4,088억 달러, 세계 10위권 내)에다 GDP 대비 국가채무 비율이 같은 신용등급 국가들의 중간값인 39.5%를 소폭 웃도는 수준임을 인정받아 국가신용등급이 안정적으로 유지된 것이다.

문제는 2020년 2월 말에 터졌다. 코로나19 바이러스의 영향으로 경제가 타격을 입자 정부가 추경을 편성한 것이다. 이로 인해 우리나라의 국가채무 비율이 41%를 넘어서게 됐다.

피치는 국가채무 비율이 2023년 46%까지 증가할 경우 국가신용등급에 영향을 미칠 것이란 충고를 한 바 있다. 따라서 앞으로 우리나라가 계속 안정적인 국가신용등급을 유지할지는 미지수다.

그보다 국민들이 더 우려하는 건 개인의 상황. 개인 경제도 나아지는 날이 와야 진짜 안정적이라 할 수 있지 않을까.

승자의 저주 이긴 게 이긴 게 아니야

2020년 3월, 현대백화점이 인천국제공항 면세점 입찰에 성공한 것을 두고 기대와 우려의 시선이 엇갈렸다. 기대의 시선은 면세점 최고의 요지인 인천공항 진출로 현대백화점이 면세업계 빅4에 진입할 것이란 전망이다. 반면 우려의 시선은 현대백화점이 이 입찰을 따내기 위해 무리한 배팅을 했다는 것이다.

현대백화점면세점은 현대백화점으로부터 2,000억 원을 증자 받았으며 기존 사업권자인 신세계면세점과의 경쟁에서 이기기 위해 약 10억 원을 더 써내 입찰에 성공했다.

하지만 시장 상황이 녹록치 않다. 최대

고객인 중국인들을 유치하기 위해 여행사에 떼어주는 송객수수료가 너무 높아져 실익이 적다.

게다가 코로나19 바이러스의 영향으로 업계 전체가 크게 위축되었다. 이러다보니 현대백화점면세점이 '승자의 저주'에 빠질지도 모른다는 우려의 시선에 놓인 것이다.

그야말로 승자의 저주였다. '승자의 저주(winner's curse)'란 미국의 경제학자 탈러(Richard Thaler)가 만든 개념으로 기업이 입찰에서 수주에 성공해 승자가 되었다 할지라도 출혈이 너무 커 결국 손해를 보게 된다는 의미로 쓰이는 경제용어다. 현대백화점면세점이 딱 승자의 저주에 걸릴 위기에 놓여 있는 셈이다. 과연 현대백화점면세점이 승자의 저주에서 벗어날 수 있을지 두고 볼 일이다.

한국판 미텔슈탄트 청년 실업의 구세주로 키워라

유럽 경제도 등락을 겪지만 독일은 좀체 부진에 빠지는 법이 없다. 강자의 품격을 이어가는 비결이 뭘까? 그들에게는 미텔슈탄트(Mittelstand)라는 무기가 있기 때문이다. 미텔슈탄트는 독일의 강력한 중소기업을 뜻하는 말이다. 독일은 제2차 세계대전으로 폐허가 되었을 때도 수많은 미텔슈탄트들이 일어나 경제를 복구시켰다.

그 미텔슈탄트가 2008년 글로벌 금융위기 때도 힘을 발휘했다. 독일 정부는 미텔슈탄트를 통한 노동 개혁을 실시했다. 그러자 젊은 고급 인력들이 자연스레 미텔슈탄트로 영입되었다. 위기를 맞은 미텔슈탄트들이 젊은 피를 수혈받아 다시 도약했고 독일은 금융위기에서 제일 먼저 탈출할 수 있었다.

21세기 우리나라의 청년들은 매우 우울한 시기를 보내고 있다. 일자리를 얻지 못해 88만 원 세대, 3포 세대, 5포 세대의 슬픈 주인공이 되고 있다. 우리나라의 청년 실업을 해결하기 위해 한국판 미텔슈탄트를 일으켜야 한다는 목소리가 드높다.

실제 한국판 미텔슈탄트를 실천해 성과를 내는 기업도 있다. 언론에도 소개된 체성분 분석기 제조업체 '인바디'가 그런 예다. 인바디는 매년 20%가 넘는 고성장을 이루고 있다. 더 놀라운 건 전체 직원 중 20~30대의 비율이 약 85%를 차지한다는 사실이다.

한국판 미텔슈탄트가 많아진다면 침체에 빠진 우리나라 경제를 살리는 데도 크게 한몫할 것이 틀림없다. 이를 위해 중소기업 자체의 기술적 아이디어, 청년 구직자들을 끌어들일 수준의 급여 등 제반 조건도 갖추어져야 한다. 거창한 경제민주화가 아니더라도 우선 대기업과 협력업체들의 이익 분배만이라도 개선되어야 한다. 이렇게 될 때 중소기업에 대한 젊은이들의 관심도 올라갈 것이다. 한국판 미텔슈탄트를 키우기 위한 사회적 차원의 노력이 절실한 상황이다.

지하경제 국가 1년 예산과 맞먹는 수준

지하경제는 이전부터 있었지만 이 말을 유행시킨 사람은 박근혜 18대 대통령이다. 대통령선거 당시 박근혜 후보는 증세 없는 복지를 내세우며 지하경제를 활성화하겠다는 말을 해 국민들을 어리둥절하게 만들었다. 이는 사실 지하경제 양성화를 실수로 표현한 웃지 못할 해프닝이었다.

그렇다면 지하경제란 무엇이며 지하경제를 양성화하겠다는 말은 또 무엇일까? 지하경제는 말 그대로 지하에 숨어 있는 경제, 즉, 불법적 경제활동과 그것을 통해 얻는 이익을 통칭하는 말이다. 예를 들어, 마약을 거래하거나 회사에서 분식회계를 하는 것이 대표적인 지하경제 활동이며, 작게는 개인이 소득을 축소 신고해 탈세하는 것도 지하경제에 해당한다.

놀라운 것은 우리나라의 지하경제 규모가 국가 1년 예산과 맞먹는다는 사실이다. 지하경제는 세금을 내지 않으므로 재정난을 겪는 정부 입장에서는 땅을 치고 통탄할 일이 아닐 수 없다.

그래서 꺼내 든 카드가 바로 지하경제의 양성화였다. 이는 숨어 있는 지하경제를 겉으로 드러나게 하겠다는 것으로 신용카드 사용과 현금영수증 사용 활성화 등이 대표적인 지하경제 양성화 정책이다.

하지만 이 정도 정책으로 지하경제를 양성화하기에는 역부족이다. 잔머리 굴리는 지하경제의 사냥꾼들은 이마저도 교묘히 피해 갈 것이 분명하기 때문이다. 따라서 이들의 머리를 뛰어넘는 초고단수의 양성화 정책이 필요한 실정이다.

골디락스 따뜻한 수프 같은 경제

영국의 전래동화 중에 《골디락스와 곰 세 마리》가 있다. 골디락스(Goldilocks)는 숲속 길을 가다가 곰 세 마리가 사는 집에 들르게 된다. 그 집에는 곰이 끓여 놓은 맛있는 수프가 있었다. 그런데 수프가 뜨거운 수프, 차가운 수프, 따뜻한 수프 세 종류가 있는 것이 아닌가! 마침 배가 고팠던 골디락스는 세 가지 중 무얼 먹을까 고민하다가 가장 먹기 좋은 따뜻한 수프를 선택했다. 그리고 맛있게 먹기 시작했다.

위 전래동화에 나오는 주인공 골디락스는 금발머리 소녀다. 골디락스란 바로 금(gold)과 머리카락(lock)을 합성해 만들어진 이름이었다. 그런데 이런 골디락스가 왜 경제용어가 되었을까? 그것은 골디락스가 선택한 먹기 좋은 따듯한 수프 때문이다.

즉, 골디락스란 먹기 좋은 따듯한 수프처럼 가장 좋은 상태의 경제 상황을 일컬을 때 쓰는 말이다. 경제가 잘 돌아갈 때의 모습이 마치 동화 속의 여주인공 골디락스가 먹기 좋은 수프를 먹을 때와 비슷하다고 하여 골디락스란 명칭을 쓰게 된 것이다.

출구전략 군사용어가 경제용어로

미국은 베트남 전쟁에서 엄청난 출혈을 감수해야 했다. 자유민주주의를 수호한다는 명목 아래 이 전쟁에 뛰어들었으나 전세는 점점 불리해졌다. 무엇보다 베트남 내에서도 무능한 민주정권보다 월맹 공산정권에 대한 지지도가 더 높았다. 게다가 엎친 데 덮친 격으로 미국 본국에서도 베트남 전쟁에 대한 여론이 좋지 않았다. 이 상태로 정글 숲속의 게릴라전에 능한 베트콩을 이기기란 거의 불가능한 상황이었다.

드디어 미군의 철수를 결정해야 할 시기가 되었다. 하지만 이대로 물러가기란 세계 최강국으로서의 체면이 서지 않았다. 그럼에도 불구하고 피해를 최소화하면서 군대를 철수할 전략이 필요한 상황이었다.

이때 당시 미군에게 절실히 필요한 것이 바로 출구전략(exit strategy)이었다. 출구전략이란 어려운 상황을 가장 효과적으로 벗어나는 데 필요한 전략을 뜻하는 군사용어다. 이처럼 처음에는 군사용어로 사용되던 말이었으나 요즘에는 경제에서 더 많이 쓰이는 것 같다.

경제 현장은 마치 살아 있는 생물과 같아서 수많은 어려움이 생기는 전쟁터에 곧잘 비견된다. 그래서 공격만이 아니라 수세 시 위기를 벗어나기 위한 전략이 필요하므로 출구전략이란 말이 유행하게 되었다.

파레토의 법칙 80 대 20의 마법

당신이 한 달 동안 통화한 총 시간의 80%가 당신이 아는 20%의 사람들과 이루어지고 있다는 사실을 아는가? 당신이 입는 옷의 80%가 당신이 가진 20%의 옷에 집중되어 있다는 사실을 아는가? 당신은 80%의 범죄가 20%의 사람들에 의해 저질러진다는 사실을 아는가?

아마도 80 대 20의 숫자를 보면서 공감이 가는 사람이 많을 것이다. 80 대 20의 법칙은 우리 사회 곳곳에 영향을 미치고 있다. 위의 경우 외에도 백화점 매출의 80%가 20%의 주요 고객에 의해 이루어지며, 운동경기에서 전체 상금의 80%가 20%의 선수들에 의해 싹쓸이된다.

이 마법과도 같은 80 대 20의 법칙을 파레토 법칙이라 한다. 즉, 파레토 법칙이란 전체 결과의 80%가 전체 원인의 20%에 의해 일어나는 현상을 뜻한다.

이러한 80 대 20의 법칙을 처음 발견한 사람은 이탈리아의 경제학자 빌프레도 파레토(Vilfredo Pareto, 1848~1923)다. 그래서 80 대 20의 법칙을 파레토 법칙이라고 한다. 당시 파레토는 '이탈리아 전체 부의 80%를 인구의 20%가 차지하고 있다'는 주장을 하면서 센세이션을 불러일으켰다.

기회비용, 매몰비용 비용을 알아야 이익이 보인다

©mast3r – Fotolia

사람이 어떤 경제적 행동을 할 때 가장 먼저 고려해야 하는 것은 무엇일까? 당연히 '나에게 얼마나 이익이 될까'일 것이다. 만약 당신이 이익을 따지려 한다면 그전에 먼저 비용에 대해 알아야 한다. 왜냐하면 이익에 결정적인 영향을 미치는 것이 비용이기 때문이다.

경제뉴스를 듣다 보면 기회비용이란 말이 자주 나온다. 그런데 비용이 뭔지는 알겠는데 앞에 '기회'라는 말이 붙는 순간 헷갈릴 수 있다. 도대체 기회비용이란 무엇일까? 기회비용이란 둘 중에 하나를 선택했을 때 나머지 포기한 부분에서 발생하는 이익을 뜻한다. 이 기회비용이 중요한 이유는 더 가치가 높은 것을 선택하는 데 도움을 주기 때문이다.

예를 들어, 1억 원의 자금이 있는데 이를 저축하는 경우와 부동산에 투자하는 경우가 있다고 가정해보자. 이때 저축으로 얻을 수 있는 이익이 3%, 부동산 투자로 얻을 수 있는 이익이 5%라면 이렇게 얘기할 수 있다.

각각의 기회비용은 저축의 경우는 부동산 투자가 기회비용이 되므로 500만 원, 부동산 투자의 경우는 저축이 기회비용이 되므로 300만 원이 된다. 이때 비용이 더 적게 들어야 나의 이익이 더 크게 되므로 기회비용이 적은 부동산 투자가 내 이익에 더 도움이 된다.

한편, 기회비용과 달리 매몰비용이란 것도 있는데 이는 이름처럼 이미 매몰되어 되돌릴 수 없는 비용을 뜻한다. 예를 들어, 식당을 하는 데 5억 원을 투자했지만 지금 건질 수 없는 상황이 되었다면 5억 원이 매몰비용이 되는 것이다.

적대적 M&A 무서운 기업 사냥꾼

사람들은 전쟁이 전쟁터에서만 일어난다고 생각하지만, 총성만 안 들릴 뿐 기업 간에도 종종 전쟁이 일어난다.

2016년, 중국에서 기업 간 전쟁이 벌어져 세상을 시끄럽게 했다. 중국 최대 부동산개발업체인 완커와 중견 건설업체 바오넝 그룹과의 전쟁이었다. 시작은 2015년 말 바오넝 그룹이 완커에 '적대적 M&A(Merger and Acquisitions)'를 선언하면서 촉발되었다. 중국에서는 이를 바오넝 그룹과 완커와의 대결이라는 뜻에서 '바오완 전쟁'이라 부른다.

M&A란 기업의 인수 · 합병을 뜻하는데, '적대적 M&A'는 상대 기업의 동의에 상관없이 인수 · 합병하는 것을 뜻한다. 바오넝 그룹이 완커의 동의 없이 완커를 인수 · 합병하려 했기에 적대적 M&A가 된 것이다. 이러한 적대적 M&A는 주로 대주주의 지분율이 상대적으로 낮은 기업이 공격 대상이 되는데, 완커가 딱 그런 상황이었다.

바오닝 그룹은 완커를 집어삼키기 위해 완커에 대한 지분율을 높여 나가는 방식으로 완커의 목을 조여들어 왔다. 하지만 그대로 당하고 있을 완커가 아니었다. 완커는 다른 기업들에게 구원을 요청했으며 다행히 백기사를 자처하는 기업들이 나타나 바오닝의 공격을 막아주었다. 그렇다고 안심할 수는 없는 일. 완커 스스로 지분율을 높이기 전에는 운명이 어찌 될지 누구도 알 수 없는 상황에 놓여 있다.

경제의 풍선효과 아낀다고 아낀 게 아니네

2020년 상반기, 서울 강남의 아파트 값이 크게 올랐다. 정부가 이를 잡으려고 연이어 부동산 정책을 쏟아 냈다. 그러자 강남의 부동산시장은 기세가 꺾였으나 대신 군포, 안산, 인천, 파주 등 수도권 비규제 지역의 아파트 값이 뛰었다. 기자들은 이를 두고 '수도권 부동산 풍선효과'라는 제목으로 기사를 다루었다.

그렇다면 여기서 말하는 풍선효과란 무엇일까? 풍선의 한 곳을 누르면 대신 다른 곳이 팽팽히 부풀어 오른다. 이는 풍선 내부의 공기 양이 일정하기 때문에 나타나는 현상이다. 재미있는 것은 경제에도 풍선효과와 비슷한 일이 일어난다는 사실. 이는 경제의 총량이 풍선의 공기 양처럼 일정한 부분이 있어서 일어나는 현상이다.

문재인 정부는 고공으로 치솟는 서울의 집값을 잡기 위해 2019년 12월 16일 부동

산 대책을 내놓았다. 이를 '12 · 16 부동산 대책'이라 한다. 대출 규제 강화, 세제 강화, 분양가 상한제 적용 지역 추가 등 강력한 제재를 바탕으로 한다. 이 정책 이후 부동산 거래를 조사했더니 서울 지역은 매매가 크게 줄었으나 비규제 지역의 중저가 아파트 매매 거래량이 급증한 것으로 조사됐다.

그야말로 경제의 풍선효과가 나타난 대표적 현상이다. 정부에서는 부동산 가격을 잡기 위해 주로 시장을 압박하는 규제 정책을 쓴다. 하지만 경제는 풍선과 같아서 한 쪽을 누르면 반드시 다른 쪽이 부풀어 오른다. 따라서 정부는 부동산 정책을 성공시키기 위해 풍선효과를 감안한 정책을 내놓아야 할 것이다.

나비효과 나비의 날갯짓이 태풍을 부른다

2016년 초, 세계 최대의 철광석 산지인 브라질의 카라자스 광산 주변 도시가 술렁거렸다. 몇 달째 실업자가 속출한 것. 이 도시를 먹여 살릴 정도로 큰 비중을 차지하는 철광석 회사 발레가 경영난에 처해 수백 명을 해고하면서 이런 사태가 일어났다.

그런데 발레의 경영난을 일으킨 원인이 지구 반대편 중국 때문이었다는 사실은 고개를 갸우뚱하게 만든다. 알고 보니 중국이 경기 둔화로 철광석 수입을 줄인 것이 원인이 되어 브라질 경제가 큰 타격을 받는 일이 일어난 것이다.

이처럼 별것 아닌 듯한 사건이 다른 쪽에 큰 영향을 초래하는 현상을 나비효과(butterfly effect)라 한다. 브라질의 문제를 지켜보며 세계경제가 하나로 묶여 있다는 사실을 새삼 다시 느낄 수밖에 없다. 어느 나라에서 나비효과를 불러일으켜 어느 곳에 피해를 줄지 알 수 없기 때문이다.

지니계수 우리나라는 평등한가? 불평등한가?

통계청 · 한국은행 · 금융감독원이 발표한 2019년 가계금융복지 조사 결과에 따르면, 2018년 균등화처분가능소득 기준 지니계수는 0.345였다. 여기에 지니계수(gini's coefficient, 이탈리아 통계학자 C. Gini가 고안)가 등장하는데, 지니계수는 소득의 불평등 정도를 나타낸다.

지니계수는 0과 1 사이의 값을 가진다. 이때 0에 가까울수록 불평등도가 낮고, 1에 가까울수록 불평등도가 높다. 만약 지니계수가 0.4를 넘으면 상당히 불평등한 소득분배 구조에 처해 있다고 볼 수 있다.

우리나라의 지니계수는 0.3대를 유지하고 있는데 이는 다른 나라와 비교해 어느 정도의 소득 불평등에 해당할까? 대체적으로 미국, 영국 등과는 비슷하고 북유럽 복지국가들보다는 낮다. 하지만 지니계수 수치는 기준에 따라 달라지고 각국에서는 유리하게 발표하려 하기에 조심해야 한다. 예를 들어 중국 정부가 발표하는 지니계수는 0.34지만 다른 조사에 따르면 0.62에 이른다.

우리나라 세계경제순위 세계 10대 경제강국이라는데…

어느 때부터인가 우리나라에 대한 수식어로 '세계 10대 경제강국'이란 말이 붙기 시작했다. 이는 우리나라 경제규모가 세계 10위권대에 있음을 뜻하는 용어다. IMF(International Monetary Fund) 기준 2019년 우리나라 국내총생산(GDP) 규모는 2018년과 같이 세계 12위를 차지했다. 하지만 1인당 GDP는 세계 28위였다. 세계 12위와 28위, 어느 게 우리의 경제순위를 잘 나타내는 걸까?

먼저, 각국의 경제순위를 매기는 방식에 두 가지가 있음을 알아야 한다. 하나는 GDP(Gross Domestic Product, 국내총생산)이고, 다른 하나는 1인당 GDP다. GDP는 국가 전체의 총 생산 규모, 1인당 GDP는 국민 한 사람의 평균적인 생산 규모를 뜻한다. 우리나라의 GDP 규모는 세계 10위권 대이지만 1인당 GDP를 따졌을 때의 순위는 10위권에 한참 못 미쳐 28~30위에서 맴돈다.

참고로 어느새 G2로 떠오른 중국의 GDP는 미국에 이어 세계 2위이지만 1인당 GDP는 1만 달러를 갓 넘은 하위권에 속한다. 2019년 기준 IMF가 발표한 GDP 순위와 1인당 GDP 순위를 참고하기 바란다.

국가별 GDP 순위

순위	국가명	GDP(백만 US달러)
1	미국	21,439,453
2	중국	14,140,163
3	일본	5,154,475
4	독일	3,863,344

5	인도	2,935,570
6	영국	2,743,586
7	프랑스	2,707,074
8	이탈리아	1,988,636
9	브라질	1,847,020
10	캐나다	1,730,914
11	러시아	1,637,892
12	**대한민국**	**1,629,532**
13	스페인	1,397,870
14	호주	1,376,255
15	멕시코	1,274,175

국가별 1인당 GDP 순위

순위	국가명	1인당 GDP(US달러)
21	영국	41,030
22	일본	40,847
23	뉴질랜드	40,634
24	아랍 에미리트	37,750
25	바하마	33,261
26	이탈리아	32,947
27	푸에르토리코	31,538
28	**대한민국**	**31,431**
29	몰타	30,650
30	스페인	29,961

※국제통화기금(International Monetary Fund) 2019년 발표 기준

코스피와 코스닥 주식시장의 큰집과 작은집

우리나라 주식시장은 크게 코스피와 코스닥으로 나눌 수 있다. 코스피와 코스닥을 좀 더 쉽게 이해하기 위해서는 각각에 상장할 수 있는 기업 기준을 알아보면 된다.

먼저 코스피(KOSPI : Korea Composite Stock Price Index, 종합주가지수)에 상장하기 위해서는 자기자본 300억 원 이상 기업, 상장 주식 수 100만 주 이상, 일반 주주700명 이상, 설립 후 3년 이상 경과 등의 조건을 충족해야 한다. 주로 대기업들이 해당되고 2020년 2월 기준 800여 개의 기업이 상장되어 있으며, 코스피의 전체 시가총액은 1,484조 원 정도다.

반면 코스닥(KOSDAQ : Korean Securities Dealers Automated Quotation, 장외주식 거래시장)에 상장하기 위한 조건은 설립 후 3년이 경과하고, 자기자본은 30억 원 이상, 기준시가 총액 90억 원 이상, 소액주주 500명 이상이다. 주로 중소기업 이하 벤처기업들이 포진해 있다. 2020년 2월 기준 1,405개 기업이 상장되어 있으며 코스닥의 전체 시가총액은 245조 원 정도다.

코스피에서 최고의 시가총액을 달리는 기업은 2020년 하반기 기준으로 약 330조 원 규모인 삼성전자. 코스피 전체 시가총액의 30%가 넘으며 2위인 SK하이닉스(약 65조 원)와의 격차가 크다.

한편, 코스닥에서 최고의 시가총액을 보이는 기업은 모바일 바람을 타고 급성장한 카카오로 약 28조 원 규모다.

다우지수, S&P500, 나스닥 세계 주식시장의 풍향계

뉴욕증권시장.

우리나라 주식시장에 코스피와 코스닥이 있다면 미국 주식시장에는 다우지수와 S&P500과 나스닥이 있다.

다우지수(Dow Jones Industrial Average)는 미국 뉴욕증권시장에서 가장 널리 사용되는 대표 주가지수다. 세계의 주식시장에 끼치는 영향이 크며 우리나라 주식시장도 연동되는 일이 많다. 미국 경제를 대표하는 30개 기업의 주가 평균치로 지수를 매기며, 유명한 보잉, 시티그룹, 듀폰, GE, GM, 애플, 마이크로소프트, 맥도날드 등의 글로벌 기업들이 포진해 있다.

S&P500(Standard and Poor's 500)은 30개 기업만을 다루는 다우지수와 달리 대형주 500개를 대상으로 하는 지수다. 표본이 되는 기업 수가 많은 만큼 전체 시장의 동향을 파악하는 데는 다우지수보다 유리하다는 평가를 받고 있다.

나스닥(NASDAQ : National Association of Securities Dealers Automated Quotation)은 미국의 장외 주식시장이다. 마이크로소프트, 인텔, 애플 등이 등록되어 있는 데서 보듯 컴퓨터관련 기업이 40%를 차지한다. 그 외 제조업 29%, 금융업 14%, 텔레커뮤니케이션산업 12%씩이 상장되어 있다.

PBR 저평가 주식이라고 좋은 것일까?

〈매일경제〉 뉴스 MK는 2018년 10월 14일자 기사에서 애플, 인텔과 같은 글로벌 기업들과 우리나라 삼성전자의 PBR(Price on Book-value Ratio, 주가순자산비율)을 비교하는 표를 실었다.

PBR이란 그 회사 주식의 시가총액을 순자산으로 나눈 비율로, 해당 주식이 저평가 또는 고평가되어 있는지를 보는 기준이 되는 수치다. PBR의 수치가 높으면 고평가, 수치가 낮으면 저평가되고 있다고 볼 수 있다.

아래 표는 2018년 기준 세계 기업들과 우리나라 최고 기업인 삼성전자의 PBR 지수를 비교한 자료다. 우리나라 삼성전자의 PBR이 애플, 인텔에 비해 매우 낮음을 알 수 있다. 이것은 무엇을 뜻할까? 삼성전자의 주식이 다른 나라 최고 기업에 비해 저평가되어 있다는 의미다.

주식이 저평가되어 있다는 것은 주가가 오를 가능성이 크다는 장점도 있지만 그 회사에 대한 미래 기대치가 낮음을 뜻하는 의미도 된다. 따라서 삼성전자는 기업의 대외적인 미래 가치를 올리기 위해 노력해야 할 것이다.

주식의 저평가를 판단하는 또 하나 인기 지표는 PER(Price Earning Ratio, 주가수익비율)이다. 주가를 주당순이익(EPS)으로 나눈

글로벌 IT기업 PBR 비교(2018년, 단위: % · 배)

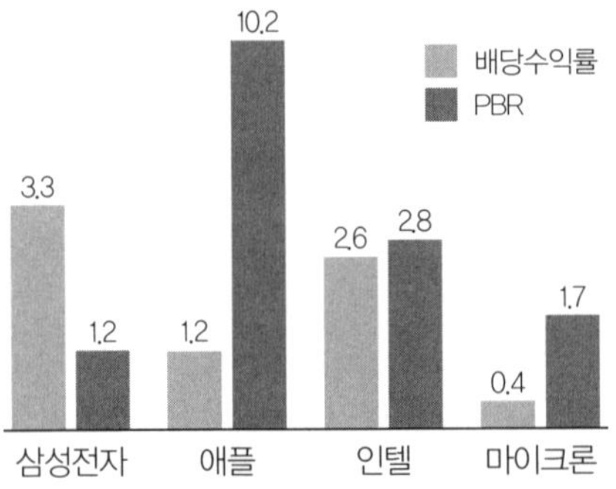

자료: KB증권, 에프앤가이드

수치로 주가가 1주당 수익의 몇 배가 되는가를 나타낸다.

대체로 PER가 10 미만이면 저평가로 꼽히지만 업종별 편차가 크다. 이는 그 업종의 평균 PER를 살펴 판단해야 한다는 뜻이다.

사이드카, 서킷브레이커 주식시장의 폭락 상징

2016년 2월 12일, 우리나라 주식시장에 긴급 사태가 발생했다. 글로벌 금융시장 불안, 개성공단 폐쇄, 국제유가 급락 등의 악재가 겹치며 이날 11시 55분 코스닥지수가 지난 9년여 사이 최대 낙폭인 8% 넘게 빠지면서 20분간 주식 거래가 중단되는 서킷브레이커(circuit breakers)가 발동된 것이다.

ⓒmomoforsale – Fotolia

서킷브레이커는 주가 급락 시 시장에 미치는 충격을 완화하기 위해 매매를 일시 정지하는 제도로, 코스닥시장에서는 이번이 일곱 번째다. 서킷브레이커에는 3단계가 있다. 주가지수가 8% 이상 하락한 상태에서 1분 이상 회복하지 못하면 1단계, 15% 이상 하락하면 2단계가 발동된다. 서킷브레이커 상태에서는 20분간 거래가 중단되며 이후 10분 동안 단일 가격으로만 거래하는 방식으로 매매를 재개시킨다.

3단계는 주가지수가 20% 이상 떨어지고 2단계 발동 시점보다 1% 넘게 지수가 떨어지면 발동되고 당일 거래가 중단된다.

이날 코스닥시장에는 사이드카(side car)도 발동되었다. 사이드카는 코스닥150 선물가격이 6% 이상 급등락해 그 영향이 현물시장에 과도하게 파급되는 것을 막기 위해 발동된다. 발동 5분 후 자동 해제되며 하루 한 차례 발동한다.

주식시장에서 사이드카와 서킷브레이커가 하루에 같이 발동된 것은 사상 처음이었다.

자사주 소각, 우리사주 주식을 왜 태우지?

〈MK 뉴스〉 2020년 2월 26일자 인터넷 기사에 '삼성물산… 3,000억 원 자사주 소각'이라는 제목이 떴다. 삼성물산이 3,000억 원 규모의 자사주를 소각하여 주주가치를 올린다는 내용의 기사였다. 자사주를 소각하는데 왜 회사의 주식가치가 올라간다는 것일까?

자사주 소각이란 기업이 자사주를 매입한 뒤 없애버리는 것을 말한다. 이러한 자사주 소각은 시장에 과다하게 나도는 주식의 수를 줄임으로써 주식의 가치를 높이는 효과를 내게 된다. 삼성물산이 자사주 소각을 함으로써 주식가치를 올리려 한 것은 바로 이런 이유 때문이다. 물론 실적 개선의 효과는 별도로 할 때 이야기다.

한편, 회사의 주식에는 우리사주도 있다. 우리사주란 그 기업의 직원이 자기 회사의 주식을 보유할 때 붙는 이름이다. 물론 이때 우리사주는 회사에서 직원에게 자사주를 배당하는 형식으로 이루어진다. 이 때문에 우리사주는 시장 가격보다 낮은 가격에 책정된다. 우리사주를 보유한 직원은 회사의 주주가 되므로 주인의식을 가지고 회사의 일에 임할 수 있다는 장점이 있기도 하다.

선물거래 투기냐? 투자냐?

주식시장 뉴스를 접할 때 자주 들리는 단어 중 하나가 '선물'이다. 주식에 대해 잘 모르는 사람이 들으면 gift로 오해할지도 모르겠다. 하지만 여기서 선물(先物)이란 한자 뜻 그대로 미래의 물건을 미리 사고파는 행위를 뜻한다. 그리고 이러한 선물을 사고파는 것을 선물거래라 한다.

그렇다면 주식시장에서 선물거래는 어떻게 이루어지고 또 어떻게 이익을 얻을 수 있을까? 보통의 주식거래는 일반 물건을 사는 것처럼 돈을 주고 주식을 사는 식으로 거래된다. 그래서 주식 가격이 올랐을 때 팔면 차액만큼의 이익을 얻게 된다. 물론 주식 가격이 내린다면 그만큼의 손해를 보게 되고.

하지만 선물거래는 미래 특정한 시점의 주가지수 또는 개별종목 가격을 미리 사거나 파는 식으로 거래된다. 여기에 일반 주식 거래와 차이가 있다. 미래 특정한 시점의 지수나 주식을 사거나 팔기 위해서는 그 시점의 값이 오를지 내릴지 예측을 해야 한다. 그래서 그 예측이 적중한다면 큰 이익을 얻게 된다. 물론 예측이 빗나간다면 손해를 보게 되고.

선물거래의 장점은 예측이 맞을 경우 일반 주식보다 더 큰 이익을 얻을 수 있다는 점이다. 또 지수나 주식 가격이 내리는 쪽에 이익이 나도록 설계된 주가지수나 개별종목을 샀다면 시장이 하락해도 이익을 얻을 수 있다는 점이다.

그러나 마치 부동산 투기처럼 투기의 성격을 띨 수도 있기에 위험하다는 단점이 있다.

ELS 안전을 우선으로 하는 증권

2014년 동양증권 사태가 터졌다. 부실에 빠진 동양시멘트 등 그룹 계열사들의 빚을 해소하기 위해 동양증권이 CP(기업어음)를 발행하다가 동양그룹이 법정관리에 들어가며 고객이 돈을 떼이게 된 사건이다. 워크아웃과 달리 법정관리는 투자자들의 돈을 보전해주지 않는다.

이 사건 때 동양증권이 판매한 CP와 그룹 회사채에 투자한 고객은 4만 1,000여 명, 총 금액은 약 1조 6,000억 원이었다. 그룹이 법정관리에 들며 이 돈이 허공으로 날아가버린 것이다. 그야말로 엄청난 규모의 손실이라 하지 않을 수 없다. 고객들은 이익을 얻기 위해 투자했지만 동양증권을 비롯한 동양그룹의 부도덕하고 방만한 경영이 결국 엄청난 결과를 초래하고 말았다.

증권사를 이용하는 고객들은 불안하지 않을 수 없다. 증권사를 통해 투자하려 해도 동양증권 사태 같은 일이 또 일어나지 말란 법이 없기 때문이다. 이런 가운데 등장한 기막힌 금융상품이 있으니 바로 ELS(Equity Linked Security, 주가연계파생결합증권)다. ELS는 이름에 들어 있는 그대로 안전(security)이 확보되는 증권(equity)이다. 그 비법은 90%는 안정된 채권에 투자하고 나머지 10%만 위험성은 높지만 이익률이 높은 옵션에 투자하는 방식에 있다.

ELS는 원금을 거의 보장하면서 꽤 괜찮은 이자를 줄 수 있는 상품임에 틀림없다. 하지만 꼭 알아야 할 것은 ELS의 구조상 원금 100% 보장은 아니고 90% 보장이라는 사실이다. 만약 원금 100% 보장을 주장하는 ELS 상품이 있다면 다시 한 번 체크해보는 꼼꼼함이 필요할 것이다.

어닝 쇼크 실망스러운 실적

2020년 2월, 언론들은 제약회사 유한양행의 어닝 쇼크 소식을 전했다. 유한양행은 국내 제약업계 1위 기업이었기에 충격은 매우 컸다. 어닝 쇼크(earnings shock)란 말 그대로 기업의 실적(earning)이 시장에서 예상했던 것보다 너무 저조해 주식시장에 충격적인(shock) 뉴스를 던지는 현상을 일컫는다.

기업들은 분기 또는 반기별로 그동안의 영업 실적을 발표하는데 그 시기를 '어닝 시즌(earning season)'이라고 한다.

이날 뉴스에 의하면 유한양행은 2019년 기준 영업이익이 125억 원으로 전년 501억 원에 비해 75%나 줄었다고 공시했다. 같은 기간 매출액도 1조 4,803억 원으로 2.5% 감소했다고 발표했다.

결국 유한양행이 어닝 쇼크에 빠진 이유는 매출액 대비 영업이익이 저조한 까닭이다. 매출액 대비 수익성을 내지 못했다는 이야기다. 여기에는 유한양행이 매출 감소에도 불구하고 신약개발을 위한 연구개발(R&D) 투자를 지속한 것도 한 원인으로 분석된다.

어닝 쇼크의 반대말은 어닝 서프라이즈(earnings surprise)다. 시장의 예상치를 훨씬 뛰어넘는 깜짝 실적이 나왔을 때 쓰는 용어다. 당연히 어닝 쇼크를 발표한 기업의 주가는 떨어질 가능성이 높고, 어닝 서프라이즈를 발표한 기업의 주가는 오를 가능성이 높다.

우회상장 보이지 않게 터뜨리는 대박

2015년 12월 7일자 〈한국경제〉 TV 뉴스에 '고현정 우회상장으로 5년 만에 30배 대박'이라는 기사가 떴다. 덕분에 고현정 씨는 50억 원가량의 대박을 터뜨리며 단숨에 연예인 주식부자 9위에 올랐다. 그런데 우리가 여기서 주목해야 할 것은 '우회상장'이란 단어다. 도대체 우회상장이 뭐길래 고현정 씨가 대박을 칠 수 있었을까?

우회상장이란 비상장 기업이 상장 기업을 인수함으로써 상장 주식시장에 진출하는 것을 말한다. 실제 고현정 씨는 2010년 4월 설립한 아이오케이컴퍼니에 지분 55%(1억 6,000만 원)를 출자했는데, 이 아이오케이컴퍼니가 코스닥 상장사인 포인트아이와 합병해 우회상장에 성공함으로써 이런 대박을 터뜨린 것이다.

사모펀드 펀드계의 대세

2020년 3월, 몸값만 5조 원에 달하는 이베이코리아(G마켓, 옥션 등) 매각설에 대형 유통기업인 롯데, 현대, 신세계, 쿠팡, MBK 등이 관심을 보인다는 기사가 떴다. 그런데 5조 원이라는 엄청난 금액을 내고 이베이코리아를 인수할 기업에 생소한 이름이 보인다. MBK파트너스라는 기업이다. MBK파트너스는 김병주(1963~) 회장이 2005년 설립한 아시아 최대의 사모펀드(private equity fund, 私募-) 회사다. 금융감독원이 발표한 2019년 기준 운용자금만 9조 7,000억 원에 달한다.

그렇다면 사모펀드란 무엇일까? 사모펀드는 소수의 투자자로부터 자금을 모아 운용하는 펀드다. 그런데 사모펀드가 어떻게 고수익을 올릴 수 있었을까? 사모펀드는 주로 자산가치가 저평가된 기업에 자본 참여를 하여 기업가치를 높인 다음 주식을 되파는 운용전략을 취한다. MBK파트너스 역시 이런 방식으로 몸집을 키웠다.

사모펀드는 공모펀드와는 달리 운용에 제한이 없어 자유로운 투자가 가능하다. 공모펀드는 펀드 규모의 10% 이상을 한 주식에 투자할 수 없고, 주식 외 채권 등 유가증권에도 한 종목당 10% 이상 투자할 수 없지만 사모펀드는 이런 제한이 없다.

그런 만큼 이익이 날 만한 어떠한 대상에도 투자가 가능하다. 이 때문에 떳떳치 못한 자금으로 악용될 수 있다는 우려도 따르지만 운용사의 역량에 실적이 좌우될 가능성도 크다. 2019년에는 조국 전 법무부장관 가족이 사모펀드에 투자한 것이 알려지며 공직자로서의 처신을 비판받는 빌미가 되기도 했다.

국내 사모펀드 시장의 순자산 총액은 2015년 187조 원에서 2017년 268조 원, 2020년 400조 원을 넘어 꾸준히 늘어나고 있다.

헤지펀드 자본주의의 악마

©radiorio – Fotolia

1998년, 극도의 경제 불안을 겪고 있던 러시아가 마침내 모라토리엄(채무불이행)을 선언했다. 그런데 그 불똥이 미국의 대표적인 금융회사였던 롱텀캐피털매니지먼트사의 파산으로 번지면서 국제금융시장은 한 번 더 요동쳤다.

그 일과 함께 '헤지펀드(hedge fund)'도 주목받았다. 롱텀캐피털매니지먼트사가 바로 헤지펀드 기업이었기 때문이다. 헤지펀드란 '담장'을 뜻하는 hedge의 뜻 그대로 '자신의 자산은 울타리를 쳐 안전하게 유지하면서 어떤 위험에도 수익을 내는 펀드'를 뜻한다. 그런 헤지펀드사가 파산했으니 화제가 되는 건 당연했다.

헤지펀드는 철저히 비밀리에 투자자를 모집하고 공격적인 영업으로 아무리 금융시장이 어려워도 고수익을 내는 것으로 유명하다. 하지만 철저히 비밀리에 폐쇄적으로 운영함으로써 세계 금융시장을 교란시키는 무서움도 동시에 지니고 있다.

웬만한 나라의 예산을 넘는 자금을 보유하고 있다는 헤지펀드들의 영업 방식 중 하나는 환차익을 이용하는 것이다. 한 나라의 화폐가 고평가되어 있고 금융시장이 흔들릴 때가 기회다. 원화를 예로 들면, 헤지펀드사가 1,000억 원의 원화를 차입해 환율시장에서 팔고 1억 달러를 매입했다 치자. 다음은 원화를 대량 매도한 여파로 환율이 상승하면 보유하고 있던 달러로 다시 원화를 매입한다. 만약 10%의 환율 상승이 있었다면 1,000억 원을 갚고도 100억 원을 이익으로 남기게 된다.

우리나라가 1997년 IMF 사태를 맞은 것도 헤지펀드와 관련이 있다. 김영삼 정부의 자본시장 개방과 일본 엔화의 평가절하로 인해 고평가되어 있던 원화가 빌미였다. 환율 상승을 예상한 헤지펀드들이 원화를 팔고 달러를 사들이기 시작했다. 그 규모가 워낙 크다 보니 정부에서도 막을 수 없게 되었고, 환율 급등과 외환시장 마비로 이어졌다.

이 여파로 달러가 고갈되며 아무런 준비가 되어 있지 않던 한국은 그대로 IMF 사태를 맞고 말았다. 그래서 금융업계에서는 헤지펀드를 자본주의의 악마라 부르기도 한다.

이머징 마켓 신흥 시장은 신선한가

도널드 트럼프 미국 대통령이 가장 우선했던 정책은 미국의 이익 우선이다. 이와 관련, 트럼프 대통령은 무역 경쟁국들에 대한 관세 위협 정책을 펼쳤다. 중국과는 무역 전쟁이라는 용어까지 만들어내며 관세 싸움을 펼쳤다. 이에 가장 큰 타격을 입은 그룹은 역시 이머징 마켓이다.

이머징 마켓(emerging market)이라 하면 뜻 그대로 신흥(emerging) 시장(market)을 의미한다. 선진국 입장에서 신흥 시장이란 주로 새롭게 떠오르는 개발도상국 시장들이 해당된다. 구체적으로는 인도와 중국, 동남아시아 국가, 남미의 신흥 경제국들이다.

트럼프 정부는 그동안 미국이 신흥 개발도상국들에게 지나치게 양보한 까닭에 오늘날 미국 경제가 위기에 처했다고 인식한 듯하다. 이 때문에 이머징 마켓을 상대로 철저히 이익을 챙기려는 속셈을 드러내고 있는 것이다.

규모의 경제 대량에는 당할 자 없다

어느 때부터인가 골목 세탁소가 사라지고 있다. 도대체 원인이 뭘까? 알고 보니 어느 날 갑자기 등장한 공장형 세탁소 때문이다. 공장형 세탁소는 드라이클리닝 공장 시설을 갖추고 대규모로 세탁을 하기 때문에 동네 세탁소보다 인건비가 절감된다. 게다가 지역 체인점을 두고 옷을 수거하거나 배달해 주는 방식으로 운영하기에 넓은 지역을 커버할 수 있다.

그런 장점으로 동네 세탁소와는 비교도 안 되는 가격에 옷을 세탁한다. 이러니 고객들도 동네 세탁소를 버리고 공장형 세탁소를 찾는 것이다.

우리는 여기서 '비교도 안 되는 가격'에 주목해야 한다. 공장형 세탁소는 어떻게 저렴한 가격에 세탁을 해줄 수 있을까? 바로 '규모의 경제' 때문이다. 규모의 경제란 사업의 규모가 커지면 원가가 절감되어 더 많은 이익을 얻게 되는 경제 시스템을 뜻한다.

공장형 세탁소는 바로 이 규모의 경제를 이용해 동네 세탁소와의 경쟁에서 게임도 안 될 만큼 이길 수 있었던 것이다.

피케티 신드롬 자본세 가능한 일일까?

2008년 노벨경제학상 수상자인 폴 크루그먼(Paul Krugman, 1963~ , 프린스턴 대학 경제학과) 교수는 프랑스의 경제학자 토마 피케티(Thomas Piketty, 1971~)의 역작인 《21세기 자본》에 대해 다음과 같은 평가를 내놓았다.

"이 책은 향후 10년 동안 가장 중요한 경제학 저서로 자리매김할 것이라고 말해도 과언이 아니다."

폴 크루그먼의 말처럼 《21세기 자본》은 전 세계에 피케티 신드롬을 불러일으켰다. 그리고 2014년 《21세기 자본》이 드디어 우리나라에도 상륙했다. 그 무렵 한창 불어닥쳤던 경제민주화 바람이 조금 사그라지고 있을 즈음이었다. 과연 토마 피케티는 《21세기 자본》에서 어떤 이야기를 하고 있을까?

책의 주된 내용은, 불평등을 만들어내는 자본주의의 모순에 대한 해부와 그 대안으로 자본세를 신설하자는 것 등이다. 사실 이런 경제관은 우리나라의 진보 경제학자들이 주장하던 바와 비슷한 것으로, 보수 경제학자들은 이에 대해 우리나라 실정에 맞지 않은 이론이라며 반박하고 있는 상황이다.

지주회사 사실은 내가 그룹의 주인이야

사람들이 즐겨 하는 게임 중 하나인 '피파 온라인4'를 만든 게임회사가 넥슨이라는 사실을 모르는 게임마니아는 거의 없다. 하지만 넥슨의 모회사, 즉, 지주회사가 NXC라는 사실을 아는 사람은 그리 많지 않을 것이다.

넥슨을 움직이는 김정주 대표는 사실 넥슨의 대표가 아니라 NXC의 대표다. 넥슨의 회사 구조는 NXC를 지주회사로 하고 그 아래에 넥슨(구 넥슨 재팬), 넥슨코리아(구 넥슨), 넥슨유럽, 넥슨아메리카를 거느린 방식이다.

십수 년 전부터 지주회사 제도가 붐을 타고 있는데 넥슨은 2005년 지주회사 제도를 통해 소속 회사들을 지배하는 구조를 택했다. 그리고 그것은 넥슨이 성공 가도를 달리는 지렛대 역할을 해주었다. 그렇다면 지주회사 제도란 어떤 것일까?

지주회사란 산하에 있는 자회사들의 모회사가 되는 회사로서, 자회사들의 주식을 보유하는 것으로 그 회사들을 지배하는 큰집 격인 회사를 말한다. 김정주 대표는 바로 이러한 지주회사 제도 방식으로 넥슨 등 계열사를 경영하고 있다.

지주회사는 IMF 이후 기업계의 유행이 되고 있다. LG그룹은 2003년 대기업 최초로 지주회사 체제를 갖추었으며, 다른 그룹들도 잇달아 지주회사를 출범시켰다.

브랜드 가치 한국 기업의 세계 순위는?

미국 경제 전문지 〈포브스(Forbes)〉는 세계 주요 기업의 브랜드 가치를 평가한 '2019년 베스트 글로벌 브랜드 100'을 발표했다. 세계 브랜드 가치 1위 기업은 어디일까, 또 우리나라 기업은 어느 정도에 위치할까?

이 발표에 따르면 세계 브랜드 가치 1, 2위 기업은 애플과 구글이었다.

아마도 예상했을 것이라 생각된다. 그렇다면 과연 우리나라 최고 기업인 삼성전자의 브랜드 가치는 몇 위나 될까? 당당히 세계 7위다. 그 아래에 디즈니, 도요타, 맥도날드 등이 있으니 과연 삼성전자라 할 만하다.

삼성전자 외 순위에 든 우리나라 기업은 현대자동차(94위) 정도다. 아래에 포브스가 선정한 1위부터 10위까지의 글로벌 브랜드를 소개한다. 괄호 안의 숫자는 브랜드 가치 평가액이다.

세계 주요 기업의 브랜드 가치

1위	애플(2,055억 달러)	2위	구글(1,677억 달러)
3위	마이크로소프트(1,253억 달러)	4위	아마존(970억 달러)
5위	페이스북(889억 달러)	6위	코카콜라(592억 달러)
7위	삼성전자(531억 달러)	8위	디즈니(522억 달러)
9위	도요타(446억 달러)	10위	맥도날드(438억 달러)

G20 세계 GDP 85% 차지

이명박 정부 시절이던 2010년 11월 11일, 'G20 정상회의'가 서울에서 열렸다. 당시 이명박 정부는 G20 정상회의를 유치한 것을 대단한 자랑으로 여겼다.

G20이란 세계경제를 이끄는 주요 20개국의 모임을 뜻하는 말로, 2008년 글로벌 금융위기 이후 그 정상들이 모이는 모임으로 확대되어 발전해왔다. G20에 해당하는 나라들을 열거해보면 다음과 같다.

G20 : 미국, 일본, 독일, 영국, 프랑스, 러시아, 중국, 브라질, 멕시코, 남아공, 한국, 호주, 터키, 이탈리아, 캐나다, 인도, 인도네시아 등 19개국

+ EU 의장국.

이들 나라들이 차지하는 GDP는 전 세계의 약 85%, 인구는 약 3분의 2에 이른다. 따라서 G20이 전 세계에 미치는 영향력은 매우 크다고 할 수 있다.

탄소포인트제 에너지 아낀 개인에게 주는 혜택

세계가 지구온난화에 따른 환경 변이로 몸살을 앓고 있다. 지구온난화는 이산화탄소 배출(급격히 늘어난 화석연료 사용에 의한)이 주요 원인으로 꼽힌다. 이산화탄소가 마치 비닐하우스의 비닐처럼 지구 밖으로 방출되는 복사열을 막는 역할을 하여 지구온난화가 일어난다는 것이다.

이에 세계는 세계기상기구(WMO)를 중심으로 지구온난화를 줄이기 위해 머리를 맞대고 있다. 대표적인 노력으로는 각국의 탄소가스 감축 목표를 정한 1997년의 교토의정서(선진국별 목표치 부여), 2015년 12월의 파리협정(개발도상국까지 목표치 부여) 채택 등의 활동이 있다.

그 일환으로 우리나라는 2009년부터 개인에 대한 탄소포인트제를 실시하고, 2015년부터는 국가와 기업별 탄소 배출 감축을 목표로 탄소배출권 거래제를 시행하고 있다.

탄소포인트제는 이산화탄소 배출을 줄이는 데 참여하는 사람들에게 주는 포인트다. 이산화탄소는 전기, 자동차, 보일러 등을 사용하는 데서 발생하므로 이의 절감을 실천하면 탄소포인트를 받을 수 있다. 포인트는 현금, 교통카드, 상품권, 캐시백 등 다양한 방식으로 사용할 수 있다. 신청은 각 주민센터나 탄소포인트 시스템(https://cpoint.or.kr) 홈페이지에서 하면 된다. 환경도 지키고 돈도 버는 일이니 관심을 가져볼 일이다.

한편, 탄소배출권거래제는 국가별, 기업별 탄소 배출량을 미리 정해놓고 실천을 유도하는 제도다. 탄소 배출량 허용치 미달분을 국가 간, 기업 간에 팔거나 초과분을 살 수 있게 하여 탄소 배출 감축을 유도한다.

셰일가스 혁명 에너지시장의 태풍의 눈

석유 가격은 폭락하고, 대체에너지 사업은 미진하고…. 최근 에너지 산업 시장이 돌아가는 모양새가 예사롭지 않다. 하지만 그 중심에 셰일가스가 있다는 사실을 아는 사람은 아직 많지 않은 듯하다.

셰일가스란 지각의 셰일층에 있는 천연가스를 뜻한다. 이러한 셰일가스의 매장량이 엄청나다고 알려져 있었지만 그동안은 셰일층까지 뚫고 생산할 기술이 없어 그저 그림의 떡일 뿐이었다. 그런데 미국이 셰일가스를

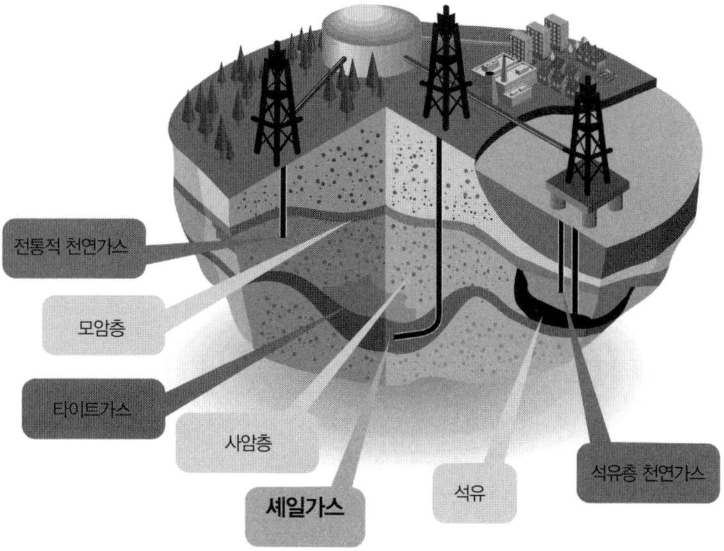

©pgmart – Fotolia

뽑아내는 데 성공함으로써 이야기가 달라졌다. 셰일가스가 인류의 에너지 걱정을 단숨에 해결해줄 수 있기 때문이다. 현재 확인된 매장량만 해도 187조 5,000억㎥. 전 세계가 60년간 사용할 수 있는 규모다.

최근 몇 년 사이 세계 에너지시장 권력에도 변화가 있었다. 중동 국가들의 순위가 내려가고 미국 · 러시아 · 캐나다 · 중국 등의 순위가 올라갔다. 그중 미국은 사우디를 제치고 세계 최대의 산유국이 되었다. 미국의 산유량이 늘어난 가장 큰 이유는 물론 셰일가스 덕이다.

셰일가스 개발은 석유수출국기구(OPEC)가 주도한 고유가에서 비롯되었다. 셰일가스는 배럴당 50달러까지는 석유보다 생산성이 좋다는 게 전문가들의 분석이다.

미국의 셰일가스 생산에 OPEC 회원국들도 반격에 나서고 있다. 공급과잉 우려에도 불구하고 원유 가격을 낮춰 시장점유율 사수에 나선 것. 그동안 석유로 먹고살아 왔던 나라들로서는 가만있을 수 없는 시장 변화이기 때문이다. 석유 중심의 산업들에도 셰일가스는 막대한 피해를 줄 수 있다. 이렇듯 셰일가스가 몰고 올 여파는 거의 혁명급 수준이다. 그래서 셰일가스 혁명이라 부르는 것이다.

소비자심리지수 서민경제의 바로미터

최근 각 경제연구기관이나 경제전문가들 사이에 한국 경제 위기론이 대두되고 있다. 심지어 어떤 이는 제2의 IMF 사태가 올지도 모른다며 으름장을 놓고 있기도 하다. 하지만 또 다른 쪽에서는 지나친 우려라며 손사래를 친다. 1997년 IMF 때와는 상황이 많이 다르다는 것이다.

어쨌든 서민 입장에서 나라 경제가 걱정되는 것은 사실이다. 수년째 경기가 살아나지 않고 있기 때문이다. 이러한 서민들의 경제적 심리를 나타내는 지표가 있으니 소비자심리지수(CCSI)다.

이는 소비자들의 생활 형편이나 경기, 수입 등에 대한 심리를 지수로 표현한 것이다. 100이 넘으면 좋아질 것으로, 100 미만이면 나빠질 것으로 본다. 한국은행이 발표한 2020년 초 기준 소비자심리지수는 104로 92까지 하락했던 2019년보다 올랐다. 그러나 이 시기 140까지 치솟았던 부동산시장 소비자심리지수가 반영된 결과였다.

바오류 시대 중국의 고속성장이 끝나간다

2015년 6.9%, 2016년 6.7%, 2017년 6.9%, 2018년 6.6%, 2019년 6.1%.

무엇을 뜻하는 수치일까? 세계에서 가장 높은 경제성장률을 보이던 중국의 최근 5년간 연도별 경제성장률이다. 수치에서 보듯 중국의 경제성장률은 계속 하락하고 있으며, 2019년 6.1%라는 수치는 1990년 3.8% 이후 29년 만에 최저치다.

중국 경제에 우리의 관심이 큰 것은 한국 경제에 미치는 영향이 너무 크기 때문이다. 중국 경제가 침체되면 우리는 수출에 치명적인 타격을 입는다. 그러나 유감스럽게도 2015년 중국의 경제성장률은 드디어 6%대로 가라앉았다. 2015년 하반기부터는 중국의 증시까지 폭락하며 세계경제를 공포로 몰아넣었다.

급기야 중국은 바오류 시대(保六時代)를 선언하기에 이른다. 바오류는 '6을 지킨다'라는 뜻으로, 6%대 경제성장은 유지하겠다는 의지를 담은 신생 경제용어다. 중국의 2020년 경제성장률 목표치는 5~6%였다. 그러나 코로나19로 인해 바오류 시대마저 지킬 수 없게 됐다.

푸드 테크 음식과 스마트폰이 결합했다

우리 민족이 최초로 세운 나라는 고조선으로 알려져 있으나 《삼국유사》에 의하면 배달국이 먼저다. 단군신화에 나오는 단군의 아버지 환웅이 세운 나라가 배달국이기 때문이다. 여하튼 그런 '배달의 민족'이라는 이름으로 어느 날 우리 앞에 갑자기 나타난 기업이 있다. 그리고 배달의 민족은 이후 배달음식 문화를 바꿔놓았다. 음식과 정보기술을 접합한 푸트 테크(food tech) 세상을 연 것이다.

스마트폰의 애플리케이션 하나면 전국 15만여 개 배달 음식점의 메뉴를 마음대로 고를 수 있다. 실시간으로 이용자들의 음식점 평이 오르니 그걸 기준으로 맛있는 음식점과 메뉴를 고르기도 쉽다.

배달앱은 그간 1위 '배달의 민족', 2위 '요기요', 3위 '배달통' 순이었다. 그러다 2019년 '요기요'와 '배달통'을 운영하던 독일계 기업 딜리버리히어로가 '배달의 민족'을 인수하며 일대 판도 변화가 일어났다. 결코 바람직하지 않은 독점! 앞으로의 시장 전개가 궁금하다.

펭귄효과 눈치 보고 사는 한국인

김상훈 서울대 경영학과 교수는 칼럼을 통해 나라마다 제품을 고르는 기준이 다르다고 했다. 먼저 미국인은 제품의 성능을 본다. 반면 독일인은 얼마나 튼튼한지를 보고, 프랑스인은 스타일을 본다.

그렇다면 우리나라 사람들은 무엇을 볼까? 여기서 빵 터진다. 눈치를 보고 산다는 것이다. 우리나라에 체면문화가 강하다 보니 나온 말일 것이다.

눈치를 보고 제품을 사는 것에 빗댄 마케팅 용어가 있으니 펭귄효과다. 빙산 끝에 모여 있는 펭귄들은 먹이사냥을 위해 바다로 뛰어들기 전 서로 눈치를 본다. 그러다가 한 마리가 바다에 뛰어들면 그제야 우르르 따라 들어간다.

이는 마치 물건을 살까 말까 눈치를 보다가 남들이 사기 시작하면 덩달아 구매하는 우리의 모습에 비유할 수 있기에 펭귄효과라고 부른다. 여러 나라 중 우리나라 국민성에 가장 잘 들어맞는 용어인 것 같다.

토빈세 막을 것이냐 말 것이냐

2013년 7월, 브라질 정부는 매우 다급한 모습으로 토빈세(tobin tax)를 폐지한다는 내용의 경제개혁안을 발표했다. 토빈세란 외환거래에 부과하는 세금으로 노벨경제학상을 받은 미국 예일대의 제임스 토빈(James Tobin, 1918~2002) 교수가 처음 제안해 붙여진 이름이다.

2008년 미국발 금융위기가 발생한 뒤 각 나라들은 무차별적으로 들어오는 외국 자본에 규제를 가하기 위해 토빈세를 검토했고, 브라질은 2009

년부터 토빈세를 신설해 시행해 오고 있었다. 그런 브라질이 왜 토빈세 폐지를 들고 나왔을까?

그것은 토빈세 신설 이후 달러의 유입이 급격히 줄어들고 경제가 악화되었기 때문이다. 물론 브라질의 경기 악화가 토빈세 하나 때문만은 아니겠으나 최소한 브라질 정부가 토빈세도 경기 악화에 영향을 끼친 원인이라고 생각해 이런 결정을 내렸다고 짐작할 수 있다.

한편, 우리나라에서도 토빈세를 신설해야 한다는 주장과 경기에 악영향을 주므로 반대한다는 주장이 팽팽히 맞서고 있다.

그레셤의 법칙 나쁜 것이 좋은 것을 이긴다

'악화가 양화를 구축한다.' 16세기 영국의 금융가 토머스 그레셤(Thomas Gresham, 1519~1579)이 주장한 이론으로, 여기서 '구축(驅逐)하다'는 '몰아내다'의 뜻이다. 즉, 나쁜 품질의 화폐와 좋은 품질의 화폐가 동시에 존재할 때 나쁜 화폐가 좋은 화폐를 몰아내게 된다는 것이다.

그레셤이 살았던 시대에는 실제 은이나 동으로 화폐를 만들었다. 16세기 영국 왕이었던 헨리 8세는 은을 아껴 정부재정을 늘리기 위해 순도가 떨어지는 은화를 발행했다. 그러자 사람들은 동일 가치의 순도가 높은 은화를 자신의 집에 숨기고 순도가 낮은 은화만을 사용했다.

그레셤은 이런 현상을 만연시킨 사람이다. 헨리 8세를 이은 엘리자베스 1세의 재정 고문관으로 일하면서 나쁜 은화의 발행을 더욱 부추겼기 때문이다.

그레셤의 법칙은 다른 분야에서도 발견된다. 오늘날 그레셤의 법칙이 적용되는 대표적인 공간은 인터넷이다. 누리꾼들의 주목을 끄는 콘텐츠들은 말초적이거나 자극적인 것들이 많다. 반면 건전하며 교육적인 콘텐츠들은 누리꾼의 외면을 받는 경우가 허다하다.

또, 불법 다운로드가 판을 치면서 정상적 루트의 영화가 피해를 보는 것, 값싼 제품들이 양질의 제품 판매에 피해를 주는 것, 간신이 득세하면 충신이 설 자리를 잃는 것, 조직에서 자질이 낮은 사람이 간부가 되면 우수 직원들이 사라지는 것 등이 모두 그레셤의 법칙에 해당한다.

히든 챔피언 진정한 최고 강소기업

안산시에 위치한 동양피스톤이라는 기업은 매년 신입 공채 때마다 수백 대 1의 경쟁률이 펼쳐진다. 이런 경쟁률은 대기업에서조차 보기 힘든 일이다. 도대체 왜 구직자들은 동양피스톤이라는 이름도 잘 모르는 기업에 구름떼처럼 몰려드는 걸까?

사실 동양피스톤은 국내 엔진피스톤 시장 1위 업체다. 4,500만 원이 넘는 초임도 놀랍지만, 얼마나 복지후생이 잘되어 있는지 이 회사의 이직률은 0.4%! 1,000명 중에 4명만 이직하는 꼴이니 거의 나가는 직원이 없는 기업인 셈이다. 구직자들 사이에 진짜 알짜 기업인 것이다.

동양피스톤과 같이 잘 알려져 있지 않으면서도 경쟁력을 갖춘 강소기업을 히든 챔피언이라고 한다. 2008년에 독일의 경영학자 헤르만 지몬이 《히든 챔피언(Hidden Champion)》이라는 책을 내놓으면서 사용되기 시작했다. 동양피스톤과 같은 히든 챔피언이 많이 나와야 우리나라 경제에도 큰 보탬이 될 수 있을 것이다.

슈퍼노트 위조지폐의 최강자

2005년 9월, 미국 재무부는 북한의 밀수 및 무기거래 자금 세탁에 BDA(방코델타아시아)가 관여했다는 증거를 포착하고 미국 금융회사들과 BDA의 거래를 중단시키는 결정을 단행했다. 초유의 사건이었다. 더욱 놀라운 것은 이 사건의 조사에서 북한의 슈퍼노트(super note)가 발견되었다는 사실이다.

슈퍼노트란 특별한(super) 지폐(note)를 뜻하는 말로, 초정밀 고성능 인쇄기로 찍어낸 100달러짜리 위조지폐를 가리킨다. 슈퍼노트의 정밀도가 얼마나 대단한지 위조지폐 감별기조차 통과해버릴 정도다.

사실 슈퍼노트의 발견은 이때가 처음은 아니다. 1989년 필리핀 마닐라의 은행에서 처음 발견되었고 미국이 끈질기게 조사한 끝에 북한이 범인임을 밝혀냈다.

레버리지 지렛대 효과로 돈 벌자

2015년은 금리 공부하기에 딱 좋은 해였다. 그때까지 양적완화 정책을 쓰며 금리를 건드리지 않았던 미국이 2015년 12월 금리를 인상한다고 발표했다. 수많은 경제학자, 관료들이 이때의 금리 인상을 놓고 앞으로 세계경제가 험난한 길을 걸을 것이라는 부정적 예측을 내놓았다.

먼저 미국은 왜 금리를 인상했을까? 양적완화 정책으로 과도하게 낮아진 제로금리를 정상화하고, 2008년 서브프라임 모기지론 사태 이후 바닥을 찍고 반등하는 주택시장과 금융시장이 다시 과열되는 것을 예방하려는 뜻이었다. 하지만 돈의 유동성이 작아지는 부작용으로 경기가 위축될 수도 있는 게 금리 인상이다.

미국의 금리 인상이 세계경제에 미치는 변수는 너무 많지만 몇 가지만 들어보면 다음과 같다. 미국 은행에 예금을 하면 이자 수익이 커지므로 전 세계의 달러가 미국으로 몰려가 다른 나라에선 달러가 줄어들어 환율이 오르게 된다.

그에 따라 우리나라에서도 환율 상승이 일어나 미국에 수출하는 기업들은 제품의 가격경쟁력이 높아져 수출이 늘어난다. 반면 국내의 외환보유고가 줄게 되면 이를 막기 위해 한국도 금리를 올릴 가능성이 커진다. 그 결과 국내 경기가 위축된다.

경제전문가들은 금리 변동기에는 레버리지(leverage) 리스크를 안정적으로 관리하는 데 더욱 유의해야 한다고 입을 모은다. 그래야 위기를 최소화할 수 있다는 이야기다.

그렇다면 레버리지란 무엇일까? 말 그대로 지렛대 효과를 뜻한다. 지렛대가 작은 힘으로 큰 힘을 내는 것처럼 금융에서도 이 원리를 응용해 더 큰 이익을 내는 것을 레버리지라고 한다.

가장 흔한 방법은 차입 등 타인자본을 유치해 이를 재투자함으로써 적은 자기자본으로 수익률을 높이는 것이다. 기업의 매출량이 크고 매출액에 대한 고정비용이 작은 기업, 차입금을 부동산 임

대사업에 투자하는 부동산기업 등 기업들은 금리 인상을 레버리지의 확대 또는 축소의 시기로 활용하게 된다.

설령 금리가 높더라도 레버리지 관리만 잘한다면 손해 볼 일은 없다. 반대로 레버리지 관리를 잘못하면 오히려 높은 대출이자 때문에 큰 곤란을 당할 수도 있다.

조세부담률, 상속세, 증여세, 양도세 아! 세금

2019년 기준 우리나라의 조세부담률(전체 소득에서 차지하는 세금 비율)은 약 19.6%이고 국민부담률(조세에 건강보험, 국민연금 등 사회보장비용을 합한 액수)은 약 26.8%다. OECD 평균은 조세부담률 25%, 국민부담률 35% 정도로 우리나라가 훨씬 낮다. 순위도 끝에서 세 번째로, 우리나라는 다른 나라에 비해 세금을 덜 내고 있다는 이야기다.

하지만 OECD가 잘사는 나라 30여 개국으로 구성되어' 있다는 사실을 간과하지 말아야 한다. 우리 국민에게 세금은 여전히 부담으로 다가오고 있기 때문이다.

한편, 세금 중 양도세, 상속세, 증여세는 집을 팔거나 유산을 상속, 증여받을 때 내는 세금이라 익숙하지 않은 사람들이 많다.

먼저 양도세는 물건을 팔 때 생기는 이익에 대해 내는 세금이다. 양도세는 면세 대상에서부터 적게는 6%, 많게는 70%까지 중과세된다. 다음으로 상속세와 증여세는 유산에 대한 세금으로 총액 기준 10~50%의 세금이 부과된다.

조세 피난처 탈세가 너무 감쪽같아

2019년 9월, 공정거래위원회가 제출한 '상호출자제한 지정 그룹의 조세 피난처별 역외법인 소재 현황'에 따르면, 13개 대기업이 해외 조세 피난처에 보유한 역외법인이 66개에 이르는 것으로 드러났다. 대기업들은 무슨 이득이 있기에 해외의 조세 피난처에 역외법인을 이렇게 많이 두고 있는 것일까?

먼저 조세 피난처가 무엇인지부터 알아보자. 우리말로 조세 피난처는 뭔가 부정적인 느낌이 들지만, 영어로 보면 세금(tax) 천국(haven)이다. 다른 나라의 경우 필요에 따라 기업 유치 등을 목적으로 세금을 낮추거나 면제하는 지역이나 도시가 있다. 이런 곳에 페이퍼컴퍼니(paper company, 서류상으로만 존재하는 회사)를 세우고 세금을 회피한다고 해서 조세 피난처라는 이름이 붙게 되었다.

문제는 조세 피난처의 악용이다. 있지도 않은 페이퍼컴퍼니를 세우고 세금을 탈루하는 데 조세 피난처가 감쪽같이 쓰일 수 있는 것이다.

와타나베 부인 일본 금융계의 우먼파워

잃어버린 20년! 이것은 장기 불황에 빠진 일본 경제를 빗대는 말이다. 일본은 이의 탈출을 위해 화폐가 더 풀리도록 1999년부터 '제로 금리 정책'을 선언했다. 하지만 일본 경제는 좀처럼 늪에서 헤어 나오지 못했다.

그런 가운데 위세를 떨친 세력이 있었으니 '와타나베 부인'이다. 와타나베 부인은 어떤 사모님의 개인 이름이 아니라 일본의 흔한 성씨로서 일본

가정주부들이 제로 금리의 엔화를 고금리의 외국에 투자해 돈을 버는 현상을 빗댄 경제용어다.

그렇다면 와타나베 부인의 위력은 어느 정도였을까? 와타나베 부인들은 일본보다 훨씬 금리가 높았던 뉴질랜드에 투자했는데 환차익까지 거두다 보니 뉴질랜드의 달러 가치가 19년 만에 최고치를 경신했을 정도였다. 또 와타나베 부인들의 도쿄외환시장 거래 비중이 약 30%를 차지할 정도였으니 이만하면 하나의 경제 세력으로 등장할 만하다 하지 않을까.

경제자유구역 송도의 변신을 불러오다

인천 송도 하면 송도국제도시가 가장 먼저 떠오를 정도로 글로벌 이미지가 강하다. 그도 그럴 것이 2002년 '경제자유구역의 지정 및 운영에 관한 법률'이 제정된 뒤 송도는 우리나라에서 가장 먼저 경제자유구역으로 선정되었다.

그렇다면 경제자유구역이란 무엇일까? 경제자유구역이란 외국의 투자를 활성화하기 위해 각종 혜택을 주는 경제특구를 말한다. 예를 들어, 경제특구에 외국 투자가 들어올 경우 세금 감면 등 각종 혜택이 주어지는 식이다. 우리나라에는 이런 경제자유구역이 인천 · 송도 외에 부산 · 진해, 광양만, 대구 · 경북, 황해, 새만금 · 군산 등 총 여섯 지역이 지정되어 개발되고 있다.

하지만 우리나라 경제자유구역은 거주지로서의 개발에 치중되고 경제자유구역으로서의 외자유치는 더딘 상태에 놓여 있다. 이 때문에 외국투자 기업의 세제 혜택에 대한 연구가 더 이뤄져야 한다는 지적이 일고 있다.

리커노믹스 나도 신자유주의

앞에서 레이거노믹스를 이야기한 적이 있다. 규제와 정부 개입을 풀어서 경기를 살리려 했던 레이건 전 미국 대통령의 경제정책이다.

그런데 뜻밖에 중국에서 이 경제정책을 따라 하는 사건(?)이 일어났다. 국가 주도의 경제정책을 시행했던 전임 원자바오 총리와 달리 새로이 중국 경제의 수장이 된 경제학 박사 출신의 리커창 총리는 정부 개입을 최소화하고 시장에 자유를 주는 신경제정책을 실시했다.

이런 리커창 총리의 자유시장 경제정책을 리커노믹스(Likenomics)라 부른다. 그러나 크게 보면 국가 주도형의 경제는 여전한 것 같다.

최근 중국 경제가 휘청거리고 있다. 이것이 리커노믹스 때문인지는 알 수 없지만, 어쨌든 중국 경제의 향방은 우리나라뿐만 아니라 전 세계 경제에 영향을 미치기에 예의 주시할 수밖에 없다.

쌍둥이 적자 하나도 아니고 둘씩이나

2015년 말, 세계 최대 원유 생산국인 사우디아라비아가 자국 내 휘발유 가격을 최고 67% 인상했다는 뉴스가 온라인 공간에 떴다. 석유에 파묻혀 살 것으로 예상되는 사우디아라비아에서 왜 이런 일이 일어났을까?

그것은 끝도 없는 석유 가격의 폭락 때문이었다. 국제 석유 가격이 사우디아라비아가 견딜 수 없는 지경에까지 떨어졌다. 이 때문에 사우디아라비아는 사상 초유의 쌍둥이 적자를 기록하게 되었다. 쌍둥이 적자란 국가의 재정 적자와 무역 적자가 동시에 나타나는 경우를 말한다.

사우디아라비아는 2015년 기준 재정 적자 약 979억 달러, 무역 적자 약 231억 달러의 쌍둥이 적자를 기록했다. 이 때문에 견디다 못한 사우디아라비아 정부가 긴축재정을 펴는 한편 자국 내 석유 가격마저 대폭 인상하는 조치를 단행했던 것이다.

젠트리피케이션 상권 일궈놓으니 나가래

대한민국 대표 패션거리로 떠오른 신사동 가로수길 상인들이 울상이다. 오랜 고생 끝에 상권을 일궈서 한몫 보나 싶었는데 떠나야 할 처지에 놓였기 때문이다. 아니, 이미 가로수길을 떠난 상인들이 즐비하다. 도대체 가로수길에 무슨 일이 일어난 것일까?

가로수길이 유명해지자 건물주들이 임대료를 천정부지로 올렸다. 높아진 임대료는 입주 상인들이 감당할 수 있는 수준이 아니었다. 그러다 보니 기존 상인들은 하나둘 삶의 터전을 떠날 수밖에 없고, 대신 그 자리는 더 큰 자본을 가진 유명 체인점들이 들어와 채우기 시작했다.

이런 일은 비단 가로수길에서만 일어나는 게 아니다. 이전에 압구정동 로데오길이 그랬고, 그 밖에 좀 뜬다 싶은 상권이라면 부지기수로 유사한 일이 일어났다. 하나의 사회 문제로까지 부각되고 있는 이런 현상을 일러 젠트리피케이션(gentrification)이라 한다.

젠트리피케이션은 1964년 영국의 사회학자 루스 글래스(R. Glass)가 처음 사용한 개념으로, 중산층 이상이 구도심에 진출해 상권을 살리는 과정에 임대료가 오르면서 기존 주민이 내몰리는 현상을 뜻한다.

패블릿 난 큰 스마트폰이 좋다

그야말로 스마트폰 열풍을 넘어 스마트폰 광풍 시대를 살고 있는 느낌이다. 아니 스마트폰의 지배 속에 살아간다 해도 과언이 아니다. 그만큼 이제 스마트폰은 우리 생활의 일부가 되었다. 그렇다면 당신은 어떤 스마트폰을 선호하는가?

이와 관련해 조선 인터넷 뉴스(2020. 2. 2)에 '삼성 · LG · 모토로라, 북미 '패블릿'시장서 대격돌 펼친다'라는 기사가 떴다. 패블릿은 또 어떤 스마트폰이기에 세계적 스마트폰 회사들이 미국 시장에 몰려든 것일까?

패블릿(phablet)이란 전화(phone)와 태블릿(tablet)의 합성어다. 즉, 태블릿PC와 스마트폰 기능을 같이 쓸 수 있는 모바일 기기를 말한다. 액정화면 5인치 이상 크기의 스마트폰이 이에 해당된다. 아마도 이 정도 크기는 되어야 다양한 앱을 만족스럽게 쓸 수 있기에 사람들이 패블릿을 선호하는 것은 아닐까.

우리나라에서는 갤럭시 노트 시리즈가 등장해 패블릿폰 시대를 열며 큰 인기를 끌었다.

삼성과 애플의 소송전 디자인이 뭐길래

삼성과 애플이 격돌한 디자인 특허 싸움! 미국 연방대법원은 2016년 12월 6일 두 회사에 대한 상고심에서 삼성전자의 손을 들어주었다. 이에 따라 삼성은 하급심에서 부과되었던 5억 4,818만 달러(약 6,353억 원)의 배상금 중 상당액을 면제받게 되었다.

대법원은 "삼성의 특허 침해가 휴대전화의 전체 기능에 영향을 준다기보다는 외관 등 일부 요소에 영향을 줄 뿐"이라며 이같이 결정했다.

삼성과 애플의 특허권 소송은 삼성 스마트폰이 애플의 디자인을 도용했다는 것이 핵심 요지다. 삼성과 애플의 법정 싸움은 서로 치고받는 공방을 거듭하면서 무려 10여 개국에서 50여 건의 소송으로 확대되었다. 이런 가운데 2015년 미국 법원에서는 애플에 유리한 판결을 내렸고 삼성은 눈물을 머금고 6,000억 원이 넘는 배상금을 지불해야 했다.

한편, 삼성은 중국 최대의 네트워크 · 통신 장비 공급업체인 화웨이의 공격을 받기도 했다. 화웨이가 삼성이 자사의 특허 14건을 침해했다며 2016년 소송을 걸었다. 이후 3년간의 다툼 끝에 2019년 화해하기에 이른다. 스마트폰 시장은 삼성과 애플 2파전이었으나 5G 시대에 들며 화웨이가 끼어들어 3파전 시대를 맞고 있다.

갈라파고스 증후군 우물 안 개구리는 망한다

소니, 파나소닉 등 한때 세계 최고를 자랑했던 일본의 전자업계가 고전을 면치 못하고 있다. 오늘날 일본산 전자제품은 세계시장에서 더 이상 일류 소리를 듣지 못한다. 대신 그 자리를 우리나라의 삼성과 미국의 애플 등이 차지하고 있다.

2007년 게이오 대학의 나쓰노 다케시 교수는 그 원인을 규명하며 갈라파고스 증후군이라는 표현을 썼다. 갈라파고스는 남아메리카에서 1,000km 이상 떨어진 동태평양의 섬으로 다윈이 진화 연구의 영감을 얻은 곳으로 유명하다. 대륙과 다른 고유종 동물이 다수 서식하는 갈라파고스는 '고립'의 의미로 통용된다.

이처럼 일본의 전자업체들은 세계적 수준의 기술을 갖고 있으면서도 자국 시장만을 생각한 표준을 사용하다가 세계시장에서 멀어지는 결과를 초래했다.

오늘날 갈라파고스 증후군은 더 확장된 개념으로 사용되고 있다. 우리나라의 뛰어난 IT기술이 세계로 뻗어나가지 못하는 것을 두고 콜라파고스(코리아+갈라파고스)라 부르기도 한다.

팝업 스토어 떴다가 사라지는 가게

2009년 2월, 세계적인 신발 브랜드 나이키는 홍대거리에서 한 달간 이벤트 매장을 열었다. 사람들은 홍대거리에 나이키 숍이 들어서나 했으나 한 달 후 나이키는 사라져버렸다.

이 행사는 나이키의 브랜드 이미지를 올리고 판매를 촉진하기 위해 벌인 한 달 이벤트 행사였다. 이처럼 짧은 기간 동안 '떴다 사라지는(pop-up)' 상점을 마치 컴퓨터의 팝업창 같다고 해서 팝업 스토어(pop-up store)라 부른다.

팝업 스토어는 2009년 미국, 일본, 유럽 등 해외 유통시장에서 유행했는데 우리나라에서 팝업 스토어를 처음 시도한 것이 나이키의 2009년 홍대거리 행사였다.

팝업 스토어의 탄생은 우연한 기회에 이루어졌다. 2002년 미국의 대형할인점 타깃(TARGET)이 신규 매장의 오픈 장소를 찾지 못하다가 급한 김에 임시 매장을 열었는데 의외의 인기를 끈 것. 이를 통해 단기 매장이 브랜드의 집중 마케팅에 오히려 유리할 수 있다는 것이 알려졌다. 이후 팝업 스토어는 유통기업의 마케팅 전략 중 하나로 떠오르게 되었다.

크라우드 펀딩 SNS로 자금을 모은다

기가 막힌 아이템이 있는데 돈이 없다면 어떻게 해야 할까? 당연히 투자자를 찾아야 한다. 그런데 과거에는 손 큰 투자자를 찾아다녔으나 인터넷이 발달한 요즘은 투자자를 찾는 방식이 조금 달라졌다. 바로 크라우드 펀딩(crowd funding) 방식이다.

'대중(crowd)으로부터 자금을 모은다(funding)'는 뜻을 가진 크라우드 펀딩은 인터넷과 SNS 등의 매체를 이용해 자금을 모으는 투자 방식이다. 그래서 소셜 펀딩이라 하기도 한다.

대개 목표액과 모금 기간을 적은 프로젝트를 인터넷에 공개한 뒤 이에 관심을 가지는 다수로부터 투자를 받는 식으로 진행된다. 개인당 수만 원에서 수십만 원의 투자를 받으므로 투자자 입장에서는 부담도 작다. 또 보상은 돈 대신 제품으로 받는 경우가 많다.

최근 우리나라 영화계에서도 크라우드 펀딩으로 자금을 모아 영화를 만들려는 움직임이 확산되고 있다. 자금이 없는 감독이나 제작자 입장에서는 매력적인 방법이기 때문이다.

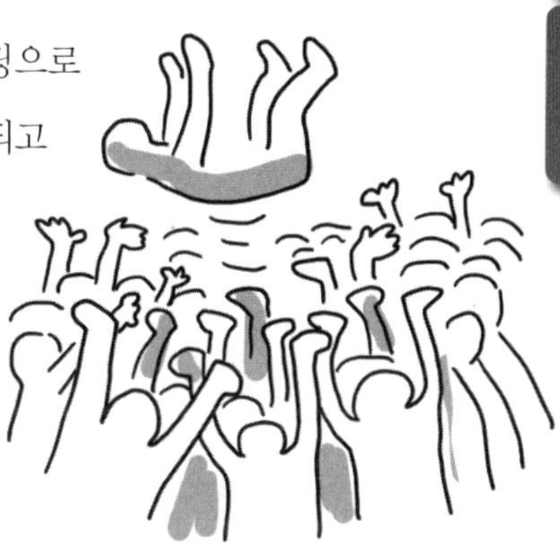

크라우드 펀딩은 예술계를 넘어 혁신 제품을 개발하는 IT업계로까지 확산되고 있는 추세다.

비트코인 수학 천재라면 수조 원도 벌 수 있다

인터넷의 온라인시장이 활발해지면서 가상화폐가 생겨났다. 대표적인 것으로 네이버 캐시, 페이스북의 크레디트, 카카오의 초코 등이 있다. 그렇지만 이런 가상화폐를 실제 돈과 연결시키는 경우는 드물다. 왜냐하면 각 인터넷 기업에서 제시하는 가상화폐는 거의 그 기업과의 거래에서만 사용할 수 있기 때문이다.

그런데 실제 돈으로도 사용할 수 있는 가상화폐가 있다면 믿겠는가? 그 주인공은 바로 2009년에 나온 비트코인(bitcoin)이다. 비트코인은 어느 순간 우리에게 다가왔지만 제대로 알고 있는 사람은 많지 않았다. 사실 비트코인은 좀 이상한 돈이기도 하다. 발행 주체가 정확히 알려져 있지 않기 때문이다. 나카모토 사토시라는 정체불명의 컴퓨터 프로그래머가 창안했다고 알려져 있을 뿐이다.

비트코인은 기존의 가상화폐와는 달리 여러 곳에서 실제 돈처럼 사용할 수 있다. 이것이 가능한 이유는 비트코인을 화폐로 받아들이겠다고 허용하는 기업이 점점 많아지고 있기 때문이다.

그렇다면 어떻게 비트코인을 얻을 수 있을까? 비트코인을 얻는 것을 '캤다고' 표현하는데 그 방식도 매우 독특하다. 어려운 수학문제를 풀면 된다. 만약 당신이 수학천재라면 도전해볼 수 있다. 또 한 가지 독특한 것은 총 금액과 기간을 2145년까지 2,100만 비트코인으로 한정해놓았다는 사실이다. 그간 사람들이 캐낸 액수는 약 1,500만 비트코인(2015. 2. 4 기준)이다.

2017~2019년에 세계적으로 비트코인 열풍이 불었다. 우리나라도 예외가 아니어서 200만 명이 참여했다. 120만 원하던 1비트코인이 무려 2,500만 원까지 치솟았다(아직 캐지 않은 비트코인을 우리 돈으로 환산하면 얼마나 될까?) 결국 정부가 규제에 나서면서 잠잠해졌다. 비트코인의 거래는 P2P(사용자 간 파일 공유) 방식으로 이루어지며 '지갑'이라는 계좌를 통해 거래할 수 있다. 또 인터넷 환전사이트에서 현금화할 수도 있다.

바이두 중국 최대 포털 기업

2020년 3월, 미국의 주식 분석 전문 매체인 〈모틀리 풀〉이 '바이두 주식을 사야 하는 5가지 이유'를 제시했다. 도대체 '바이두'는 어떤 기업이기에 미국의 주식 분석 전문 매체의 관심을 받게 된 것일까?

우리나라에 네이버가 있다면 중국에는 바이두(百度, Baidu)가 있다. 즉, 바이두는 중국 최대의 포털 검색엔진 기업이다. 최근 중국에서 가장 잘나가는 3대 IT기업(바이두, 알리바바, 텐센트) 중 한 곳이기도 하다.

처음 시작할 때는 구글의 짝퉁으로 유명했다. 하지만 2018년 바이두 매출액이 16조 원을 넘어설 정도로 역량 있는 기업으로 성장해 당당히 구글과 경쟁할 수 있는 위치에까지 올랐다.

바이두는 2016년 자율주행차 분야에 뛰어든 이래 2020년 자율주행 무인택시를 시험할 만큼 기술을 발전시켰다. 이 분야는 미국의 구글이 가장 앞서 있는데 5년 만에 바이두가 경쟁자로 성장할 만큼 따라붙은 것이다.

바이두는 미국 실리콘밸리에 인공지능을 위한 연구센터를 설립해 인공지능 기술을 기반으로 무인자동차 외 다양한 기술 및 사업에 투자하고 있다. 중국은 미래 먹거리 거의 모든 분야에서 세계를 긴장시킨다.

지식 Classic

봉건, 봉건제도 | 민주주의의 탄생 | 공산주의의 탄생 | 공산주의와 사회주의의 차이 | 사회민주주의 | 전체주의의 비극 | 좌파, 우파? 보수, 진보? | 매카시즘 | 강희제 | 왕이 있는 나라 | 이원집정부제 | 다니엘 벨의 탈공업화

이슈 · 상식

국민연금 및 공무원연금 개혁 | 증세 논란 | 선택적 복지, 보편적 복지 | 눔프 현상 | 살라미 전술 | 별건수사 | 북한 6 · 28 조치 | 무수단 미사일 | 휴민트 | 사드와 MD | 방공식별구역 | 한 · 일청구권협정 | 이어도 | IS 무장단체 | 바샤르 알 아사드 | 시리아 반군, 시리아 난민문제 | 알카에다 | 쿠르드족 | 보스포루스 해협 | 아랍의 봄 | 농르풀망원칙 | 도미노이론 | 팍스 시니카 | 포퓰리즘 | 불곰사업 | 샤오캉 사회 | 중국의 권력 구조 | 산시방 | 일본의 우경화 문제 | 후쿠자와 유키치 | 요시다 쇼인 | 야스쿠니 신사 | 노동3권 | 사회서비스 바우처 | 기소유예 | 보이스피싱 · 스미싱 · 파밍 | 넥슨 캐시, 넥슨 카드 | 대포통장, 대포폰, 대포차 | 저작권, 초상권, 지적재산권 | 딸통법 | 리플리 증후군 | 불안장애 | 분노조절장애 | 사이코패스, 소시오패스 | 온라인 확정일자 | 학생인권조례 | 전자위치추적제도 | 신데렐라법 | 이태백, 삼초땡, 알밴 명태 | 등골 브레이커 | 사이버 불링 | 액티브 시니어 | 신중년, 노노족 열풍 | 베이비붐 세대 VS 에코 세대 | 프렌디 마케팅 | 로케팅족 | 소셜다이닝 문화 | 헬조선 | 금수저, 흙수저 | 제로섬 게임 | 국제사면위원회(앰네스티) | 뇌물공여지수 BPI | 양해각서 | 로드맵 | 교토의정서, 파리기후협약 | NGO 단체, 굿네이버스 | 유니세프 | 일루미나티 | 어나니머스 | 워킹홀리데이 | 카우치 서핑

Chapter 02

정치 사회 편

지식 Classic

봉건, 봉건제도 계약에 의한 권력 분할

중세 유럽의 정치제도는 왕권 중심이 아닌 봉건제도(feudalism, 封建制度)였다. 봉건(封建)이란 봉하여(封) 세운다(建)는 의미로 고대 중국의 정치제도에서 유래한 말이다.

고대 중국의 패권을 차지한 주나라는 넓은 지역을 다스리는 방식으로 여러 제후국을 두는 봉건제를 실시했다. 왕실의 일족공신을 제후로 임명해 땅을 하사하고 지역을 다스릴 수 있는 권한을 주는 방식이었다. 이는 후세에 왕이 나라 전체를 군현제로 나누어 직접 다스렸던 중앙집권제와는 분명 차이가 있어 봉건제도라 불렀다.

중세 유럽에서도 봉건제도가 나타났는데 중국과는 조금 성격이 달랐다. 중세 유럽은 왕의 권한이 강력하지 못해 지역마다 실질적 지배자가 따로 있는 혼란스런 양상을 보였다. 이를 극복하기 위해 등장한 정치제도가

©MedievalAristocraticPair_14th_1877

바로 봉건제도다.

중앙의 왕이 이미 자신의 영지를 가지고 있던 지역 군주들과 쌍무계약 관계를 맺는 방식으로 통치 영역을 확장하는 정책을 펼쳤다. 즉, 표면상으로는 지역 군주에게 봉토를 내리는 형식을 취했지만, 실제로는 그들의 영지를 인정해주는 방식이었다. 대신 왕에게 세금을 바치고 군사적으로 협조하겠다는 약속을 받아냈다.

이렇게 권한을 부여받은 지역 군주를 영주라 불렀는데, 영주는 자치권을 인정받아 그 지역의 실질적 왕 노릇을 했다. 영주는 자신에게 충성을 맹세한 기사를 두어 보호받을 수 있었고, 농노들을 지배하며 경제적 권한도 누렸다. 이와 같은 봉건 영주들이 할거했던 중세의 정치제도를 봉건제도라 한다.

한편, 지방의 영주들은 다스리는 땅의 크기에 따라 부르는 호칭이 달랐다. 공작은 거의 국왕에 맞먹을 정도로 막강한 세력을 가진 대영주로 한 왕국에 보통 2~6명만 존재했다. 다음으로 백작은 한 개 주 정도를 다스리는 영주다. 물론 주의 규모가 작지 않으므로 백작도 대영주에 속한다. 백작 아래로 남작이 있었는데 백작에 의해 임명되며 작은 지역을 다스리는 소영주였다.

민주주의의 탄생 나에게 빵과 자유를 달라

민주주의의 뿌리는 고대 그리스에 있지만, 근대 민주주의의 탄생은 자본주의와 깊은 연관을 맺고 있다. 베네치아를 중심으로 한 지중해 상업의 발달은 네덜란드, 영국으로 이어지면서 중상주의(mercantilism, 15~18세기 유럽의 국가들이 채택한 경제체제로 국내 산업 보호와 해외 식민지 건설 등이 핵심 내용임)를 발달시켰고 급기야 자본주의를 탄생시켰다.

이 과정에서 사람들의 삶은 윤택해졌으며, 상공업자들 중심의 새로운 도시의 모습이 갖춰져갔다. 이 상공업자들은 윤택한 부르그(bourg, 성이라는 뜻의 프랑스어) 안에 산다고 하여 부르주아(bourgeois, 상공업자들)라 불렸고, 이들은 새로운 주요 계급으로 부상했다.

하지만 능력 있는 부르주아들은 귀족 계급으로 편입되어 세금도 내지 않고 호화 생활을 누린 반면, 그렇지 못한 부르주아들은 피지배 계층인 일반 시민 계급으로 남아 과도한 세금을 부담하며 국가 재정을 떠받쳐야 했다.

당시 절대왕정이 지배하던 프랑스에서 시민 계급들은 더 이상 불평등을 참을 수 없다며 봉기했다. 이로 인해 바스티유 감옥이 털리는 프랑스 대혁명(1789년 일어난 시민 혁명으로 부르봉 왕조가 무너지고 공화제도가 확립됨)이 일어났다.

뒤이어 영국에서도 잇달아 시민 혁명이 일어났으며, 미국에서는 독립

전쟁이 벌어졌다. 그 결과 프랑스와 영국은 더 이상 절대왕권 국가가 아닌 공화정(republic, 왕이 아닌 공공에 의해 다스려지는 정치체제) 국가로 탈바꿈했다.

민주주의(democracy)는 바로 이 과정에서 점차 확립되기 시작했다. 민주주의란 왕권주의와 반대되는 말로 국민에 의해 다스려지는 정치체제를 말한다. 인간의 존엄성이 핵심 이념이며 이를 위해 자유, 평등이 강조된다.

덕분에 민주주의를 채택한 나라에서는 인권과 자유, 평등이 향상되는 일들이 일어났다. 하지만 매우 복잡한 의사결정 과정을 거쳐야 하기에 수많은 갈등을 빚으며 높은 사회적 비용을 치르고 있는 것 또한 사실이다.

공산주의의 탄생 자본주의의 허점을 파고들었지만…

민주주의는 역사상 가장 합리적인 정치제도처럼 보였지만, 자본주의와 맥락을 같이하는 가운데 여러 단점들을 노출했다. 무엇보다 도시의 계급 구조를 부르주아(bourgeois, 자본가들)와 프롤레타리아(prolétariat, 노동자 계급)로 가르는 우를 범했다.

카를 마르크스.

이에 대한 반발로 나타난 정치제도가 바로 마르크스-레닌주의

(Marxism-Leninism)를 바탕으로 만들어진 공산주의(communism)다. 공산주의란 노동자 계급이 주체가 되어 모든 생산 수단을 국유화해 함께 소유하고 함께 생산하는 제도다.

이 제도는 러시아를 중심으로 발전했으며 동구권과 제3세계 등으로 퍼져 나갔다. 그리고 1945년 제2차 세계대전이 끝날 즈음, 세계는 미국 중심의 민주주의와 소련 중심의 공산주의가 대립하는 모양새로 양분되었다. 이 양상은 거의 1990년까지 이어지며 전 세계를 얼어붙게 했는데, 이를 미·소 냉전시대라 한다.

숨 막히는 냉전시대를 깬 것은 공산주의 국가들에 닥친 경제위기였다. 1989년 서독과 동독으로 나뉘어 있던 독일이 먼저 베를린 장벽을 무너뜨려버렸다. 뒤이어 1991년 소련마저 해체되었다. 공산 국가들의 문호 개방이 거대한 물결처럼 일어났다.

잊지 말아야 할 것은, 많은 공산주의 국가들이 자본주의 경제체제를 도입하면서 정치제도도 민주주의를 채택했지만, 여전히 공산주의를 고수하고 있는 나라도 있다는 사실이다. 대표적인 나라가 중국, 북한(국제법상 국가), 베트남, 라오스, 쿠바 등이다.

공산주의와 사회주의의 차이 아! 헷갈린다

공산주의 국가들을 바라볼 때, 헷갈리는 것이 있다. 사회주의와 공산주의를 혼용해서 쓰고 있는 점이다. 중국은 공산주의 국가일까, 사회주의 국가일까? 쿠바는? 북한은?

재미있는 것은, 1917년 혁명으로 러시아가 최초의 공산주의 국가로 발돕움할 때 사회주의 국가란 말을 썼다는 사실이다. 당시 러시아는 여러 나라들과 연방을 결성해 소비에트사회주의연방공화국을 창설했다. 러시아뿐만 아니라 동유럽 대부분의 공산권 국가들도 사회주의라는 말을 썼지 공산주의란 말은 잘 쓰지 않았다. 어떻게 된 일일까?

이는 공산주의 사상의 기초가 된 마르크스주의에서 답을 찾을 수 있다. 카를 마르크스(Karl Marx, 1818~1883, 독일의 사상가)는 사실 민주주의의 반대급부로 공산주의를 만들지 않았다. 자본주의에 대항해 공산주의를 만들어냈다. 자본주의가 프롤레타리아 빈민을 만들어내므로 혁명을 통해 모두가 평등하게 살 수 있는 공산주의 낙원을 건설하자는 게 마르크스주의의 최종 목표였다.

그런데 공산주의를 성취하기 위해서는 하위 단계의 과정이 필요한데, 이때 나타나는 제도가 사회주의다. 자본주의를 공산주의로 전환시키기 위해서는 자본주의 체제를 무너뜨리는 혁명 과정이 필요하며, 이때 과도기적 형태로 사회주의가 나타난다. 그리고 이 사회주의가 완성되면 비로소 공산주의가 이루어진다.

대부분의 공산국가에서 사회주의란 말을 쓰는 이유는, 아직 공산주의가 완성되지 않았다고 생각하기 때문이다. 실제 사회주의를 표방한 동유럽 국가들은 공산당 일당체제가 아닌 다당제를 운영하기도 했다. 또 선거를 통해 의사결정을 했는데, 이는 민주주의와 유사한 부분이다. 그래서 사회주의의 전 단계를 인민민주주의라 부르기도 한다. 즉, 자본주의 → 인민민주주의 → 사회주의 → 공산주의로 발전해간다는 개념이다.

사회민주주의 이건 또 뭐야?

마르크스는 사회주의의 실현이 오직 프롤레타리아 혁명을 통해서만 가능하다고 주장했다. 하지만 혁명이라는 것이 수많은 희생자를 내게 되므로 이에 대한 반발의 움직임이 서서히 일어나기 시작했다.

19세기 후반, 라살레(Ferdinand Lassaele, 1825~1864, 독일의 정치가)는 마르크스의 혁명 대신 다른 방법으로 사회주의를 실현할 방법이 없을까 고민했다. 정치적으로는 의회 중심의 민주주의를 통해 사회당이 집권하면 되고, 경제적으로는 자본주의의 모순을 서서히 사회주의 체제로 개혁해 나가면 된다. 이것이 그의 발상이었다. 급진적 혁명이 아닌 점진적 개혁을 통해 사회주의를 이뤄내는 방식이다.

이러한 라살레의 사회주의를 마르크스의 사회주의나 공산주의와 구분해 사회민주주의(social democracy)라고 부른다. 사회민주주의 사상은 이후 베른슈타인(Edward Bernstein, 1850~1932, 독일의 정치가) 등에 의해 지지를 받으면서 하나의 이념으로 자리를 잡게 된다.

1901년 독일에서 사회민주주의를 바탕으로 하는 최초의 정당인 사회민주당이 탄생했으며, 이후 사회민주주의를 표방하는 정당들이 속속 생겨났다. 사회민주주의는 제1차 세계대전까지 유럽에서 만들어진 사회당의 주류를 이루었으나 1917년 러시아 2월 혁명(february revolution)이 일어나면서 공산주의 국가들에서는 쇠퇴하기에 이른다. 물론 아직도 민주주의 국가들에 존재하는 사회당이나 노동당 등은 바로 이 사회민주주의를 표방하는 정당들이다.

전체주의의 비극 히틀러와 무솔리니

히틀러(우)와 무솔리니.

아무리 민주주의, 사회주의라는 좋은 제도를 통해 지상낙원을 건설하고자 해도, 어느 순간 독재자가 나타난다면 어떻게 될까? 민주주의, 사회주의도 최고 지도자는 있어야 하니 이럴 개연성은 얼마든지 있다.

그런 일이 1922년 이탈리아에서 일어났다. 무솔리니(Benito Mussolini, 1883~1945)가 39세로 최연소 이탈리아 총리에 올랐다. 뛰어난 연설로 대중을 선동해 쟁취해낸 결과였다. 무솔리니는 곧바로 독재자의 면모를 보이며 이탈리아를 파시즘(fascism, 극단적 권위주의, 민족주의) 국가로 선언하기에 이른다. 나아가 무솔리니는 파시즘을 바탕으로 전체주의(totalitarianism)를 표방하고 나섰다.

전체주의는 '개인은 전체 속에서 비로소 존재 가치를 갖는다'는 주장을 바탕으로 강력한 국가 권력이 국민 생활을 통제하는 정치체제다. 흔히 '국가', '애국심' 같은 명분을 앞세우고 개인 권익을 이기적 사고로 매도한다. 그 결과는 국가를 빙자한 절대적 권력자의 독재 양상으로 흐르는 경우가 대부분이다.

이탈리아만이 아니라 독일에서도 나치즘(nationalsozialismus, 파시즘과 유사하며 반유대주의를 표방)을 외치며 전체주의를 부르짖은 독재자가 나타났으니 1934년 총통에 오른 히틀러(Adolf Hitler, 1889~1945)다. 또 동아시아에서는 1930년대 일본이 군인 중심의 군국주의를 앞세운 전체주의를 들고 나왔다.

이렇게 이탈리아, 독일, 일본의 전체주의가 일으킨 비극이 바로 제2차 세계대전이다. 하지만 세 나라의 패망으로 당시 일어났던 전체주의는 사라지고 말았다.

좌파, 우파? 보수, 진보? 원조는 프랑스 의회

1945년 제2차 세계대전이 끝났을 때, 안타깝게도 우리나라는 미국과 소련의 이념 대결 격전장이 되었다. 이후 남북분단 70여 년이 흘렀지만, 여전히 좌파와 우파, 보수와 진보로 나뉘어 이념 대결이 치열하게 벌어지고 있다.

재미있는 것은, 이런 이념 논쟁이 우리나라뿐만 아니라 유럽과 미국에서도 여전히 일어나고 있다는 사실이다. 하지만 이들의 좌파와 우파, 진보와 보수 개념은 우리가 느끼는 것과는 온도 차가 있다.

1945년~50년대, 우리나라에서는 좌파 이전에 좌익이라고 하여 공산주의에 가까운 이념을 가진 사람들, 우파는 우익이라고 하여 보수 자유주의에 가까운 이념을 가진 사람들을 지칭했다. 이와 더불어 좌파는 진보, 우파는 보수라 이름 붙이기도 한다.

하지만 원래 좌파와 우파의 개념은 18세기 프랑스 혁명에서 비롯되었다. 당시 급진적 개혁을 주장했던 신흥 세력인 자코뱅당은 의회의 좌측에 앉았고 점진적 개혁을 주장했던 기득권 세력인 지롱드당은 의회의 우측에

앉았다. 그래서 진보 세력을 좌파, 기득권 세력을 우파라 부르게 되었다. 이런 개념은 오늘날까지 유럽에 그대로 전해져 유럽에서는 진보를 좌파, 보수를 우파라 부른다.

하지만 좌우 개념은 냉전시대 민주주의와 공산주의의 대립으로 인해 더욱 확대된 뜻으로 변모했다.

사회주의와 공산주의를 주로 좌파, 자유민주주의와 자본주의를 우파로 인식하는 것. 지금 우리나라는 이런 좌파와 우파, 진보와 보수 개념이 섞여서 사용되고 있는 상황이다.

매카시즘 너 공산주의자지?

1950년 2월, 미국 공화당 상원의원 매카시(Joseph McCarthy, 1908~1957)는 의회에서 폭탄선언을 했다.

"국무성 안에 205명의 공산주의자가 있다."

당장 특별조사위원회가 꾸려졌고 공산주의자 적발에 온 미국의 시선이 집중되었다. 소련 공산주의와 대치하고 있던 당시 미국의 반공주의 열풍은 대단했다. 이런 가운데 진짜 공산주의자가 잡혀 가기도 했으나 억울하게 공산주의자로 몰린 사람도 부지기수였다.

이처럼 1950년대 미국을 휩쓴 반공주의를 매카시즘(McCarthyism)이라 한다. 그러나 1954년 매카시 의원은 동료 의원들로부터 지나친 행동을 했다는 비난을 받으며 의원직에서 하차한다. 이로써 매카시 의원의 반공주의는 막을 내렸지만 매카시즘은 이후 여러 나라의 정치권에서 회자되고 악용되기도 했다.

우리나라에서 과거 독재정부에 항거하던 지식인, 운동권을 공산주의자로 몰아서 처단한 일이 유사한 예다.

강희제 중국 최대 영토를 이룩했던 황제!

현재의 중국은 러시아, 캐나다, 미국 다음으로 큰 세계 4위의 국토 면적을 자랑한다. 하지만 중국 역사상 지금보다 훨씬 큰 영토를 차지한 때가 있었으니 바로 중국 이전의 청나라 시절이다. 그리고 그 위대한 역사를 만든 주인공은 강희제(康熙帝, 1654~1722)다.

청나라는 중국의 한족이 아닌 만주의 여진족이 세운 나라다. 누르하치(努爾哈赤, 1559~1626)가 금나라의 뒤를 이어 후금을 건국했으며, 3대 황제인 순치제(順治帝, 1638~1661) 대에 이르러 명나라마저 정복하면서 비로소 청나라를 세우게 된다.

하지만 순치제가 젊은 나이에 갑자기 죽자 그의 아들인 강희제가 불과 8세의 나이에 청나라 4대 황제로 즉위했다(1661). 강희제는 이후 61년간(중국 역대 황제 중 가장 오래 재위) 통치하면서 중국의 최전성기를 이끌게 된다.

강희제는 먼저 명나라 왕조의 잔존 세력들이 일으킨 난을 평정했다. 이때 대만까지 정복함으로써 평화 시대를 열 수 있게 되었다. 강희제는 통치 영토를 넓히며 비축한 돈으로 백성들의 세금을 감면해줘 태평성대를 구가했다.

또 외몽골, 티베트, 러시아의 일부 땅까지 정복 사업을 펼쳐 지금의 중국보다 더 큰 제국을 건설하는 위업을 이루었다. 나아가 대외 무역항을 개

항해 서구 문물을 적극적으로 받아들였다. 이때 예수회 선교사들이 들어와 여러 분야에서 중국에 영향을 주었다. 정밀한 중국 지도인 황여전람도(皇輿全覽圖)가 완성된 것도 이 시기다.

강희제는 학문 연구에도 관심이 많아 중국 최고의 백과사전 중 하나로 평가받는 《고금도서집성(古今圖書集成)》과 4만 2,000자의 한자가 수록된 《강희자전(康熙字典)》 등을 편찬하게 했다.

강희제는 슬하에 아들 35명, 딸 20명을 두었으며 1722년 68세의 나이로 세상을 떠났다.

왕이 있는 나라 입헌군주제의 배경

과거에는 왕이라는 최고 통치자만 있었으나 오늘날에는 대통령, 수상, 왕, 천황, 총리, 주석… 등 각기 다른 명칭의 지도자들이 존재한다. 그 이유는 바로 각국의 정치제도가 다르기 때문이다. 현대의 정치제도는 왕(군주)의 존재 유무에 따라 크게 입헌군주제(왕이 존재)와 공화제(왕이 없음)로 나

©actionplanet – Fotolia

눌 수 있다.

입헌군주제란 의회와 내각이 통치의 주인이 되며, 왕은 승인권을 가지나 형식상 권한만 행사하는 정체제도다. 의원들로 구성된 내각이 정부를 운영하므로 내각책임제라 하며, 내각의 수반은 수상이나 총리로 호칭한다. 영국, 일본, 네덜란드, 노르웨이, 덴마크, 룩셈부르크, 말레이시아, 벨기에, 스웨덴, 스페인 등의 나라에서 시행하고 있다.

이들 나라에 여전히 왕이 존재하는 이유는 국가의 정통성과 관련이 깊어 보인다. 왕가는 곧 그 나라 역사의 중심이고, 그것을 보전하는 것은 역사적 정서적으로 정통성을 이어가는 일이라 할 수 있다. 그런 까닭에 왕가가 망국의 주체가 된 경우가 아닌 한 과거 왕국이었던 나라들은 대개 지금도 왕실을 존속시키고 있다. 실제 입헌군주제 국가들은 왕가가 있다는 사실을 자랑스러워하고 살아 있는 역사로 존중한다.

반면 공화제는 국민이 선출한 대표가 최고 통치자가 되는 정치제도로, 대통령제가 대표적이다. 내각(행정부)은 대통령이 지명해서 구성하며, 대통령은 내각책임제의 총리보다 강력한 권한을 갖는 특징을 보인다. 우리나라를 비롯해 미국, 브라질, 러시아 등이 시행하고 있다.

이원집정부제 독재 막고 위기 대응력은 높이고

앞에서 소개한 정치제도는 각각 모순이 있었다. 대통령제의 경우 대통령에게 주어지는 무소불위의 권력 집중으로 인한 독재가 횡행했다. 의원내각제의 경우 강력한 힘의 부재 상황에서 위기가 닥쳤을 때 문제 해결 속도가 느리다는 단점이 있었다.

이에 대통령제의 단점과 의원내각제의 단점을 보완할 수 있는 새로운 형태의 정치제도가 나왔으니 바로 이원집정부제다.

이원집정부제란 독일의 바이마르 헌법(1919년 제정되었으며 의원내각제를 기본 골격으로 하되 직접민주주의를 일부 인정)에서 처음 등장한 개념으로 의원내각제와 대통령제를 절충한 통치 형태다.

시행하는 나라에 따라 약간씩 다른 모습으로 나타난다. 통상적으로 대통령은 외교, 국방 등 외치만 맡고(상징적 국가원수에 그치는 나라도 있다) 다수당의 당수가 겸임하는 총리가 총괄적 통치권을 가진다. 하지만 비상시에는 대통령이 전권을 가진다.

이원집정부제를 실시하는 대표적인 나라는 프랑스로, 제5공화국(1958~현재) 정부 이래 이 제도를 채택해 이어오고 있다. 그 외 그리스, 인도, 이탈리아, 이스라엘, 싱가포르 등이 시행하고 있다.

다니엘 벨의 탈공업화 40년 전에 지금을 예측

1973년, 미국의 사회학자 다니엘 벨(Daniel Bell, 1919~2011)은 《후기 산업사회의 도래》라는 책을 내놓았다. 그런데 이 책 속에 담긴 내용이 매우 흥미로웠다. 미래시대에 대한 예언 비슷한 것이 담겨 있었기 때문이다.

벨은 그때까지 세계경제를 이끌고 있던 공업사회가 쇠퇴하고 새로운 사회가 열린다고 예측했다. 그리고 그 새로운 사회를 '탈공업 사회(post-industrial society)'라고 불렀다. 그렇다면 다니엘 벨이 예측한 탈공업 사회는 어떤 사회일까?

첫째, 새로운 서비스 경제가 나타나는 사회다.

둘째, 전문직, 기술직 등의 화이트칼라 노동자가 우세해지는 사회다.

셋째, 지식, 기술, 정보 등과 관련된 산업이 우세해지는 사회다.

넷째, 새로운 지적 기술이 창출되는 사회다.

놀랍게도 벨의 예측은 대부분 맞아떨어진 듯하다. 지금 서비스 산업이 매우 발전해 있으며, 그때만 해도 PC가 없던 시절인데 컴퓨터로 인해 새로운 지식, 기술, 정보사회가 발달해 있지 않은가.

더욱이 새로운 지적 기술이 창출될 것이란 예측은 정확히 일치해 보인다. 현재 인터넷이라는 새로운 지적 기술의 발달로 인류는 새 시대를 맞이하고 있으니 말이다.

이슈 · 상식

국민연금 및 공무원연금 개혁 이대로 가다간 망한다

공무원연금 개혁안은 정부 및 국회의 단골 논의 대상이다. 이대로 가다간 연금이 바닥날 것이 뻔하다는 이유 때문이다. 하지만 그때마다 공무원 단체들은 반발한다. 단 1원도 양보할 수 없다는 것이다.

사실 과거 공무원들은 기업보다 낮은 급여의 열악한 조건에서 일했다. 이 때문에 1960년 처음으로 공무원연금이 만들어졌고, 소액의 개인 적립

금에 정부 지원금을 더해 공무원 퇴직 시 매월 200~300만 원의 높은 연금을 받을 수 있었다. 이는 국민연금보다 훨씬 많은 금액이다.

하지만 공무원연금은 1993년부터 전체 수입(적립액)보다 전체 지출(지급액)이 많은 적자 상황이 이어져 위기를 맞았다. 이 때문에 공무원연금 개혁은 선택이 아닌 필수 상황으로 변했다.

한편, 국민연금의 상황도 매우 좋지 않다. 고령화 현상이 가중되고 있기 때문이다. 이대로 갈 경우 전문가들은 2047년쯤 국민연금이 고갈될 거라고 경고하고 있다. 2019년 8월, 대통령 직속 경제사회노동위원회는 이를 논의했지만 아직도 개정안을 못 내고 있다.

증세 논란 올릴까? 말까?

2019년 3월, 한동안 잠잠하던 증세 논란이 또 일었다. 그동안 시행돼 왔던 신용카드 소득공제가 2019년 말 폐지될 예정이었기 때문이다. 신용카드 소득공제란 연간 급여액의 25%를 초과한 신용카드 사용액의 15%를 소득공제 받을 수 있게 해주는 제도다. 그렇다면 신용카드 소득공제 폐지가 왜 증세 논란으로 이어졌을까?

국세청 자료에 따르면, 2017년 기준 신용카드 소득공제 규모는 무려 23조에 이른다. 이 신용카드 소득공제의 혜택을 본 사람만도 968만 명! 즉, 968만 명의 사람들이 23조에 달하는 세금 혜택을 봤던 셈이다. 그런데 신용카드 소득공제가 없어지면 그만큼의 세금을 더 내야 하는 꼴이 되니 증세 논란이 인 것이다. 서민 증세 논란이 거세게 일자 정부는 신용카드 소득공제를 3년 연장하기로 결정했다.

과거 증세 논란은 박근혜 정부 시절에도 있었다. 당시 직장인이 연말에 돌려받았던 연말정산 환급금이 확 줄어든 것. 국민들은 이것이 증세하려는 꼼수라며 즉각 반발했고 증세 문제가 수면 위로 떠올랐다. 당시 여당의 유승민 원내대표가 "증세 없는 복지는 불가능하다."라는 발언을 함으로써 증세 논란에 불을 활활 지폈다.

선택적 복지, 보편적 복지 어느 게 맞을까?

2010년 지방선거와 2011년 보궐선거에서 야당은 무상복지 공약을 들고 나왔다. 무상급식에 더해 의료, 보육에 대학 등록금까지 반값으로 하겠다는 파격적인 공약을 뿌려댔다. 이에 여당도 질세라 복지공약으로 맞불을 놓았다. 그런데 국민들 입장에서는 도대체 무슨 돈으로 저걸 하겠다는 건지 고개만 갸우뚱거려질 뿐이었다.

그 상황에 최대 이슈가 된 것이 있었으니 선택적 복지와 보편적 복지 논란이었다. 선택적 복지란 도움이 필요한 사람에게만 복지 혜택을 주자는 것이고, 보편적 복지란 대상을 막론하고 모두에게 혜택을 주자는 것이다. 여당이 선택적 복지를 주장한 반면 야당은 보편적 복지를 주장했다. 과연 누구 말이 옳을까?

선진국의 사례를 고려할 때 장기적으로는 보편적 복지로 가는 게 맞을 수 있다. 하지만 지금 우리나라는 아직 선진국이라 하기엔 벅찬 상태이므로 보편적 복지가 부담스러운 것 또한 사실이다. 당시 선거는 누구의 승리랄 것도 없이(보기에 따라 야당의 박빙 우세) 팽팽한 가운데 끝이 났다. 선택적 복지와 보편적 복지 논란은 아직 진행형인 주제다.

유럽 국가들은 이 문제를 더 지혜롭게 푸는 것 같다. 프랑스는 지역의 시청에서 학부모의 소득에 따라 학생 급식비의 차등 납부 또는 무료 대상을 학교의 행정담당자에게만 통보하여 누가 혜택 대상인지를 아무도 모르게 한다. 또 북유럽 국가들은 보편적 복지를 택해 선택적 복지 때의 행정 인력마저 아낀 뒤 고소득자들에게 높은 세금을 적용해 정부 재정을 맞추는 실용적인 행정을 펼친다.

눔프 현상 도둑놈 심보의 끝판왕

2012년 대선은 여당 야당 할 것 없이 각종 복지정책 공약의 남발로 어지러운 선거였다. 사람들은 나에게 더 많은 복지 혜택을 주겠다는 후보에게 관심을 보였다.

여기서 문제는 복지 재원의 조달이었다. 돈이 하늘에서 떨어지거나 땅에서 솟는 게 아닌 이상 누군가는 더 내거나 손해를 봐야 한다.

그런데 아무도 그렇게 하겠다는 사람은 없었다. 그렇다면 도대체 복지를 어떻게 실천하겠다는 말인가! 이 때문에 증세 논란이 일었고 이때 나온 신조어가 눔프 현상(NOOMP, Not Out Of My Pocket)이다. 더 많은 복지 혜택을 받기는 원하나 내 주머니에서는 한 푼도 못 나간다는 뜻이다. 그야말로 이기주의의 끝판왕이다.

눔프 현상은 현대경제연구원이 발표한 '새 정부 출범과 2013년 국내 10대 트렌드'라는 보고서에도 당당히 이름을 올렸다.

살라미 전술 쪼개서 하나씩 먹겠다

2015년 초 박근혜 정부는 공무원연금법 개혁을 들고 나왔다. 이에 국회는 공무원연금법 개혁 협상에 들어갔는데 전술이 교묘했다. 처음에는 연금법을 통과시키는 조건으로 보건복지부 장관의 퇴진을 요구하더니 다음으로는 세월호 특별법 시행령 수정안을 들어달라고 주장했다.

전문가들은 이와 같은 야당의 협상 전술을 살라미 전술(salami tactics)이라 부른다. 목표를 세분화시켜 하나하나 달성함으로써 전체 목적에 다가가는 방법이다. 이탈리아에서 얇게 썰어 먹는 소시지를 살라미라 하는데 여기에서 따온 말이다.

야당의 살라미 전술은 실패로 끝나고 말았다. 방법은 그럴듯했으나 세분화한 요구 자체가 여당 입장에서는 너무 무리한 발목 잡기였기 때문이다.

별건수사 모로 가도 서울만 가면!

'조국 사태'는 지식백과에 등장할 정도로 2019년 하반기를 휩쓴 사건이다. 조국 전 법무부장관이 장관 후보로 등장하면서부터 가족 비리, 자녀 특혜 문제와 함께 검찰 조사가 진행되었다. 이때 별건수사 논란이 일었다.

별건수사란 검찰이 본래 수사하고자 했던 사건과 관계없는 일을 들춰내 사건 혐의자를 압박하는 수사다. 당시 조국 장관의 혐의는 입시 비리, 사모펀드, 학원 비리 등 3가지였다. 그런데 이와 관련 없는 채용 비리를 들어 조국 장관의 동생을 구속하자 별건수사 논란이 일었던 것이다. 하지만 검찰은 채용 비리는 다른 갈래의 언론보도와 형사고발에 의한 수사라며 별건수사 논란을 일축했다.

별건수사는 적법성과 위법성을 동시에 가지고 있다. 실제로 검찰 수사 중에는 별건수사를 악용한 사례가 제법 있다. 그래서 별건수사의 위법성을 믿는 사람들은 검찰에 별건수사의 부당함을 호소하기도 한다.

북한 6·28 조치 북한이 이런 생각도 했어?

2012년 6월 28일 김정은은 획기적인 경제개혁안을 발표한다. 일명 '6 · 28 조치'다. 그 골자는 다음 두 가지다.

1. 공업과 농업 부문의 자율성을 확대하겠다는 것 – 그간의 계획경제 방식에서 벗어나 기업의 '경영학적 수단'을 고려하겠다는 뜻을 담고 있다.

2. 경제특구를 확대해 개방정책을 유도하겠다는 것 – 러시아, 중국도 자유진영과의 소통의 출발점으로 개방을 선택했기에 매우 기대되는 계획이다.

얼핏 보면 북한이 드디어 변화의 길로 들어서는 것인가 하는 느낌이 들 정도의 내용을 담고 있다. 그러나 이후 북한은 그다지 달라진 모습을 보여주지 못했다. 원인이 무엇일까?

자율을 준다고 하면서 통제를 여전히 거두지 않는다면 생산에서 특유의 동기유발이 나올 수 없다. 또 시장 개방을 하려면 시장에서 통할 수 있을 정도의 자유를 줘야 하는데 외부 바람의 유입은 모든 독재자가 가장 두려워하는 부분이라 제대로 실행하지 못했다. 결국은 세습 정권 체제의 한계라고 할 수밖에 없다.

무수단 미사일 잠수함 탑재로 미국 위협

북한의 미사일 발사 뉴스는 이제 면역이 된 듯하다. 우리나라 국민 가운데 이 때문에 공포에 떠는 사람은 드물기 때문이다.

그럼에도 불구하고 미사일에 대한 상식 정도는 알아두는 것이 좋다. 북한은 1970년대부터 미사일 개발을 시작해 스커드 미사일(사거리 300km), 노동 미사일(사거리 1,300km)을 거쳐, 무수단 미사일(사거리 4,000km)까지 개발했다. 무수단 미사일 정도면 괌까지 공격이 가능하다.

북한 미사일 개발의 최종 목표는 미국 본토다. 2016년 2월, 북한은 광명성 위성 발사에 성공하고, 이후 동창리 미사일기지에서는 대놓고 장거리 미사일을 실험했다. 북한의 대륙간 미사일 개발은 이미 완성 단계에 이른 것으로 평가받고 있다. 이에 미국 본토는 물론 전 세계가 바짝 긴장했다.

무수단 미사일 역시 얕봐서는 절대 안 된다. 무수단 미사일은 잠수함에 탑재해 발사할 수 있기 때문이다. 만약 북한이 잠수함을 태평양으로 보내 무수단 미사일을 발사한다면 미국까지 충분히 위협할 수 있는 무기가 된다.

휴민트 최고의 정보통은 역시 사람

2016년 9월 9일, 북한의 5차 핵실험 소식이 전해졌다. 이때의 핵실험은 핵탄두의 소형화 및 위력 증대 여부를 판단하는 단계라 할 수 있어 전 세계를 바짝 긴장시키기에 충분했다.

문제는 우리 정부가 북한의 핵실험 징후를 제대로 포착하지 못하고 있다는 데 있다. 이에 전문가들은 첩보위성 등 과학 장비도 중요하지만 휴민트(humint)를 강화해야 한다고 입을 모았다.

휴민트란 사람(human)과 정보(intelligence)의 합성어로, 인간 정보원을 이르는 말이다. 2015년 말, 영화 〈내부자들〉이 큰 이슈가 되었는데 '내부자들'에 해당하는 사람들 역시 휴민트의 일종이다.

결국 북한 내의 내부자들, 즉, 휴민트를 이용했다면 핵실험 징후를 더 정확히 알아낼 수 있었을 거라는 이야기다. 첨단 장비가 아무리 뛰어나다 하더라도 인간 위에 설 수는 없다는 사실을 말해주는 대목이다.

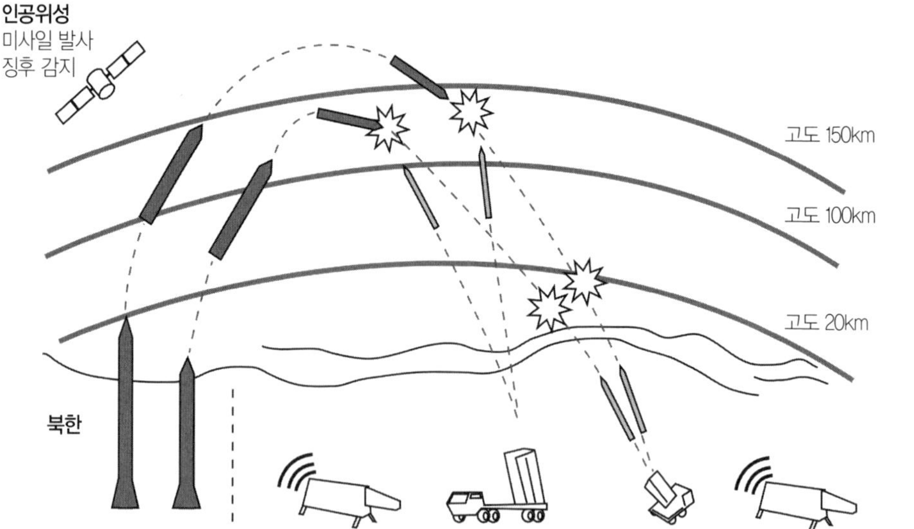

미사일	노동	스커드
사거리	1300km	300~500km
고도	150~200km	100~150km

노동미사일은 핵탄두 탑재 가능

사드와 MD 북한 핵위협 막는 방법 있다? 없다?

북한의 핵위협이 계속되는 가운데 2016년 7월 대한민국에서 사드 논란이 일었다. 미국이 북한 핵위협에 대응하기 위해 한반도에 사드를 배치하는 문제를 들고 나왔고, 이를 한국이 수용했기 때문이다.

사드(THAAD, Terminal High Altitude Area Defense, 고고도 미사일 방어체계)란 미국이 설계한 미사일방어체계(MD, Missile Defence) 중 하나로, 적의 중단거리 탄도미사일을 인공위성과 지상 레이더망으로 포착해 종말단계(미사일 포물선 운동의 마지막 단계) 중 가장 높은 고도에 있을 때 요격해 파괴하도록 고안된 시스템이다.

성층권과 전리층 사이인 지상 40~150km에서 요격하면 지표에 영향을 주지 않을 수 있다는 게 핵심이다. 미사일방어체계 중 최고의 정밀도를 자랑하지만 100% 요격 시스템은 아니기에 한 방이라도 놓치면 안 되는 핵미사일 방어체계로 적합하냐는 논란이 있기도 하다.

또 이러한 사드가 논란이 된 이유는 조 단위가 넘는 비용을 누가 부담하느냐와 사드 레이더 탐지 거리가 중국을 포함하고 있어 중국이 반대하는 문제를 무시할 수 없기 때문이다. 사드는 북한의 광명성 위성발사(사실상 장거리 미사일)와 맞물려 중국의 반대, 중국과 미국의 관계 등의 문제에 부닥쳐 배치가 이루어진다 해도 여진이 오래 남을 전략 무기다.

방공식별구역 한·중·일은 영공이 겹치는 게 문제

2019년 하반기, 우리나라의 방공식별구역(ADIZ, Air Defense

Identification Zone)에 중국과 러시아 군용기가 출현하는 일이 잦았다. 쉽게 말해 중국과 러시아가 우리나라가 정해놓은 방공식별구역을 침범해 군사훈련을 벌인 것. 물론 그때마다 우리나라는 전투기들을 발진시켜 대응 비행을 펼쳤다.

이런 일은 일종의 군사적 침범에 해당하므로 대충 넘어갈 문제가 아니다. 더욱이 일본의 방공식별구역도 연계되어 있어 다자 간의 외교적 충돌로도 이어질 수 있는 상황이다. 그렇다면 방공식별구역이란 무엇일까?

방공식별구역은 영공(영토와 영해의 상공)의 방위를 위해 영공 외곽 공해(바다 수면의 일정한 구역) 상공에 설정한 공중 구역이다. 완전한 국토에 해당하는 영공이 아니므로, 외국 군용기의 무단 침입을 법적으로 막을 도리는 없다. 그럼에도 불구하고 자국 안보에 심각한 위협이 되는 경우엔 격추할 수 있는 권한이 허락된 곳이다.

방공식별구역은 주관적 구역이기도 하기에 서로 겹치는 곳이 많아 동북아 갈등 고조에 한몫하고 있는 실정이다. 한 · 중 · 일 간에 평화적 재정립이 필요한 상황이다.

한 · 일청구권협정 일제식민지 피해자들은 억울하다

2019~2020년은 한국과 일본의 불편한 관계를 극명하게 보여준 시기였다. 한국 대법원이 일제강제징용피해자에 대한 일본 기업의 배상 판결을 내렸을 때 정부는 삼권분립을 이유로 판결을 인정하는 태도를 취했다.

이에 일본은 무역 우대국인 '백색국가(white list)'에서 한국을 제외하며 한국이 대법원 판결을 자체 해결하라고 압박했다. 일본의 태도에 한국 국민들은 일본상품 불매운동, 일본여행 안 가기로 맞섰고, 정부는 지소미아(GSOMIA, 한일군사정보보호협정)의 시한부 종료로 일본에 대응했다. 역사 문제가 통상, 안보 영역으로까지 확산된 것이다. 지소미아 문제는 아시아 안보의 한 축인 미국까지 예민하게 만들었다.

이와 관련해 1965년에 이루어진 한 · 일청구권협정이 다시 수면 위로 떠올랐다. 한 · 일청구권협정이란 1965년 6월 22일 한국과 일본 두 나라가 맺은 일제 식민지 피해 보상 협정이다. 당시 우리나라는 3억 달러를 지원받았다. 하지만 일본은 필리핀에 5억 4,000만 달러, 인도네시아에 4억 달러 등을 지급해 최대 피해국이었던 한국은 홀대받은 형편이었다.

일본은 한 · 일청구권협정으로 과거사가 해결되었다는 입장이다. 하지만 협정문에 일본군위안부와 강제징용자 부분은 언급조차 되지 않았고, 이들에 대한 사죄와 배상이 없었던 것이 오늘의 문제를 낳았다.

이어도 바다 5m 아래의 수중 섬

한 번 들어가면 돌아올 수 없는 섬, 바다에 나가 돌아오지 않는 남편이나 아들의 혼이 깃든 섬, 이승의 고통스런 삶이 끝나는 지점에 있는 섬. 제주도민들에게 이어도는 전설의 섬, 상상의 섬으로 존재했다.

이어도의 실체는 1900년 영국 상선이 처음 발견했다고 하는데, 우리나라에서는 1951년 해군이 탐사해 확인했다. 위치는 마라도 서남쪽 149km 지점. 이어도는 수면 5.4m 아래에 잠겨 있는 암초 같은 바닷속 섬이다.

우리나라 정부는 2003년 이어도에 해양과학기지를 건설했다. 과학연구 목적 외 해양주권을 위해서도 매우 중요한 곳이다. 하지만 이어도는 애매

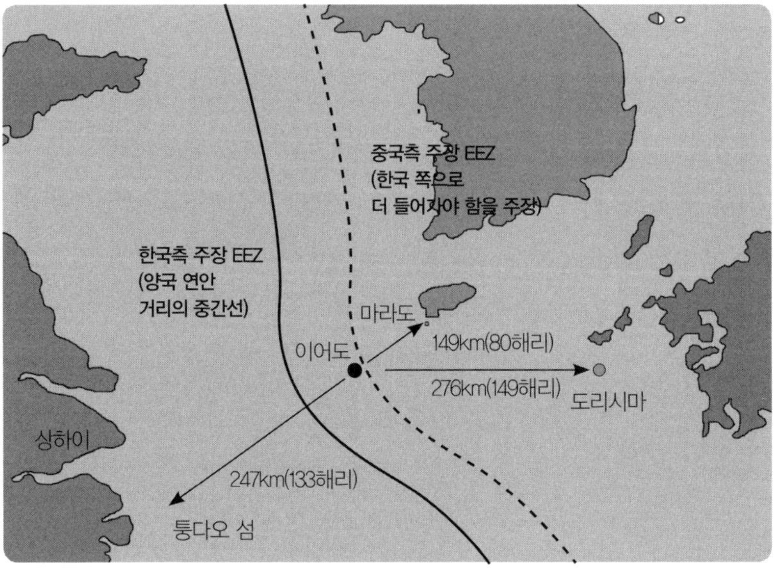

한 위치에 놓여 있어 중국과 영유권 분쟁에 휘말릴 소지도 안고 있다.

우리와 중국이 주장하는 배타적경제수역(EEZ)이 겹치는 지점에 위치하기 때문이다. 그래서 제2의 독도가 될까 염려되기도 하는 이어도다.

IS 무장단체 서방세계와 앙숙 된 이유는?

2016년 7월 14일, 프랑스 니스에서 트럭을 탄 괴한이 시민들에게 무차별 총격을 가해 77명이 목숨을 잃었다. 그런데 스스로 이 테러의 주범이라 자처하고 나선 무장단체가 있었으니 바로 IS(Islam State)다.

IS는 이슬람 국가 건설을 표방하며 조직된 '이슬람 수니파 극단주의 무장단체'로 시리아에 본거지를 두고 활동한다. 프랑스뿐만 아니라 터키, 인도네시아, 사우디아리비아, 리비아, 이집트, 레바논, 이라크, 시리아 등의 국가를 넘나들며 잔인한 테러 행각을 벌였다.

IS는 원래 이라크에서 탄생했다. 그 배경은 미국이 2001년 발생한 9·11 테러에 대한 보복으로 아프가니스탄을 점령한 데 이어 2003년 3월 이라크를 공격한 때로 거슬러 올라간다. 이라크가 대량살상무기(WMD, Weapon of Mass Destruction)를 개발하고 테러단체를 지원하고 있어 이를 격퇴한다는 명분이었다.

당시 이라크는 후세인(Saddam Hussein, 1937~2006) 대통령의 수니파가 통치하고 있었다. 그런데 미국이 후세인 정권을 무너뜨리고 시아파 정권을 세웠다. 이에 불만을 품은 수니파의 지도층들이 무장 세력과 결합해 만든 조직이 바로 IS의 전신이다.

이들은 이라크에서 반정부 활동을 벌이다가 시리아 내전이 터지자 본거지를 시리아로 옮기고 2014년 이슬람 국가(IS)를 선포하기에 이른다. 이들이 다른 이슬람 무장 세력과 달리 이슬람 국가를 선포한 것은 이미 국가를 운영해본 경험이 있기 때문이다. 이후 이들은 서방세계를 표적으로 삼고 각종 테러를 일삼았다. 그것은 서방세계가 자신들을 몰아낸 이라크 전쟁의 원흉이고 나아가 지난 수십 년간 무슬림 국가들의 내전에 개입해 중동의 질서를 어지럽히고 있다고 보기 때문이다.

바샤르 알 아사드 지옥의 독재자

21세기, 북한 외에 또 지옥 같은 일이 벌어지고 있는 나라가 있다. 바로 수백만 명의 난민이 탈출을 시도하고 있는 나라, 시리아다! 시리아에서는 도대체 왜 이런 일이 벌어지고 있는 걸까?

그 중심에 있는 인물은 바샤르 알 아사드(Bashar al-Assad, 1965~) 시리아 대통령으로, 독재자로 유명했던 아버지 하페즈 알 아사드(Hafez al-Assad, 1930~2000)의 뒤를 이어 2000년부터 독재 권력을 휘두르고 있다. 북한에 이어 또 다른 세습국가의 탄생인 셈!

이에 반정부 시위가 끊이지 않자 바샤르 정권은 탱크와 장갑차를 동원해 무자비하게 진압하며 수많은 인명을 살상했다. 뿐만 아니라 이란, 레바논의 무장단체를 지원해 테러 지원국으로 낙인찍히기도 했다. 이런 바샤르에 반대하는 반군의 세력도 만만치 않다. 정부군과 반군의 싸움이 난민의 국외 탈출을 부추기고 있다.

이에 미국은 바샤르 정권을 악질적인 독재국가로 지목하며 정권교체를 위해 반군을 지원하고 있다. 그런데 미국이 하는 일이라면 늘 대척점에 서는 러시아가 시리아 정부군을 지원하고 있어 싸움이 멈추지 않는다.

이런 판에 IS까지 시리아를 주요 근거지로 삼고 있으니 국민이 편할 날이 없다. 바샤르 정권은 IS와도 적대 관계에 놓여 있다. 이유는 바샤르 정권이 이슬람 시아파인 반면 IS는 수니파 테러단체이기 때문이다.

시리아 반군, 시리아 난민문제 국제전쟁의 도화선 될까

2011년 시작된 시리아 내전이 장기화되며 난민 수가 1,200만 명에 이른다는 뉴스가 나왔다. 시리아 인구(2,100만 명)의 절반이다. 난민은 터키, 이라크 등 이웃 국가, 그리고 유럽까지 퍼져 나가 도움의 손길을 요청하고 있다. 탈출을 시도하다가 바닷속에 수장된 난민들도 부지기수다.

시리아 난민 발생의 중심에 시리아 내전이 있다. 앞에서도 이야기한 바샤르 정권의 독재에 맞서 수니파 중심의 시리아 반군이 일어났다. 그러자 수니파 나라인 이라크, 사우디아라비아가 합세했으며, 미국까지 독재 타도를 위해 시리아 반군 지원에 나섰다.

이에 대한 대항마로 이란 등의 시아파 나라들과 러시아가 시리아 정부군에 가세했다. 게다가 시리아에 주둔하고 있는 IS마저 내전에 개입해 3파전 양상으로 확대되었다. 잘못하면 국제전으로 치달을 위기에 놓여 있는 것.

이에 죽음의 공포를 느낀 시리아 국민들이 난민의 길을 선택한 것은 어쩌면 당연한 결과일지도 모르겠다.

©Prazis – Fotolia

알카에다 9·11 뉴욕 테러의 주범

2001년 9월 11일, 뉴욕에서 영화보다 더 영화 같은 일이 벌어졌다. 비행기 2대가 날아오더니 100층이 넘는 쌍둥이 빌딩을 그대로 박아버린 것! 대폭발이 일어났고 세계무역센터가 들어 있던 쌍둥이 빌딩은 와르르 무너져

내렸다. 이 믿기 힘든 사태로 생명을 잃은 사람의 수만 2,948명!

온 세상이 발칵 뒤집혔고 이 끔찍한 테러의 주범으로 알카에다(Al-Qaeda)가 지목되었다. 알카에다는 사우디아라비아 출신 오사마 빈 라덴(Osama Bin Laden, 1957~2011)이 창시한 이슬람 무장단체이자 국제 테러조직이다.

한때 힘이 약해지기도 했으나 아프가니스탄을 지배하고 있던 탈레반(Taliban, 이슬람 원리주의 무장세력) 정권의 지원을 등에 업고 다시 힘을 키워 미국에 대한 성전을 선포했다. 미국을 위협한 이유는 당시 알카에다 본부가 있던 아프가니스탄의 내전에 미국이 개입하고 있었기 때문이었다.

미국은 즉각 알카에다에 대한 보복에 나섰다. 2001년 10월, 알카에다의 주력 세력이 있던 아프가니스탄을 공격했다. 미군은 알카에다의 근거지와 탈레반군을 괴멸시켰으나 알카에다의 두목인 오사마 빈 라덴을 찾지는 못했다. 빈 라덴은 2011년 5월에 이르러서야 미군에 의해 사살된 것으로 보도된다.

쿠르드족 우리의 소원은 독립

시리아 내전을 평화적으로 풀기 위한 ISSG(국제적시리아지원그룹)의 회담이 쿠르드족 문제까지 겹쳐 걸음이 더 무겁다. ISSG에는 유엔 안보리 상임이사국과 터키, 이란, 사우디아라비아 등 시리아 정부와 반군을 지원하는 주변국을 포함해 17개국이 참여하고 있다.

그런데 2016년 초 제네바 3차 평화회담을 앞두고 긴장감이 감돌았다. 유엔이 쿠르드족 정치단체인 민주동맹당(PYD)에도 초청장을 보냈다는 사실이 밝혀졌기 때문이다. 당장 터키는 PYD가 참석하면 불참한다는 통보를 해왔다. 때문에 시리아 내전을 평화적으로 해결하는 데 쿠르드족 문제가 또 하나의 변수로 작용하게 되었다.

쿠르드족(Kurdish, 인구 3,000만 명의 아리아 계통 종족)은 중동지역(주로 이란, 이라크, 터키 등)에 나뉘어 살며 분리 독립운동을 벌이고 있는 비운의 민족이다. 제1차 세계대전 후 독립국가를 세우려고 피나는 노력을 해 왔으나 여전히 오리무중이다. 터키가 쿠르드족 참가를 반대하는 이유는, 그들이 터키에서도 독립운동을 벌이고 있어 대표성을 인정할 수 없기 때문이다.

보스포루스해협 아시아와 유럽의 경계

2015년 8월, SK건설은 2008년부터 시작한 보스포루스해협(Bosphorus Straits)의 해저터널 부분 공사를 완공하는 쾌거를 이뤘다. 그야말로 해외 건설사에 남을 기념비적인 수주였다.

©lesniewski – Fotolia

터키에 위치한 보스포루스해협은 흑해와 마르마라 해를 잇는 길이 30km, 너비 550~3,000m, 수심 60~125m의 물길로, 아시아와 유럽의 경계선이기도 하다. 아름다운 현수교인 보스포루스교(일명 '유라시아 대교')가 있고, 바다 밑으로 연결된 마르마라이선 철도가 2013년 개통되어 운행 중이다. 터키를 여행하는 사람이라면 꼭 한 번 가봐야 할 곳이기도 하다.

이번 SK건설이 완공한 구간은 해저철도와는 별도로 자동차가 달릴 수 있는 해저터널 공사였다. 이제 자동차를 타고 아시아에서 유럽으로 갈 수 있는 길이 열린 것이다.

아랍의 봄 피어나다 꺼진 민주화의 불꽃

2010년 12월, 튀니지에서 대규모 반정부 시위가 일어났다. 이 일이 계기가 되어 23년 장기 독재를 휘둘렀던 자인 엘아비딘 벤알리 대통령이 물러났다. 하지만 여기서 그치지 않고 이웃나라로 도미노 현상이 이어졌다. 이집트에는 30년 장기 집권자 무바라크가 있었는데, 그 역시 국민적 저항을 받고 퇴진의 길을 걸었다.

북부 아프리카와 중동지역에 피어났던 민주화 바람은 리비아, 시리아 등 아랍 세계 전체로 번져 나갔다. 덕분에 이집트, 리비아에서도 독재자들이 물러나는 성과가 이어졌다.

사람들은 이를 두고 '아랍의 봄(arab spring)'이라 불렀다. 정말 이슬람 지역에도 민주주주의가 자리 잡는 듯 보였다. 그러나 우리나라에서 보았듯 민주주의의 정착이 하루아침에 이루어지는 것은 아니다. 시간과 노력이 필요하다.

아랍지역에 모처럼 불어왔던 훈풍은 각 나라마다 새로운 기회를 잡으려는 세력들의 대결과 종교 종파 간의 갈등에 밀려나며 '아랍의 봄'은 완성되지 못했다. 통치자만 바뀌었을 뿐 자유, 평등, 인권은 여전히 멀기만 한 아랍 세계다.

농르풀망원칙 난민을 보호하라

한 겨울로 접어들고 있던 2019년 11월, 동해안에서 우리 해군에 의해 북한 목선이 나포되었다. 목선에는 북한 주민 2명이 타고 있었다. 조사 결과 승선하고 있던 2명이 16명의 동료 선원을 살해하고 도피 중이었던 것으로 파악됐다. 얼마 후 군 당국은 목선과 함께 북한 주민 2명을 북한으로 강제 추방했다. 이에 대해 인권 파괴라며 국내외에서 비판이 일었고 유엔 북한 인권 특별보고관조차 국제법에 어긋난다며 목소리를 높였다.

생각해 보라. 북한으로 강제 송환된 그들 2명의 목숨이 어떻게 되었을지? 안 봐도 뻔할 일이다. 이런 사태를 예방하기 위한 국제사회의 규정이 농르풀망원칙(principle of non-refoulement)이다. 농르풀망원칙은 1951년 스위스 제네바에서 체결된 '난민의 지위에 관한 조약'으로 '박해가 우려되는 국가로 난민을 강제 송환해서는 안 된다'는 내용을 담은 인권보호 원칙이다.

우리나라의 경우 탈북자가 바로 난민이기에 농르풀망원칙을 적용하고 있다. 하지만 정부는 위 탈북 북한 주민 2명의 경우 16명을 살해한 살인범이었기에 받아들일 수 없었다고 발표해 한동안 논란이 따랐다.

도미노이론 하나가 쓰러지면 이웃도 위험하다

©Kenishirotie – Fotolia

1954년, 프랑스는 베트남 전쟁에서 베트콩(공산군)에게 패전을 거듭하고 있었다. 이대로 물러날 수 없는 상황이었기에 미국에 긴급 지원을 요청했다. 미국은 이 전쟁에 뛰어들어야 할지, 말아야 할지 기로에 섰다. 이때 아이젠하워(Dwight Eisenhower, 1890~1969) 대통령이 도미노이론(domino theory)을 내세우며 참전을 주장한다.

도미노이론이란 마치 도미노처럼 한 나라의 정치체제 변화가 이웃나라에까지 영향을 미친다는 논리다. 아이젠하워 대통령은 만약 베트남이 공산화되면 이웃나라인 캄보디아, 라오스 등 동남아 전체가 공산화될지도 모른다는 우려를 표방한 셈이다.

결국, 미국은 도미노이론에 의거해 케네디(John F. Kennedy, 1917~1963) 대통령 때에 이르러 베트남 전쟁 참가를 결정하게 된다. 하지만 베트남 전쟁의 패배로 베트남뿐만 아니라 캄보디아, 라오스까지 공산화되어 도미노이론은 현실로 나타나고 만다. 과거 구소련의 공산화에 따른 동유럽의 공산화 과정도 유사한 사례다.

팍스 시니카 중국 시대가 온다

미국이 팍스 시니카(pax sinica)를 경계하고 있다. 이게 도대체 무슨 말일까? 팍스 시니카란 '팍스 로마나(pax romana, 로마에 의한 평화)'에서 유래한 말이다. 여기서 '팍스'란 라틴어로 평화를 뜻하므로 팍스 시니카는 '시니카에 의한 평화'로 해석할 수 있다.

여기서 '시니카'는 중국을 일컫는다. 서양에서는 중국을 sino로 부르기도 하는데 여기에서 로마나를 본뜬 시니카가 나왔다. 따라서 팍스 시니카란 '중국에 의한 평화 시대'를 뜻한다. 하지만 불쑥 성장한 경제력과 군사력을 앞세운 중국의 최근 활동을 보면 팍스 시니카는 세계 질서를 자국 중심으로 재편하려는 구호에 더 가깝다. 중국에서 먼 동남아시아 근해까지 자국화하려는 모습 등 힘의 과시가 여간 아니다.

한동안 세계는 팍스 아메리카나(pax americana, 미국에 의한 평화)의 시대를 살아왔다. 이 또한 따지고 보면 미국 중심의 질서 구축에 가까우나 어쨌든 팍스 시니카 소리가 나오니 미국 입장에서는 달갑지 않을 게 당연하다. 과연 팍스 시니카 시대가 올까? 미국과 중국, 두 거대 세력 사이에 놓인 우리나라도 피해 갈 수 없는 관심사다.

포퓰리즘 정치는 인기가 최고야!

1891년, 민주주의를 향해 가고 있던 미국의 정당사에 새로운 도전장을 내민 정당이 등장했다. 이름은 포퓰리스트당(Populist Party). 이는 1870년대 러시아가 프롤레타리아 혁명을 위해 내건 정치적 이데올로기인 포퓰리즘과 매우 닮은 이름이었다.

당시 미국의 정당은 진보를 지향하는 민주당(Democratic Party, 1792년 창당)과 보수를 표방하는 공화당(Republican Party, 1854년 창당)이 기반을 굳건히 잡고 있었다. 이런 가운데 포퓰리스트당은 대중의 인기를 얻기 위해 현실을 외면한 공약들을 남발했다.

이후 포퓰리즘(populism)이란 단어는 정치권에서 현실을 무시한 채 대중의 인기를 얻기 위한 공약을 내세울 때 주로 사용되었다. 우리나라에서도 2010년 선거에서 당선된 곽노현(1954~) 교육감이 보편적 무상급식 정책을 주장하자 당시 오세훈(1961~) 서울시장이 국가 재정을 무시한 전형적 포퓰리즘 정책이라며 반발하기도 했다.

불곰사업 돈 없어! 무기로 갚을게

1985년 소련은 고르바초프(Mikhail Gorbachev, 1931~) 공산당 서기장이 취임하면서 획기적인 변화를 겪는다. 지난 수십 년간 굳게 닫혔던 문호를 개방한 것. 물론 이면에는 경제적 위기가 도사리고 있었고, 문호 개방은 돌파구의 일환이었다.

하지만 소련의 경제는 나아지지 않았고 절대적인 외화 부족 상황에 직면했다. 동구권과 유럽, 미국 등에 돈을 빌리려 했으나 뜻대로 되지 않았다. 이때 고르바초프가 눈길을 돌린 곳이 바로 우리나라였다. 소련은 '88 서울 올림픽에 참가한 인연을 바탕으로 1990년 4월 우리나라와 수교를 맺었다. 그러곤 우리나라에 차관을 요청했고 당시 노태우 정부는 1991년부터 3년간 소련에 14억 7,000만 달러를 빌려주기에 이른다.

하지만 소련 경제는 더욱 악화일로로 치달으며 결국 붕괴 사태를 맞이한다. 그렇다면 우리가 빌려준 돈은 어떻게 되는 것인가? 소련이 해체되었으니 돈을 돌려받을 길이 막연할 수밖에 없었다. 이때 구소련을 승계한 러시아가 제안한 것이 돈 대신 무기와 군사기술로 갚겠다는 것! 북한과 대치하고 있는 우리로서는 귀가 솔깃한 제안이었다.

구소련에 빌려준 차관을 러시아의 무기와 군사기술로 상환받기로 한 이 일을 불곰사업이라 한다. '불곰'은 유라시아에 주로 서식하는 곰으로 러시아를 상징하는 단어이기도 하다. 김영삼 정부 시절이던 1995~1998년에 1차 불곰사업, 노무현 정부 시절이던 2003~2006년에 2차 불곰사업이 진행되었으나 러시아는 여전히 남은 채무를 다 갚지 못하고 있는 상황이다.

샤오캉 사회 중국이 꿈꾸는 나라

2002년, 당시 중국의 주석 장쩌민(1926~)은 16차 당대회에서 "2020년까지 전면적인 샤오캉 사회를 달성하겠다."고 선포했다. 이 선포 이후 중국에서는 샤오캉 사회 열풍이 불었다.

샤오캉 사회란 무엇일까? 이는 중국이 꿈꾸는 이상사회로, 대부분의 중국 인민들이 중산층으로 잘살 수 있는 사회를 뜻한다. 샤오캉은 '사서삼경' 중 하나인 《시경》에 나오는 말로, 맹자는 '고아, 과부도 설 자리를 차지하는 상태'라고 했다.

그러나 목표 연도인 2020년에 이르렀지만 샤오캉 사회는 아직 아닌 것 같다. 1인당 GDP가 목표(1만 5,000달러)에 못 미친 것을 넘어 코로나 바이러스 대응에서 보듯 사회 시스템이 선진적이라 할 수 없다.

중국 5개년 계획 요약

	11차	12차	13차
기간	1996~2010년	2011~2015년	2016~2020년
성장률	7.4%	7.6%	6~6.5%
주요 목표	샤오캉 사회 구축 계획, 과학적 발전, 조화로운 사회 건설	균형 발전, 안정적 발전, 질적 성장, 내수 부양	신창타이, 구조조정, 개혁 완성, 샤오캉 사회 진입
1인당 GDP	1,700달러	8,154달러	1만 5,000달러
도시화율	47%	53%	70%

※신창타이(新常態, new normal): 고도 성장기를 지나 안정 성장 시대에 진입한 상태를 일컫는 중국식 표현.

중국의 권력 구조 주석과 7명의 상무위원이 핵심

중국의 권력 구조를 알기 위해서는 먼저 중국이 여전히 공산당 일당 체제임을 이해해야 한다. 즉, 공산당 내에 모든 권력 조직이 있다는 이야기다.

먼저, 중국 권력의 기반은 '공산당 전국대표대회'다. 전국 공산당원의 수는 약 8,000만 명인데 이 중 지역별 대표로 뽑힌 3,000명이 공산당 전국대표대회 위원이 된다.

그다음부터는 피라미드식으로 올라간다. 3,000명의 전국대표대회 위원 중 공산당 중앙위원회 200명을 뽑고, 그중에서 중앙정치국 위원 25명을, 또 그중에서 상무위원 7명을, 마지막으로 상무위원 7명 중에서 총서기 1명을 뽑는 방식이다. 정리하면 표와 같은 피라미드 구조가 된다.

중국의 권력 구조에서 주목할 것은 상무위원이다. 가장 막강한 권력층이라 할 수 있다. 이 7명 중에 주석, 부주석, 국무원 총리, 중앙법률위원회

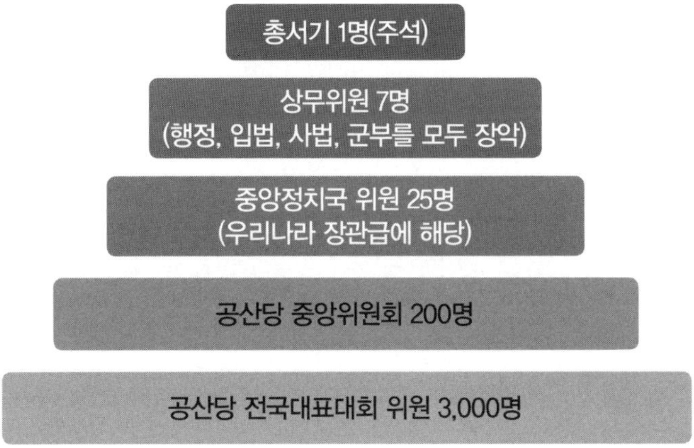

서기(우리나라의 국회의장, 대법관에 해당)가 있으며 군부도 이 하부 조직에 속해 있다.

산시방 중국을 움직이는 세력

미국에서 운영되는 중국 매체인 〈외참〉은 2013년 9월 24일자를 통해 산시방(陝西幇)이 시진핑(習近平, 1956~ , 베이징 출신으로 산시성에서 자람) 정부의 새로운 주요 세력으로 부상했다고 전했다. 산시방은 베이징 서쪽에 위치한 산시성 출신 인사들의 정치 파벌을 일컫는 말이다.

과거 장쩌민(江澤民, 1926~) 주석 시절에는 상하이방, 푸젠방, 산둥방 등이 주요 파벌을 이루고 있었다. 하지만 최고지도자가 바뀌면 자연히 힘의 무게추도 이동하게 마련. 시진핑 주석 본인이 산시방이다. 이 때문에 산시방 중심으로 권력이 재편되었다.

무엇보다 중국 최고의 권력기관이라고 할 수 있는 상무위원 7명 중 3명이 산시방이다. 게다가 산시방의 군부 내 인맥도 막강하다. 당분간 중국의 권력은 산시방을 중심으로 펼쳐질 것이 틀림없다.

일본의 우경화 문제 군국주의 회귀 꿈꾸는 사람들

2014년 1월, 일본 도쿄 롯폰기에서는 한류를 반대한다는 재특회(재일 한국인의 특권을 허락하지 않는 시민모임)의 데모가 열리고 있었다. 바로 그때였다. 자전거 한 대가 데모대를 향해 돌진하더니 그대로 데모대를 덮어버렸다. 데모대는 순식간에 아수라장이 되었다. 알고 보니 이 일을 벌인 인물은 재특회의 시위를 반대하는 도쿄대학교 학생이었다.

일본의 우경화 바람이 드세다. 물론 위 도쿄대학교 학생의 경우에서 보듯 반대하는 목소리도 적지 않고 전체적인 현상도 아니다. 일본 우경화의 불씨는 늘 있어 왔으나 2012년 집권한 아베 정권이 장기화되면서 심화된 모양새다. 우파적 색채가 짙은 아베 총리는 제2차 세계대전의 주요 전범을 포함해 침략 군인들의 명부를 올린 야스쿠니 신사 참배를 강행함으로써 우경화를 더욱 부추겼다.

일본의 우경화란 일본 중심의 사고와 민족주의 색채를 더욱 공고히 함을 뜻한다. 이 때문에 독도 문제, 동해 표기 문제, 위안부 문제에 대한 일방적 주장을 펼치며 우리나라와의 극심한 대립을 야기하고 있다.

일본은 집단자위권(이웃나라가 공격받을 경우 반격할 수 있는 권리)을 통한 '전쟁할 수 있는 나라'를 목표로 헌법 개정까지 노리고 있어 군국주의 시대의 일본으로 돌아가려는 모습마저 보이고 있다.

후쿠자와 유키치 일본 최고액 지폐 인물

우리나라 최고액 지폐인 5만 원권에 새겨진 인물은 신사임당(申師任堂, 1504~1551)이다. 그렇다면 일본 최고액 지폐인 1만 엔권에 새겨진 인물은 누구일까? 바로 후쿠자와 유키치(福沢諭吉, 1835~1901).

놀라운 것은 2004년 일본이 그간 사용하던 지폐들의 인물 도안을 바꾸었는데 이때도 유독 1만 엔권 지폐의 유키치는 그대로 유지되었다는 사실이다. 그는 어떤 업적을 남겼기에 이런 대접을 받을 수 있었을까?

오사카 출신인 유키치의 인생은 20대 중반에 도쿄를 방문하면서 전환점을 맞는다. 세계의 중심이 미국과 영국이라는 사실을 알게 된 유키치는 이후 미국과 영국, 프랑스, 독일, 아프리카를 방문할 기회를 잡는다. 귀국 후 그는 계몽사상가로 활동했다.

때는 메이지(明治)가 일본의 왕이던 시대. 왕은 유키치의 인물됨을 알아보고 입각을 제의했다. 하지만 유키치는 이를 사양하고 바깥에서 학문적 연구와 교육, 언론 활동에 주력했다. 그는 일본이 서양 학문과 교육으로 힘을 갖춰 열강의 대열에 합류할 수 있다고 주장했다.

유키치가 쓴 책인 《학문의 권장》, 《문명론의 개략》은 수백만 부나 팔려나갔다. 그는 또 일본의 명문대학 중 하나로 꼽히는 게이오 대학과 언론사인 〈지지신보〉(〈산케이신문〉의 전신)를 설립했으며, 최초로 보험을 도입하는 등 일본의 근대화에 크게 기여했다.

유키치는 열렬한 제국주의자였다. 힘으로 조선과 중국을 정복해야 한다고 주장했다. 일

본이 청일전쟁에서 승리했을 때 매우 자랑스러워하기도 했다. 이러한 그의 생각과 사상은《탈아론(脫亞論)》이란 책에 잘 나타나 있다. 한편, 일본은 나루히토(德仁, 1960~) 왕 시대를 맞아 2024년부터 지폐 인물들을 바꾸기로 했는데, 이번엔 조선 경제 침탈을 주역이었던 시부사와 에이이치(澁澤榮一, 1840~1931)가 그 인물이다.

요시다 쇼인 일본 메이지유신의 정신적 지도자

"무력 준비를 서둘러…, 캄차카와 오호츠크를 빼앗고…, 조선을 정벌하여 북으로는 만주를 점령하고, 남으로는 타이완과 필리핀 루손 일대의 섬들을 노획하여…." – 요시다 쇼인의《유수록(幽囚錄)》중에서

이 글이 19세기 중반 일본의 한 젊은이가 쓴 것이라면 어떤 느낌이 드는가? 일본은 20세기 초반 이 젊은이의 꿈을 현실로 이뤄낸다. 소름 돋는 이야기가 아닐 수 없다.

위 일화의 주인공인 요시다 쇼인(吉田松陰, 1830~1859)은 도대체 어떤 인물이었을까? 그는 하급 사무라이의 아들로 태어났으나 지역의 영주인 요시다 가문에 양자로 들어가며 인생이 달라졌다. 어린 시절부터 경학(유학), 역사, 제도, 병학, 문장 등 영재교육을 받으며 실력을 키울 수 있었다.

이후 쇼인은 1853년 미국의 페리(Matthew C. Perry) 제독이 함대를 이끌고 일본에 왔을 때 그 배를 시찰하면서 세계로 눈을 넓혔다. 그는 당장 유학을 결심하고 온갖 방법으로 밀항하려 했으나 모두 실패하고 밀항 혐의로 투옥되고 만다. 그 시기 감옥에서 쇼인은《유수록(幽囚錄)》을 썼다. 불과 23세의 나이였다.

막부시대 말기에 청년의 눈으로 일본 제국주의 사상의 중심이 되는 정한론(征韓論, 조선에 대한 무력 침공론)과 대동아공영론(大東亞共榮論, 동북아시아, 동남아시아, 오세아니아의 대통합론)의 뿌리가 되는 사상을 주창하고 나선 것이다.

쇼인은 출옥 후인 1857년 쇼카손주쿠(松下村塾)라는 글방을 열었다. 여기에서 다카스기 신사쿠(1839~1867, 도쿠가와 막부를 쳐부순 인물), 이토 히로부미(1841~1909, 메이지유신 당시 총리) 등의 인물을 배출했다. 이들은 훗날 메이지유신의 주역이 된다. 이 때문에 쇼인은 일본의 우경 세력들로부터 지금도 정신적 지주로 추앙받고 있다.

쇼인은 구시대의 막부를 타도하고 일본의 근대화를 이루는 일에 진력했다. 그러다 막부 수호 세력에 체포되어 1859년 30세의 나이로 처형당함으로써 생을 마감했다.

야스쿠니 신사 전쟁 범죄자들을 받들다니!

우리나라에 토속 종교가 있듯 일본에도 신도(神道, 800만을 넘는 신을 모시는 종교)라는 고유 종교가 있다. 신사는 바로 신도를 모시는 사당이다. 일본인들은 모든 것에 신이 있다고 생각하고 사람이 죽으면 신이 된다고 여기는 내세사상을 갖고 있다. 그래서 일본에는 수많은 신들이 존재하며 신사마다 모시는 신의 종류도 각각 다르다.

그중에서 야스쿠니 신사는 250여만 명에 달하는 전쟁 희생자들의 명부를 모신 일본 최대 규모의 신사다. 일본인에게는 그들도 신이 된 사람들이다. 문제는 여기서 말하는 전쟁에 제2차 세계대전 당시 일본이 일으킨 태평양전쟁도 포함된다는 사실이다. 따라서 일본 입장에서는 전쟁 희생자이지만 피해를 입은 나라들 입장에서는 전범들이 된다.

일본은 1978년에는 도조 히데키(東條英機, 1884~1948, 태평양전쟁의 주범)를 비롯한 A급 전범 14명까지 야스쿠니 신사에 합사(合祀, 함께 모심)해 국제적인 비난을 받고 있다. 2013년에는 일본의 아베(安倍晋三, 1954~) 총리가 야스쿠니 신사를 참배해 국제적인 비판 여론이 들끓었다.

이에 A급 전범 14명에 대한 분사(分祀, 명부를 다른 신사로 옮기는 것) 논의가 일어났다. 국제사회도 그렇게 절충할 것을 일본에 요구하고 있으나 여전히 달라진 게 없다. 그러나 설령 A급 전범들을 분사한다 해도 야스쿠니 신사가 우리나라를 비롯해 주변 국가를 침략했던 군인들을 받드는 시설이라는 점은 달라지지 않는다.

한편, 야스쿠니 신사에는 태평양전쟁 당시 강제로 전장에 끌려갔다가 희생된 한국인 2만여 명의 명부도 안치되어 있다. 이에 유족들이 명부를 돌려 달라고 항의했으나 이에 대해서도 일본은 거부 의사를 보이고 있다.

이런저런 사정으로 일제강점기 최대의 피해국이었던 우리나라 사람들은 일본 지도자들의 야스쿠니 신사 참배에 민감하게 반응할 수밖에 없다.

노동3권 전교조로 인해 새삼 부각

2016년 1월, 서울고등법원은 전국교직원노조(이하 전교조)에 대한 고용노동부의 '노조 아님 통보'가 정당하다는 판결을 내렸다. 그 핵심 근거는 전교조가 교원노조법 2조에 반해 교원 자격이 없는 해직자들을 조합원으로 받아들였기 때문이라는 것.

전교조는 이에 즉각 맞서며 판결 이후 교육부의 후속 조치를 모두 거부하기로 결정했다. 전교조는 왜 노조가 아니라는 판정에 이처럼 민감한 반응을 보였을까?

이에는 노동3권이라는 핵심 권리가 걸려 있기 때문이다. 노조로 인정받으면 노동3권을 행사할 수 있으나 인정받지 못하면 그럴 수 없다. 노동3권이 무엇이기에 그리 중요할까? 노동3권이란 단결권, 단체교섭권, 단체행동권이다. 단결권은 노조와 같은 단체를 세우고 가입할 수 있는 권리요, 단체교섭권은 사용자 측과 교섭할 수 있는 권리다. 단체행동권은 필요시 쟁의 운동을 할 수 있는 권리다.

그런데 전교조를 노조로 인정할 수 없다는 판결이 났으니, 이제 노동3권도 행사할 수 없는 상황에 놓인 것. 이에 전교조가 발끈하고 나선 것이다.

사회서비스 바우처 복지 지급을 위한 묘수

미국에서 이런 일이 있었다. 저소득층 가정의 자녀가 돈이 없어 학교에 가지 못하자 정부가 나서서 교육비를 지원해 주었다. 그런데 문제는 이 가정에서 그 돈을 다른 데 써버려 아이는 여전히 학교에 갈 수 없었던 것.

이런 문제를 해결하기 위해 나온 것이 사회서비스 바우처(voucher) 제도다. 복지수급 대상자에게 현금을 주는 대신 특정 물건만 살 수 있는 바우처, 즉, 상품권을 주는 제도가 바로 사회서비스 바우처 제도다. 물론 이 제도를 시행하는 까닭은 앞과 같은 폐해를 막기 위해서다.

우리나라에서 사회서비스 바우처는 주로 현금카드 형태로 지급된다. 서비스 이용 내역이 전자시스템으로 처리되므로 바우처가 어떻게 사용되고 있는지 쉽게 확인할 수 있어 편리하다.

기소유예 한 번 봐준다

2020년 1월, 용인의 한 아파트에서 작은 시위가 일어났다. 입주자 대표였던 A씨가 10여 명의 주민을 데리고 구호를 외치고 있었던 것. 이에 경찰이 즉각 출동했고 A씨는 입건되었다. 집시법 위반 혐의가 분명했기 때문이다. 그런데 A씨는 검찰조사 과정에서 기소유예 처분을 받으며 풀려나게 된다. 기소유예란 무엇이며 A씨는 어떻게 풀려날 수 있었을까?

기소는 검사가 일정한 형사사건에 대해 법원의 심판을 구하는 행위를 말한다. 공소의 제기라고도 한다. 이에 반해 기소유예는 비록 죄를 지었을지라도 검사의 판단 하에 정상을 참작해 기소하지 않는 제도다. A씨의 경우 검찰이 검찰시민위원회의 의견을 물어 기소유예 처분을 내린 것이다.

경미한 사건이므로 아무래도 다수의 의견을 들어보는 것도 좋다고 판단한 검찰이 검찰시민위원회 의견을 들어본 뒤 결정한 것. 죄를 무조건 다스리기보다 한 번 기회를 준다는 점에서 기소유예는 좋은 제도라고 할 수 있다.

보이스피싱 · 스미싱 · 파밍 사기도 진화한다

L씨에게 금융감독원으로부터 전화가 걸려 왔다. 당장 500만 원을 이체하

지 않으면 통장의 돈이 위험하다는 통보였다. 이에 L씨는 은행 창구로 가서 돈을 송금하려 했다. 그런데 창구 여직원이 이상한 낌새를 알아차리고 L씨에게 사정을 물었다. 분명 보이스피싱(voice phishing)이었다. 여직원은 당장 경찰에 신고했고 L씨는 가까스로 500만 원을 지킬 수 있었다.

보이스피싱이 극성이다. 나아가 스미싱, 파밍 등의 사기 수법이 판친다. 적을 알아야 재산도 지킬 수 있는 세상이다.

먼저 보이스피싱이란 음성(voice)과 개인정보(private data), 낚시(fishing)를 합성한 신조어로, 전화를 통해 개인정보를 빼내서 사기에 이용하는 범죄를 의미한다. 스미싱(smishing)은 그 수단으로 문자메시지(SMS)를 이용하는 것이다. 여기에 들어간 '낚시'라는 말은 사기 유도를 의미하며, 전화나 휴대전화 문자로 상대를 속여 돈을 특정 통장으로 넘겨받거나 가로채는 게 주된 수법이다.

마지막으로 파밍(pharming)은 기술적으로 더 발전된 신종 인터넷 사기 수법이다. 고객들이 자주 이용하는 사이트의 도메인을 탈취해 유사한 가짜 홈페이지를 만든 뒤 사용자들이 진짜 사이트로 오인 접속하도록 유도한다. 그런 뒤 사용자들이 입력하는 고객정보를 이용해 사기에 나선다. 파밍은 매우 정교한 가짜 사이트를 사용하므로 보이스피싱이나 스미싱보다 피해를 당할 우려가 더 큰 사기 수법이다.

넥슨 캐시, 넥슨 카드 게임머니가 필요해

피파온라인4 서든어택, 던전앤파이트, 메이플스토리, 카트라이더.

국내의 대표적인 게임회사인 넥슨의 인기 게임들이다. 물론 내 컴퓨터에 이 게임들이 깔려 있다면 무료로 즐길 수 있다. 하지만 이 게임들을 좀 더 진(?)하게 즐기고 싶다면 각각의 게임에서 제공하는 유료 콘텐츠를 이용해야 한다. 이때 결제에 필요한 것이 넥슨 캐시다. 현금 1원당 넥슨 캐시 1원의 비율로 충전해 사용할 수 있다.

넥슨의 게임을 즐기는 사람들이 워낙 많다 보니 덩달아 넥슨 캐시도 유명해졌다. 덕분에 문구점, PC방, 서점, 편의점에 가면 넥슨 카드도 판다. 넥슨 카드는 넥슨 캐시로 충전해서 사용할 수 있는 선불카드다. 넥슨 카드가 등장했다는 것은 그만큼 넥슨 캐시가 보편화되었음을 뜻한다고 할 수 있다.

대포통장, 대포폰, 대포차 내 명의 도용 조심하기를

경찰청 자료에 따르면, 2014~2018년까지 검거된 대포물건은 총 12만 312건으로, 이 가운데 대포통장이 62%인 7만 4,859건, 대포차가 4만 2,424건, 대포폰이 3,029건 등으로 나타났다. 대포물건 이용 범죄가 여전히 기승을 부리고 있는 것이다.

그렇다면 대포물건이란 무엇일까? 이는 다른 사람 명의로 된 물건을 통칭하는 용어다. 대포통장은 다른 사람 명의로 된 통장을 말하고, 대포폰은 다른 사람 명의로 된 휴대전화를 말한다. 당연히 대포차도 실제 사용자와 등록상 명의자가 다른 차량을 말한다.

이러한 대포물건이 위험한 이유는 이것을 이용해 실제 범죄를 저지른 사람은 도망가고 대포물건 명의자가 피해를 볼 수 있기 때문이다. 따라서 내 명의의 대포물건이 생기지 않도록 각별히 주의할 필요가 있다.

저작권, 초상권, 지적재산권 알아야 안 당한다

사진작가 A씨가 명동거리 모습을 사진으로 찍어 한 신문사에 보냈다. 그런데 그 신문사에서 연락이 왔다.

"작가님, 이거 초상권 해결된 건가요?"

A씨의 명동거리 사진 속에는 거리를 활보하는 사람들의 모습이 담겨 있었다. A씨는 이런 경우도 초상권을 해결해야 하나, 의문에 빠졌다.

요즘같이 사진, 글, 음악 등의 매체(온라인 포함) 등재가 흔해진 시대에 저작권, 초상권 정도의 개념은 알고 있어야 피해를 안 당할 수 있다.

저작권이란 작품을 만든 저작자의 권리를 말한다. 예를 들어, 내가 사진을 찍었다면 그 사진의 저작권은 내게 있다. 책, 그림, 음악 등은 대표적인 저작권 대상이다. 만약 누군가가 저작자의 허락 없이 저작품을 사용했다면 5년 이하의 징역 또는 5,000만 원 이하의 벌금형에 처해지므로 각별히 유의해야 한다.

초상권은 자신의 초상(肖像, 사람의 얼굴과 모습)이 허락 없이 사용되지 않을 권리다. 예를 들어, 앞의 명동거리 사진이 매체에 게재된다면 사진 속 사람들은 초상권을 침해당하게 된다. 물론 사진의 경우 명확히 자신의 모습이 나왔을 때 초상권을 주장할 수 있다.

지적재산권도 알아두면 좋다. 지적재산권이란 지적인 노력으로 창작된 것에 부여된 재산권이다. 따라서 예술작품의 저작권은 지적재산권에 포함된다. 이외에 특허, 상표, 디자인 등과 관련된 산업재산권도 당연히 지적재산권에 포함된다.

딸통법 음란물 보기만 해도 잡혀가?

2015년 4월 16일 대한민국이 떠들썩했다. 방송통신위원회(이하 방통위)에서 내놓은 딸통법, 즉, '전기통신사업법 시행령 개정안' 때문이었다. 요지는 음란물 유포 단속을 강화한다는 것!

장안에 소문이 돌았다. 인터넷에서 음란물을 다운받아 보기만 해도 처벌받는 법이 생겼다고? 만약 이게 사실이라면 보통 일이 아니다. 대한민국의 웬만한 건강한(?) 남자들이 다 잡혀 들어가게 생겼기 때문이다.

이에 방통위는 이 법의 목적이 일반 네티즌을 단속하는 데 있지 않고 전문적 P2P(Peer to Peer, 파일공유 서비스) 업체들의 음란물 유포 단속에 있다며 수습에 나섰다. 실제 이 법의 내용을 살펴보면 단속 대상은 분명 개인이 아닌 P2P 업체다. 그러니 개인들은 안심해도 될 듯하다.

리플리 증후군 가짜 인생을 진짜로 믿어!

2015년 10월, 청와대를 사칭하며 30억 원대 사기극을 벌인 일당이 경찰에 붙잡혔다. 그런데 이 일당 중 한 명의 행동이 이상했다. 중년여성인 O씨는 인터넷 채팅창에 자신이 아닌 미모의 여성 사진을 걸고 재무전문가인 것처럼 속여 피해자들로부터 돈을 뜯어냈다. 그런데 O씨는 스스로를 진짜 미모의 여성 재무전문가라고 생각하고 있었던 것!

리플리 증후군을 소재로 했던 드라마 〈미스 리플리〉.

과연 O씨의 진실은 무엇일까? 경찰은 일단 리플리 증후군(ripley syndrome)을 의심했다. 리플리 증후군이란 자신이 꿈꾸는 가상의 세계를 진실이라 믿는 반사회적 인격 장애다. 만약 O씨가 리플리 증후군 환자라면 나머지 일당이 O씨를 이용했을 개연성도 짙어진다.

리플리 증후군은 퍼트리샤 하이스미스(Patricia Highsmith, 1921~1995, 미국의 소설가)의 소설 《재능 있는 리플리 씨(The Talented Mr. Ripley)》(1955)에 나오는 주인공 이름 리플리에서 유래했다. 소설에서 리플리는 재벌 친구를 죽이고는 스스로를 재벌이라 믿으며 온갖 거짓 행동을 반복해 일삼는다.

불안장애 두려움과 공포의 괴물

불안장애(anxiety disorder)를 호소하는 사람들이 많다. TV프로그램 〈무한도전〉의 전 멤버 정형돈이 불안장애로 더 이상 방송 활동을 할 수 없다며 자진 하차한 일이 있다. 가수 김장훈, 배우 이병헌 등도 비슷한 증상을 밝혔다. 정형돈은 〈무한도전〉 외에 〈냉장고를 부탁해〉 등에도 핵심 멤버로 출연하고 있었기에 방송가에 던지는 충격파가 적지 않았다.

그의 방송 하차를 계기로 불안장애가 무슨 병인지에 관심이 세상 위로 돌출됐다. 불안장애란 불안과 공포가 일상생활에 지장을 줄 만큼 극심한 상태를 일컫는다. 특히 낯선 사람 앞이나 대중 앞에서 공포를 느끼는 경우가 많다. 과도한 스트레스나 심리적 충격 등이 원인으로 알려져 있다.

사실 정형돈은 이미 불안장애를 앓고 있었음에도 방송 출연을 강행해 왔다고 한다. 얼마나 힘들었을까 생각하면 남의 일 같지 않다. 겉으로는 화려해 보이지만 속으로는 이런 어려움에 처해 있는 연예인들이 생각보다 많은 것이 현실이다.

분노조절장애 화나면 뵈는 게 없다

최근 사회면 기사를 보면 그야말로 난폭 사건들이 판을 친다. 분에 못 이겨 방화한 사건, 식당에서 흉기를 들고 난동을 부린 사건, 보복운전 사건 등 갈수록 사람들이 난폭한 사건을 일으키는 이유가 뭘까?

그 중심에 분노조절장애(anger disorder)가 있다. 분노조절장애란 스스로 조절할 수 없을 만큼 분노가 치밀어 오르는 일이 반복되는 증상이다. 이 장애가 무서운 것은 앞에서 언급한 각종 난폭 사건들이 대부분 분노조절장애 환자들에 의해 저질러진다는 사실에 있다.

누구나 자신의 마음에 들지 않는 일 앞에서 분노할 수 있다. 하지만 대부분의 사람들은 상식적인 선에서 분노의 행동을 그친다. 이것이 분노조절장애 환자와 보통 사람의 차이다. 문제는 이런 분노조절장애 환자가 점점 더 많아지고 있다는 사실이다. 건강보험심사평가원 자료에 의하면, 최근 4년 동안(2009~2013) 분노조절장애 환자는 32.6%가 늘어나 약 5,000명에 달하는 것으로 알려졌다.

사이코패스, 소시오패스 극단적 냉혈인간들

2009년, 끔찍한 연쇄살인범이 붙잡혔다. 이름은 강호순! 무려 10여 명의 목숨을 앗아갔다. 그런데 사람들은 강호순의 얼굴에 한 번 놀라고 전혀 죄의식을 느끼지 않는 태도에 두 번 놀랐다. 그의 얼굴은 전형적인 호남형으로 전혀 살인범의 살기가 느껴지지 않았다. 문제는 10여 명을 무참히 죽이고도 전혀 죄의식을 느끼지 않는다는 데 있었다. 전문가들은 이런 강호순더러 전형적인 사이코패스(psychopath)라 했다.

사이코패스란 극단적인 이기심을 가지기에 반사회적 행동을 일삼으면서도 죄책감을 느끼지 않는 인간형이다. 강호순뿐만 아니라 대부분의 연쇄살인범 가운데는 이런 사이코패스가 많다.

한편, 사이코패스와 비슷한 인간형으로 소시오패스(sociopath, 반사회적 인격장애)가 있다. 극단적 이기심, 반사회적 행동, 무죄책감 등 모든 행

동들이 사이코패스와 거의 유사하나 다른 점이 있다. 자신의 행동이 나쁘다고 느끼지 못하는 사이코패스와 달리 소시오패스는 자신이 행동이 나쁘다는 것을 알고도 시행한다는 점이다.

온라인 확정일자 주민센터 안 가고 처리한다

Q씨는 드디어 브랜드 아파트 입주에 성공했다. 비록 전세계약이지만! 그런데 Q의 어머니 왈 "빨리 확정일자 받아라." 하신다. Q씨는 확정일자가 뭔가 몰라 머리를 긁적거렸다.

확정일자란 계약서에 적힌 날짜를 기준으로 법적 구속력을 띨 수 있는 일자를 확정받는 것이다. 법원이나 주민센터에 신청할 수 있는데 이걸 받아두면 혹 집에 문제가 생겨 경매에 넘어가더라도 우선적으로 전세금을 변제받을 수 있다.

한편, 2015년 9월 14일부터는 인터넷등기소 홈페이지에서 온라인 확정일자를 받는 것도 가능해졌다. 더는 확정일자를 받느라 발품 들여 주민센터에 가지 않아도 되는 편리한 세상이 되었다.

학생인권조례 두발과 복장 검사 그만!

2010년 10월, 경기도 교육청은 학생인권조례(조례는 지방자치단체의 법)를 공포했다. 갑자기 '웬 학생인권?' 할지 모르겠으나 사실 학교 폭력, 두발과 복장 검사, 종교 강요 등으로 학생들은 알게 모르게 인권을 침해당해

왔다! 학생인권조례는 바로 이런 속박으로부터 학생들의 인권을 보호하기 위해 만들어진 법이다.

학생인권조례는 2011년 광주, 2012년 서울, 2013년 전라북도 등으로 점점 확대되어 나갔다.

한편, 서울시 교육청은 2016년 1월 26일, 해마다 이날을 '서울특별시 학생인권의 날'로 지정하는 선포식을 가졌다. 이처럼 학생들의 인권 문제는 앞으로 더욱 강조될 전망이다.

전자위치추적제도 아동 보호가 더 중요한 가치

아동 성범죄 사건이 뉴스에 오르면 사람들은 다른 사건보다 유독 분노한다. 이는 성범죄도 용서할 수 없지만 어리고 방어력이 떨어지는 아동을 범죄 대상으로 삼는 건 더욱 용납할 수 없다는 공감대 때문이다.

성범죄의 무서움은 초기에 근절하지 않으면 마치 암세포가 자라나듯 정도가 더 심해진다는 데 있다. 실제 처음엔 성희롱 수준으로 진행되다가 성폭행, 살인으로까지 발전하는 일이 적지 않다.

이 때문에 우리나라에서는 2008년 처음으로 전자위치추적제도를 시행했다. 성범죄 경력자는 언제든지 충동적으로 재범을 일으킬 확률이 높기에 발목에 전자발찌(ankle monitor)를 채워 이동경로를 경찰의 감시망 아래 두는 제도다. 이는 성범죄 경력자의 동선을 파악, 제한지역 이상을 못 벗어나도록 감시하는 효과가 있다.

전자발찌가 인권침해에 해당된다는 논란도 없지 않으나 사회는 아동 보호를 더 우선으로 하여 제도를 시행하고 있다. 전자발찌 시스템은 부착 장치, 재택 감시 장치, 위치 추적 장치 등으로 구성된다.

신데렐라법 아이들을 게임으로부터 보호하라!

우리나라 학부모들이 가장 걱정하는 건 무엇일까? 바로 아이들 대다수가 빠져 있는 게임이 아닐까. 내 아이가 게임에 빠져 있으면 눈에 불이 나고 속이 타들어간다. 그래서 어떻게든 아이들의 게임을 막으려 한다.

이런 학부모들의 마음을 조금이나마 뚫어주는 법이 있다. 일명 신데렐라법(셧다운제)이다. 신데렐라법이란 신데렐라가 무도회장에서 놀다가 자정이 되면 집으로 돌아가는 것처럼 만 16세 미만 청소년들이 자정부터 오전 6시까지 6시간 동안은 게임에 접속할 수 없도록 하는 제도다.

우리나라는 이 제도를 2011년부터 시행해 오고 있다. 하지만 게임업체 측에선 불만이 많다. 결국 헌법재판소까지 가게 되었으나 학부모들의 승리로 끝났다. 2019년에는 세계보건기구(WHO)가 '게임 중독'을 '질병'으로 공식 지정해 한 번 더 학부모들을 웃게 했다.

이태백, 삼초땡, 알밴 명태 '웃픈' 신조어 만드는 사회

한창 꿈을 펼쳐야 할 청년들이 슬프다. 꿈을 펼치려 해도 기회가 주어지지 않기 때문이다. 극심한 청년실업 시대를 관통하는 수많은 신조어들이 생겨나 사회를 더 우울하게 한다. 시쳇말로 '웃픈(웃기고 슬픈)' 단어들이다.

이태백(이십 대 태반이 백수),

십장생(십 대도 장차 백수가 되리라),

청백전(청년 백수 전성시대),

장미족(장기간 미취업 상태에 있는 사람),

NEET족(니트족, Not in Education, Employment or Training, 학교에 다니지 않고 일하지 않고 직업훈련을 받을 의지도 없는 청년 무직자),

취집(취업 대신 시집),

5포 세대(연애, 결혼, 출산, 인간관계, 내 집 마련을 포기한 청년 세대).

한편, 직장이 있어도 고용 상태가 불안하다 보니 생긴 신조어들도 있다.

조기(조기 퇴직), 명태(명예 퇴직), 황태(황당 퇴직), 동태(한겨울 명퇴), 알밴 명태(퇴직금 두둑이 받은 명퇴자), 생태(해고 대신 타 부서로 전출), 삼초땡(30대 초 명예퇴직).

등골 브레이커 등골 휘게 하는 가격

유행에 민감한 국민성을 반영하듯 2011년은 너도나도 '노스페이스(North Face, 아웃도어 브랜드)' 열풍에 빠져든 해였다. 문제는 노스페이스 제품들의 가격이 만만치 않아 학생들 사이에 가격대별로 계급을 야기했다는 데 있다.

가장 비싼 제품을 사 입는 학생들이 최상계급이고, 가장 싼 제품을 입는 학생들은 최하계급이 되었다. 그러다 보니 많은 학생들이 최하계급은 되기 싫고 최상계급 제품은 가격이 너무 비싸 중간계급의 제품을 선호하게 되었는데, 이마저도 가격이 50만 원대로 만만치 않았다.

그래서 붙여진 별칭이 '등골 브레이커(breaker)'다. 즉, 등골이 깨질(break) 정도로 부담되는 제품이라는 뜻이다. 등골 브레이커란 용어는 이제 의류에서 더 나아가 스마트폰, 수입 화장품 등으로 확대되어 쓰이고 있다.

사이버 불링 사이버 왕따도 있다

2020년, 고등학교 1학년 G양이 아파트 고층에서 몸을 던지는 안타까운 사건이 일어났다. 무엇이 그리 힘들어 이런 선택을 했을까? 조사 결과 의외의 사실이 드러났다. G양이 카카오톡에서 친구들로부터 집단 언어폭력을 당한 사실이 밝혀진 것.

이제 교실이나 사무실 왕따보다 사이버 왕따가 더 무서운 시대가 된 듯하다. 사이버 왕따를 사이버 불링(cyber bullying, 따돌림)이라 한다. SNS 시대가 열리면서 이제 학생들의 폭력과 왕따 행위도 사이버 공간으로 옮겨 왔다. 사이버 불링이 무서운 것은 실제 왕따 행위보다 죄책감을 덜 느낀다는 데 있다. 그래서 더 쉽게, 더 자주, 더 잔인하게 이루어질 개연성이 매우 높다.

실제 SNS 공간에 들어가보면 악성 댓글이 판친다. 그냥 아무 생각 없이 나오는 대로 지껄이듯 상대에 대한 공격을 해댄다. 이 역시 사이버 불링의 일종이다. 인터넷 환경이 나와 내 아이가 경계해야 할 최고의 적을 탄생시켰다 하겠다.

액티브 시니어 은퇴 후 삶을 풍요롭게

A씨는 은퇴 후 평생 꿈에 그리던 음악을 하며 즐겁게 살아가고 있다. 목표는 싱글앨범 완성이다. 노년을 앞둔 주부 B씨는 대중 앞에 서는 것을 좋아해 시니어 모델에 도전하고 있다. 시니어 모델 패션쇼에 서는 것이 목표다.

평소 사진에 취미가 있으면서 은퇴 후 복지사업을 해보고 싶었던 C씨는 장애인 사진관을 열어 제2의 인생을 살고 있다.

조금만 둘러보면 주변에서 멋진 시니어의 삶을 살아가는 사람들을 볼 수 있다. 이처럼 은퇴 후에도 사회활동을 적극적으로 해나가는 사람들을 액티브 시니어(active senior)라고 부른다. 액티브 시니어는 고령화 문제를 해결할 수 있는 아이템 중 하나다. 나라에도 도움이 되고 개인도 행복해질 수 있으니까.

해외에서는 경제적 여건이 어려운 노인들도 액티브 시니어 활동을 할 수 있도록 지역사회에서 다양한 지원을 펼치고 있다.

신중년, 노노족 열풍 나는 노인이 아니라 중년이다

2014년, 노노족(NO老族) 열풍이 불었다. 노노족이란 말 그대로 '늙는 것(老)을 거부한다(NO)는' 뜻의 신조어로, 동안 외모의 노인이나 젊게 사는 노년층을 뜻한다. '동안 열풍'과 tvN의 프로그램 〈꽃보다 할배〉의 인기가 크게 한몫하면서 만들어졌다.

노노족과 함께 이제 중년의 개념도 재정립되어야 한다는 주장이 제기되고 있다. 즉, 과거엔 60대만 되면 노인에 들었지만 요즘은 60대를 노인이라 부르기가 애매하다는 것이다.

그래서 신(新)중년 개념이 정립되었다. 즉, 61~75세는 이제 노인이 아니라 신중년으로 불러야 한다는 것. 이에 따라 기존에 중년으로 인식되었던 50대들은 꽃중년으로 불리기도 한다.

베이비붐 세대 VS 에코 세대 생각은 '에코'가 아니었다

6·25 후에 태어난 세대를 베이비붐 세대(1955~1963년생)라 한다. 이런 베이비붐 세대의 자녀들을 일컫는 에코 세대(1979~1992년생)라는 명칭도 있다. 산에 메아리(echo)가 치듯 대량 출산 세대가 20여 년이 지나 2세들의 출생 붐을 일으켰다고 해서 붙여졌다.

에코 세대는 경제적 풍요 속에 성장하고 대학을 졸업했다. 그런데 다 좋을 것 같았던 삶이 청년기에 들며 틀어졌다. 사상 초유의 취업난으로 사회 진출에 장벽을 만나고 말았기 때문이다. 그래서 에코 세대에는 '에이고 세대'라는 자조도 따른다. 그 때문인지 에코 세대의 의식은 베이비붐 세대와 방향이 많이 달라졌다.

한국직업능력개발원이 2019년 발표한 자료를 보면 일에 대한 베이비붐 세대와 에코 세대의 차이가 명확히 드러난다. 평생직장 개념에 대해 베이비붐 세대는 60.5%가 한 직장에서 일하는 것을 긍정적으로 답했으나, 에코 세대의 경우 49.1%에 그쳤다. 직업을 자신의 천직으로 생각하는 비율도 베이비붐 세대(38.2%)가 에코세대(27.1%)에 비해 높았다. 자신의 직업에 전문적인 지식과 기술이 요구되느냐는 질문에 에코 세대는 50.6%가 그렇다고 답한 반면, 베이비붐 세대는 44.0%에 그쳤다.

한편, 통계청이 2015년 12월 발표한 '한국의 사회동향 2015' 자료에 에코 세대와 베이비붐 세대의 삶에 대한 만족도가 나오는데 에코 세대가 5.85점(10점 만점)으로 베이비붐 세대의 5.65점보다 높았다(둘 다 점수가 낮아 큰 의미가 없다고 할 수도 있겠지만). 해석하자면 에코 세대는 현재 어렵다지만 그래도 기회가 있을 거라는, 젊음이 주는 기대치를 반영한 결과이고, 베이비붐 세대는 노후에 대한 불안이 깔린 결과로 보인다. 사실 이 질문에 에코 세대의 점수가 월등히 높아야 하겠으나(젊다는 것 자체가 희망인데) 그렇지 못하다는 게 제일 아쉽다.

프렌디 마케팅 친구 같은 아빠를 공략하라

대한민국에 프렌디(friendy) 열풍이 거세다. 프렌디(friend+daddy)란 친구 같은 아빠를 이르는 말이다. MBC 예능 프로그램 〈아빠! 어디 가?〉와 KBS 예능 프로그램 〈슈퍼맨이 돌아왔다〉가 프렌디 열풍을 몰아오는 데 크게 한몫했다.

이쯤 되자 기업들이 가만있을 리 없다. 기업들은 앞다퉈 프렌디 마케팅(friendy marketing)에 나섰다. 프렌디들을 대상으로 하는 홍보 활동이다.

유모차 브랜드인 맥클라렌이 벌인 '제6회 맥클라렌 퀸&킹 선발대회', 세계적인 블록 완구 회사인 레고의 '레고 아빠 체험단', 거품 손세정제 기업인 J 라이온의 '아빠와 함께하는 베스트 포토제닉 콘테스트' 등이 그런 사례다. 2019년엔 '아빠와 함께하는 부천시티투어' 등 지자체도 나섰다.

로케팅족 작은 사치를 즐기자

경기 침체가 장기화되고 있다. 언제 끝날지 모르는 매우 긴 터널을 지나고 있는 느낌이다. 사람들은 바짝 허리띠를 졸라매며 쉽사리 지갑을 열지 못하고 있다. 문제는 이런 생활이 길어지다 보면 자신도 모르게 처지고 위축된다는 사실이다.

이런 우울한 기분에서 벗어나자는 신인류가 나타났다. 바로 로케팅(rocketing, 집중소비)족이다. 로케팅족이란 다른 건 아낄지라도 자신이 가치를 두는 소비 분야에는 집중해 투자하며 '작은 사치'를 즐기는 사람들을 일컫는다. 경제적 힘듦을 일종의 작은 사치로 보상받고자 하는 심리에서 출발했다.

모든 것을 아끼는 A씨는 커피 한 잔을 마실 때만은 최고급 호텔의 카페를 찾아 유유히 카페라떼를 즐긴다. 이런 A씨라면 로케팅족이 되기에 충분하다. 이와 같은 로케팅족의 출현은 오랜 경기 침체에서 비롯된 우울을 이겨내기 위한 반작용으로 나타난 현상이라 할 수 있다.

소셜다이닝 문화 새로운 개념의 소셜 식사 문화

몇 년째 대한민국 방송의 최고 트렌드 중 하나는 먹방이다. TV를 틀면 이곳에서도 먹방, 저곳에서도 먹방일 정도로! 이와 함께 식문화에도 새바람이 불고 있다. 바로 소셜다이닝(social dining) 문화다.

소셜다이닝 문화란 SNS를 통해 관심사가 비슷한 사람들끼리 만나 식사하고 즐기는 새로운 식사 문화 행태다. 처음 듣는 사람은 어떻게 이런 일이 가능할까 싶겠지만 이미 소셜다이닝을 위한 어플들이 속속 등장하고 있다. 소셜다이닝 문화를 즐기고 싶다면 이 어플들을 통해 누구든 손쉽게 체험할 수 있다.

대표적인 소셜다이닝 서비스 어플로 '집밥(Zipbob)'이 있다. 집밥 어플에 들어가보면 대화 · 일상, 요리 · 음식, 문화 · 예술, 활동 · 놀이, 공예 · DIY, 지식 · 배움, 봉사 · 나눔, 만남 · 연애 등 주제에 따른 다양한 모임이 형성되어 있다. 이제 원하는 주제로 들어가 원하는 모임과 날짜만 정하면 나도 소셜다이닝 문화를 체험할 수 있게 된다.

헬조선 에이! 지옥 같은 나라

최근 우리나라 사람들의 입에 자주 오르내리는 조어 '헬조선'. hell이 지옥을 의미하므로 대략 뜻을 유추해내는 것은 어렵지 않다. 우리나라가 살기에 지옥 같은 곳이란 의미에서 나온 말이다.

인간의 뇌는 가만 놓아두면 부정적으로 생각하도록 프로그래밍 되어 있다고 한다. 부정적인 생각으로 보면 분명 우리나라는 헬조선임에 틀림없다. 입시 지옥에 스펙 지옥, 취업 지옥, 직장 지옥(상명하복, 위태로운 신분, 갑질 문화 등), 세금 지옥, 노후 지옥….

두 가지 이야기가 나올 수 있다. 하나는 우리나라보다 더 어렵거나 못사는 나라가 많음을 생각할 때 우리나라를 헬조선에 비유하는 것은 지나친 자기비하일 수 있다는 것. 따라서 자주 쓰는 것은 우리 스스로에게 좋지 않을 듯하다.

또 하나는 사회를 이끌어가는 정부, 지도급 인사, 단체, 기업 등 책임 있는 사람들은 이 상황을 심각하게 받아들여야 한다는 것이다. 해결할 힘을 가진 사람이 나서지 않는다면 그 끝은 양극화의 고착화다.

금수저, 흙수저 자본주의의 경고

헬조선과 더불어 사람들 입에 또 많이 오르내린 말이 금수저, 흙수저다. 마치 보통명사화라도 되려는 듯 2015년 이래 큰 이슈가 되었다.

돈 많고 힘 있는 집안의 자녀는 금수저, 그 반대 집안의 자녀는 흙수저라는, 나면서부터 정해진 격차에 대한 자조적 표현이다. 그 중간인 은수저, 동수저도 있다. 인터넷에는 부모의 직업, 집 크기, 금융자산 규모 등 각 수저들에 대한 구체적 조건도 제시되어 있다. 금수저, 흙수저의 붐을 일으킨 진원지는 청년층이다. 지독한 입시난, 취업난에 지친 청년들이 헬조선을 한탄하고 그 원인 중 하나로 금수저, 흙수저를 들며 유행어로 이끌었다.

기성세대에도 갑과 을로 표현되는 금수저, 흙수저가 있다. 대기업과 하청기업, 회사 사장과 운전기사, 사모님과 백화점 점원 등 최근 한두 번씩 언론에 올랐던 갑을 관계들이다.

문제는 이런 상황이 단지 하나의 현상으로 그칠 일이 아니란 점이다. 사회의 다수 구성원인 흙수저들이 무너지면 경제의 순환에 문제가 생겨 금수저들도 결국 존립할 수 없게 된다.

사회 경제가 안정된 북유럽 국가들의 안을 들여다보면 노블레스 오블리주(noblesse oblige)와 배려 정신을 통해 더불어 잘사는 사회를 일구었다는 것을 알 수 있다.

제로섬 게임 누구 하나는 다친다!

"갈 데 많은데 왜 하필 여기를 와!"

2020년 4월 총선. 고향인 경남 창녕에 출마하려던 홍준표 후보가 소속당과 갈등을 겪다가 대신 양산에서 강자와 싸우겠다고 했다. 상대는 더불어민주당의 김두관 후보. 홍 후보가 최종적으로 대구를 선택해 빅매치는 불발됐지만 내심은 둘 다 피하고 싶은 대결이었을 것이다.

제로섬 게임(zero-sum game)이란 무엇일까? 승부에서 이긴 쪽의 이득과 패한 쪽의 손실을 더하면 제로(0)가 되는 게임이다. 대표적인 제로섬 게임으로는 포커나 경마 등 도박을 들 수 있다. 즉, 한쪽의 이득이 다른 쪽의 손실이 되는 상태다.

위의 예에서 새누리당의 종로구 후보는 한 명이다. 오세훈 전 서울시장이 후보직을 얻으면 박진 전 의원은 탈락하고, 반대 상황이면 오세훈 전 서울시장이 탈락한다. 탈락자가 다른 지역에 출마할 수도 있겠지만 정치에서 선거도 제로섬 게임이다. 그 외 스포츠 경기, 주식시장에서의 선물, 옵션거래 등도 제로섬 게임이라 할 수 있다.

국제사면위원회(앰네스티) 150여 나라 퍼져 있는 국제인권단체

1961년 포르투갈의 한 술집, 두 명의 대학생이 술잔을 기울이고 있었다.

"자유를 위한 건배!"

그 순간이었다. 갑자기 경찰이 들이닥쳤고 두 대학생은 잡혀가는 신세가 되었다. 당시 포르투갈은 독재정부가 지배하고 있던 때라 '자유'라는 말을 함부로 쓸 수 없었다. 두 대학생은 '자유'라는 말을 썼다는 이유로 징역 7년 형을 선고받는다.

이 뉴스를 보고 분노한 영국의 변호사가 있었으니, 피터 베넨슨(Peter Benenson, 1921~2005)이다. 베넨슨은 두 대학생의 인권이 유린당하는 것에 주목했다. 나아가 독재정권에 의해 희생된 사람들에 대한 도움이 필요하다는 사실을 절감했다. 그는 '사면을 위한 탄원 1961(Appeal for Amnesty 1961)'이라는 단체를 만들고 국제적 인권 활동에 나섰다.

이것이 계기가 되어 국제사면위원회(앰네스티, Amnesty)가 설립되기에 이른다. 현재는 세계 150여 개국에서 활동하는 대표적 국제인권단체로 성장했다. 1977년 노벨평화상, 1978년 유엔인권상을 수상했다.

뇌물공여지수 BPI 검은돈 주는 사람이 없어야 돼!

국제투명성기구(TI, Transparency International)는 독일 베를린에 본부를 두고 세계 100여 개국에 지부를 둔 NGO 단체로 각국의 반부패 활동을 목적으로 한다. 가장 큰 사업은 각국의 부패지수(CPI, Corruption Perceptions Index) 산출이다. 부패지수는 10점을 만점으로 체크하는데 뉴질랜드, 덴마크, 싱가포르가 9점 이상씩을 받아 청렴도 최고 나라들로 꼽힌다. 우리나라는 2011년과 2015년 5.4점에 이어 2019년 5.9점으로 조사대상 180개국 가운데 39위를 기록했다.

국제투명성기구는 국가별 뇌물공여지수(BPI, Bribe Payers Index)도 조사해 발표한다. 뇌물공여지수란 뇌물을 받는 쪽에 초점을 두는 부패지수와 달리 뇌물을 주는 쪽의 청렴도를 나타내는 지수다. 각국 주요 수출업체의 고위 경영자들을 대상으로 설문조사해 산출한다.

첫 조사 때인 1999년 우리나라의 BPI는 3.4점(10점 만점으로 점수가 클수록 청렴)으로 무역량 상위 19개국 중 18위, 2011년 발표에서는 7.9점으로 조사대상 28개국 가운데 13위를 기록했다.

양해각서 좀 더 확실히 해두자고

2020년 3월, 코로나19로 인한 팬데믹 공포 속에서 DNA 백신 핵심기술을 보유하고 있는 제넥신과 상용화 GMP 생산기술을 보유하고 있는 바이넥스가 DNA 백신 GX-19 공동개발을 위한 상호 양해각서(MOU, Memorandum Of Understanding)를 체결했다는 뉴스가 떴다. 코로나19 치료약과 백신이 시급한 상황이다 보니 뉴스를 접한 사람이라면 기대감을 가질 만한 일이었다.

그렇다면 여기서 양해각서란 무엇일까? 양해각서는 정식 계약을 체결하기 전후에 서로간 양해 사항을 확인하기 위해 작성하는 문서다. 기업 간에는 주 계약 체결 전에 교섭 결과를 바탕으로 양해된 사항을 내용으로 담는다. 이 때문에 기업 간 양해각서는 이후의 협상 결과에 따라 본 계약서에서 내용이 바뀔 가능성도 있다.

또 국가 간에는 주로 기존 협정체결 후에 협정의 내용을 명확히 하거나 후속 조치를 위해 작성한다. 국가 간 양해각서는 아무래도 국가 간의 책임 아래 이루어지는 약속이기에 기업 간 양해각서보다 더 큰 구속력을 가진다.

다만 양해각서 자체가 법적 강제성은 없다. 하지만 양해각서를 어길 경우 도덕적 비난을 받기 때문에 나름의 힘을 가지고 있다.

로드맵 다음 제품에 대한 관심까지 판다

세계적인 반도체 기업인 미국의 인텔사(Intel Corporation)는 제품 마케팅 기법으로 다음에 나올 제품의 성능을 미리 공개하는 방식을 즐겨 썼다. 이러한 사전공개 마케팅법을 로드맵(road map)이라 한다.

예를 들어, 과거 인텔이 개발한 386, 486컴퓨터가 시장에서 판매되고 있을 때 미리 펜티엄(586)에 관한 정보를 공개한다든지, 펜티엄 시장이 한창일 때 P6(686) 로드맵을 발표한다든지 하는 방식이다. 인텔사는 이런 마케팅으로 쏠쏠하게 재미를 봤다.

그런데 어느 순간부터 우리나라 정치권에서 로드맵이란 단어가 심심찮게 사용되기 시작했다. 2002년 노무현 후보 당선으로 출범된 대통령직인수위원회가 '로드맵'이란 말을 사용하면서부터다. 당시 참여정부 대통령직인수위원회는 세제개혁 로드맵, 시장개혁 로드맵 등을 발표했다. 이 경우의 로드맵의 의미는 앞으로의 계획이나 구상이 담긴 청사진 등을 뜻한다고 볼 수 있다.

교토의정서, 파리기후협약 온실가스를 줄여라!

ⓒFotolia

지구가 온난화로 몸살을 앓고 있다. 과학자들은 지구온난화의 주범이 과도한 탄소 배출에 따른 온실가스 때문이라고 결론 내렸다. 이대로 가다간 지구가 커다란 위기에 빠질지도 모른다. 이 문제를 해결하기 위해 주요 선진국들이 1997년 12월 일본 교토에 모여 온실가스를 감축하기로 결의했다. 이후 2005년 2월 16일 공식 발효된 온실가스 감축 계획을 교토의정서라 한다.

하지만 교토의정서에는 한계가 있었다. 일단 미국이 불참했으며 중국, 인도 등 급격한 산업화로 온실가스를 가장 많이 배출하는 신흥국들이 빠졌다. 게다가 교토의정서는 2020년에 만료된다.

이 문제를 보완하기 위해 2015년 12월, 유엔 회원국 195개국 대표가 프랑스 파리에 모여 기후변화협약 총회를 열었다. 이를 파리기후협약이라 부르는데, 이 협약에 따르면 교토의정서가 끝나는 2021년부터 195개국은 자발적으로 온실가스 감축에 동참하게 된다.

NGO 단체, 굿네이버스 비영리 비정부 국제구호기구

최근 TV에 굶주린 아프리카 아이들의 모습과 함께 기부를 권하는 광고가 부쩍 많아졌다. 그리고 자주 등장하는 말이 NGO 단체다. 도대체 NGO 단체란 뭘까?

NGO(Non-Government Organization)는 말 그대로 비정부적(non-government) 기구(organization)다. 즉, 국가 차원을 넘어 인류 복지를 위해 운영되는 단체를 의미한다. 이런 NGO 단체는 영리를 목적으로 하지 않는다는 점에서 다른 국제기구들과는 차별화된다.

그런 의미에서 굿네이버스(GNI, GoodNeighbors)는 대표적인 NGO 단체다. 국제구호개발을 목적으로 하는 굿네이버스는 1991년 한국에서 설립되었다. 이후 빈곤과 굶주림, 재난, 억압으로 고통 받는 곳이 있으면 어디든지 달려가 구호활동을 펼치고 있으며, 국내는 물론 북한, 해외 27개국에서 복지사업 및 구호활동을 펼치고 있다.

유니세프 전쟁 피해 아동 구호하는 유엔기관

유엔 산하의 유니세프(UNICEF, United Nations Children's Fund, 유엔아동기금)는 북한을 지원하기 위해 한 해 평균 1,700만 달러 안팎의 예산을 집행한다. 200억 원이 넘는 돈을 북한 아이들의 기아와 복지문제 해결을 위해 쓴다는 것. 유니세프가 뭐 하는 곳인데 북한 아이들을 위해 이런 도움을 펼치는 걸까?

유니세프라는 이름을 한 번도 들어보지 못한 사람은 드물 것이다. 그만큼 우리 귀에 익은 명칭이다. 그런데 유니세프가 정확히 뭐 하는 곳인지 아는 사람도 드물 것 같다. 혹시 굿네이버스 같은 NGO 단체일까 추측해보지만 사실 유니세프는 유엔 산하기관이다. 그래서 유니세프의 이름에

UN(United Nations)의 풀네임이 들어가 있다.

유니세프는 1946년 전쟁피해 아동의 구호를 위해 처음 설립되었다. 1946년이면 제2차 세계대전의 피해로 많은 나라가 폐허로 변했을 시기다. 이때 유니세프는 아동구호에 혼신의 힘을 쏟았으며 그 덕으로 1965년 노벨평화상을 받았다. 그리고 현재도 세계 수십 개국(2012년 기준 36개국)에서 아동구호를 목적으로 활발한 활동을 펼치고 있다.

일루미나티 거대한 음모 조직

우리는 세계가 최강국 미국과 중국 등 몇몇 나라들에 의해 움직이는 것처럼 여기지만, 실제 세계를 움직이는 거대한 지하세력이 따로 있다는 소문이 끊이지 않고 있다. 그럴 때마다 어김없이 등장하는 이름이 일루미나티(Illuminati, 계몽하다 또는 밝히다, 라는 뜻)다. 일루미나티는 과연 존재하는 것일까?

일루미나티의 시초는 분명치 않다. 먼저 중세 가톨릭의 교회권력에 반대하는 석공(石工, mason) 길드인 프리메이슨(Freemason)에서 비롯되었다는 설이 있다. 그 연장선상에서 1776년 잉골슈타트 대학의 교수였던 아담 바이스하우프트(Adam Weishaupt, 1748~1830)가 설립했다는 것이 일반적으로 알려진 유래다.

이후 비밀결사 조직으로서 짧은 시간에 유럽 각국에 조직을 갖추며 수천 명의 단원을 거느린 거대 조직으로 발전했다고 한다. 그러나 1785년 권력 다툼으로 인한 내분이 일어나 바이에른 정부의 명령으로 해체되었다고 전해진다.

그러나 일루미나티가 완전히 없어졌다고 믿는 사람은 드물다. 오히려 케네디 암살사건(1963), 마틴 루서 킹 암살사건(1968) 등 주요 인사들의 암살사건은 물론이고 역사상 굵직한 사건들(심지어 9 · 11 테러까지)이 대부분 일루미나티의 음모에 의해 벌어졌다고 믿는 사람들이 많다.

또 일루미나티 회원은 우리가 들으면 깜짝 놀랄 만한 전 세계 주요 인사들을 포함하며 이들이 정치, 경제, 사회, 문화계의 요지에 포진해 활동하고 있다는 설이 파다하다.

어나니머스 국제적 해커 조직

인터넷이 발달하면서 거대한 해커 조직이 등장했다. 이들은 자신들의 뜻에 반하는 국가나 단체를 상대로 무차별 공격을 가하기 시작했다.

2010년 이란의 인터넷 검열에 분개해 이란 정부 사이트에 디도스(DDoS, 특정 웹사이트에 동시 접속해 과부하를 일으키는 행위) 공격을 가했고, 2011년에는 일본 소니사의 네트워크를 집중 공격했다. 2019년 IBM

의 조사단은 이들의 공격이 2016년에 정점을 찍었고 2018년 이후 잠잠해져 의문을 자아낸다고 분석했다.

이 해커 조직의 이름은 어나니머스(Anonymous, 익명이라는 뜻). 전 세계에 점조직으로 포진되어 있으며 회원도 수천 명에 달한다고 한다. 출발은 2000년대 초반, 미국 커뮤니티 사이트 4챈(4chan)에서 시작된 것으로 알려져 있다.

어나니머스는 자신들의 뜻에 반하면 나라나 단체를 가리지 않고 공격하는 것으로 유명하다. 2013년에는 우리나라를 지나치게 위협한다는 이유로 북한에 디도스 공격을 감행한 바도 있다.

워킹홀리데이 해외로 일하러 가자

드디어 A씨는 워킹홀리데이(working holiday) 비자를 받는 데 성공했다. 그리고 고교 때부터 꿈꿔 오던 꿈의 도시 캐나다 밴쿠버로 워킹홀리데이를 떠났다. 그곳에서 A씨는 카페에서 일하며 돈을 벌어 캐나다 곳곳을 여행할 계획이다.

워킹홀리데이란 무엇이며 A씨는 어떻게 워킹홀리데이 비자를 받을 수 있었을까? 워킹홀리데이는 외국의 젊은이들에게 1년간 입국을 허락해 취업 자격을 주는 제도다. 주로 노동력이 부족한 나라가 외국의 젊은이들을 대상으로 시행한다. 지독한 취업난에 허덕이고 있는 우리나라 젊은이들이 활용하면 좋을 법하다.

그렇다면 어떤 사람에게 자격이 주어질까? 이는 워킹홀리데이 비자를 발급하는 나라마다 기준이 다르므로 꼼꼼히 살펴봐야 한다. 대부분 나이

제한(캐나다의 경우 만 30세 이하)이 있으며 선착순 또는 서류면접 등을 통해 선발하므로 만약 여기에 뜻이 있다면 한번 도전해보는 것도 좋겠다.

카우치 서핑 색다른 여행을 하고 싶다면

틀에 박힌 여행에서 벗어나는 여행을 하고 싶다면 카우치 서핑의 문을 두드려봄이 어떨까?

2004년 보스턴의 대학생이었던 케이지 펜턴은 아이슬란드 여행 계획을 세웠다. 이때 그는 색다른 생각으로 1,500명의 아이슬란드 대학교의 학생들에게 자신을 재워줄 수 있는지 메일을 보냈다. 결과는 놀라웠다. 50여 통의 답장이 온 것! 덕분에 펜턴은 저렴하면서도 알찬 여행을 즐길 수 있었다.

여행에서 돌아온 펜턴은 자신의 경험을 바탕으로 여행지 숙소를 정할 수 있는 프로젝트를 구상했고 인터넷 사이트(http://www.couchsurfing.org)를 열었다. 여행자가 잠잘 수 있는 소파(couch)를 찾아다니는 것

(surfing)을 뜻하는 그의 사이트에 대한 반응은 폭발적이었다. 불과 10년 만에 회원이 700만 명을 넘어섰다.

이후 집주인(호스트라 함)이 여행객(서퍼라 함)에게 무료로 잠자리를 제공하는 카우치 서핑(couch surfing)은 특별한 여행의 대명사가 되었다. 무료로 잠자리를 제공받는 것은 물론 현지인과 함께 시간을 보내는 특별한 경험을 할 수 있기 때문이다.

지식 Classic

발견과 발명 | 문화의 전파 | 문화접변 현상 | 문화의 진화 | 다윈, 종의 기원 | 《성경》, 신약과 구약 | 노자 | 공자 | 맹자 | 동로마제국 | 변증법적 유물론 | 벤담, 최대 다수의 최대 행복 | 생시몽과 콩트, 관념의 3단계론 | 허버트 스펜서, 사회진화론 | 막스 베버, 가치 합리성 | 신휴머니즘 | 실존주의

이슈 · 상식

칵테일파티 효과 | 콘클라베 | 회상성 기억조작 | 트라우마 | 검정 · 국정 · 인정교과서 | 이슬람교와 기독교 | 원불교와 불교의 차이 | 대순진리회 | 여호와의 증인 | 세계의 미니국가들 | 자가면역질환 | 메탄하이드레이트 | 원두커피와 인스턴트커피 | 막걸리 효능 | 줄기세포 | 그래핀 | 빙하 코어 | 나노 트럭 | 유전자 화장품 | 석면 | 인공지능 AI | 초연결지능망 | 임베디드 | 시스템 반도체 | 사물인터넷 | 3D 프린팅 | 증강현실 | LED와 OLED | 8K TV | 서비스 거부 공격, 디도스 | 슈퍼문 | 정지궤도위성과 저궤도위성 | 탄도미사일과 순항미사일 | 스페이스 클럽

Chapter 03

인문 과학 편

지식 Classic

발견과 발명 인간 삶의 질을 바꾼 혁신

'암흑의 시대' 하면 중세가 떠오른다. 교회권력이 유럽을 누르던 그 깊은 흑암의 시간에서 인류를 깨운 사건이 르네상스(renaissance)다. 르네상스란 14~16세기 유럽에서 일어난 문화 운동으로, 처음에는 그저 찬란한 문화를 꽃피웠던 그리스 로마 시대의 고전으로 돌아가자는 인문주의(인간과 문화 발전을 지향하는 주의) 운동에서 출발했다.

하지만 그런 가운데 놀라운 발견과 발명들이 이루어졌다. 가장 먼저, 그동안 신에 가려져 보이지 않았던 인간 존재의 가치와 능력에 대한 발견이다. 이로 인해 철학, 음악, 미술 등 문화 분야를 중심으로 인간 지성을 깨어나게 하는 획기적인 발전이 이루어진다.

다음으로 콜럼버스(Christopher Columbus, 1451~1506, 이탈리아의 탐험가)에 의한 신대륙 발견이다. 이것은 그동안 신처럼 믿고 있었던 천동

설을 뒤집는 사건이었다. 지동설이 등장하고 과학이 발전하기 시작했다. 전기의 발견, 원자의 발견, 우주의 발견 등이 이어지고 인쇄술, 항해술 등과 같은 기술의 발전이 이루어졌다.

과학과 기술의 발전은 전구, 자동차, 라디오, 비행기 등 수많은 생활기기의 발명으로 이어졌다. 이로 인해 수천 년 동안 거의 변화가 없던 삶의 질이 불과 수백 년 만에 확 바뀌어버렸다. 발견과 발명이 고대와 중세를 무너뜨리고 현대의 바탕이 되는 근대시대를 활짝 연 것이다.

문화의 전파 유럽의 기술과 민주주의가 퍼져 나가다

©kid_a – Fotolia

발견과 발명으로 근대를 탄생시킨 진원지는 유럽이었다. 갑자기 얻은 부와 지식은 유럽을 주체하지 못하게 만들었다. 더 큰 힘을 갖기 위해 식민지 쟁탈전에 나서게 했다. 아이러니하게도 이 과정에서 유럽의 문화가 전 세계로 전파되는 일이 일어났다. 아메리카와 오스트레일리아 등 신대륙의 발견으로 유럽인들의 이주가 일어난 것도 문화 전파에 한몫했다.

문화 전파의 한 축을 담당한 것은 역시 종교였다. 유럽을 지배했던 기독교는 이제 전 세계에 전파되기에 이른다. 덕분에 기독교는 전 세계 1위의 종교가 될 수 있었다. 그리고 유럽의 산업 기술, 근대 교육, 근대 의학,

과학, 철학, 사상 등이 전 세계로 전파되었다. 덕분에 제3세계 나라들도 근대 문명을 맛볼 수 있었다.

무엇보다 자본주의, 민주주의, 공산주의 등의 전파는 세계 각국의 정치와 경제 제도에 엄청난 영향을 미쳤다. 덕분에 20세기 초가 되었을 때, 대부분의 나라들은 민주주의 아니면 공산주의 국가들이 되었다.

문화접변 현상 공존이냐 융화냐

어느 지역의 문화가 다른 곳으로 전파될 때는 반드시 문화접변(acculturation, 文化接變) 현상이 일어나게 마련이다. 문화접변이란 서로 다른 두 문화의 만남이 새로운 문화 변동을 일으키는 현상이다. 예를 들어, 불교는 인도에서 들어온 문화지만 우리나라의 토착신앙과 결합해 사찰에 산신각(토속신앙 문화)이 설치되는 문화접변을 일으켰다.

미국과 유럽식 근대 문화가 세계 각국에 전해졌을 때, 각국에서 문화접변 현상이 일어났다. 문화접변은 크게 네 가지 형태로 이루어진다. 두 문화가 공존하든지, 더 좋은 하나의 문화로 흡수되든지, 융합해 새로운 문화가 생겨나든지, 배타적으로 저항하든지다.

우리나라를 보면 서양 문물을 그대로 다 받아들인 것 같지만, 각각의 문화는 위 네 가지 문화접변의 형태에 따라 다르게 나타났다. 예를 들면, 입식 주방은 문화흡수의 경우로 전통적인 부뚜막을 사라지게 했다. 그리고 병원과 한의원은 문화공존의 결과이며, 개량한복이 만들어진 것은 문화융합의 결과다.

문화의 진화 이용할 수 있는 에너지량이 척도라고?

인류 문화는 단계적으로 진화해 왔는데 이를 문화의 진화(cultural evolution)라고 한다. 뒤에 생긴 문화는 앞의 문화를 바탕으로 하기에 그보다 더 진화할 수밖에 없다.

실제 인류의 문화는 석기시대를 거쳐 문명시대를 맞이하는 단계적 발전을 보였다. 초기 진화론자들은 이런 시각을 세계 모든 사회에 동일하게 적용하려 했다. 이를 단선진화(單線進化, unilinear evolution)라 하는데, 그러나 이 이론에는 무리가 따른다. 단계적 변화 없이 아직 미개의 삶을 사는 지역도 존재하기 때문이다.

이 모순을 해결하기 위해 20세기 초 인류학자들은 다선진화(多線進化, multilineal evolution)론을 들고 나왔다. 다선진화란 모든 문화는 하나의 선이 아닌 여러 경로를 따라 진화했다는 이론이다. 하지만 이는 단선진화론의 모순을 '케이스 바이 케이스' 식으로 보완할 뿐 역시 진화의 전체적 의미를 다 설명해주지는 못한다.

1960년대에 들어서는 특수진화론과 일반진화론이 대두되었다. 특수진화는 특정 사회의 문화 변동과 진화에 관심을 둔다. 주로 환경 변화에 따른 적응 양식을 연구하는 방식이다. 반대로 일반진화는 인류 문화의 전반적인 진화에서 진화의 보편성을 찾아내려 한다. 기술적 측면의 발전에 따라 정치, 사회, 종교 등 문화의 다른 측면들이 어떻게 변화했는지를 눈여겨본다. 그러나 환경과 기술 또한 조건의 일부일 뿐 문화의 진화 모두를 포괄해 설명하지는 못한다.

이런 면에서 L. A. 화이트(White)가 1959년 발표한 《에너지이론(Energy Theory)》은 주목할 만하다. 그는 문화의 진화가 인간이 이용할 수 있는 에너지의 양에 비례해 이루어져 왔다고 주장했다. 이를 '문화 진화의 에너지이론'이라 한다. 이에 문화의 진화를 대입시켜보면 일반진화는 물론 특수진화의 원인까지 제대로 설명해주는 것처럼 보인다. 에너지를 잘 이용한 지역은 문화의 진화를 이뤄낸 반면, 그렇지 못한 지역은 문화의 진화가 더디게 일어났기 때문이다.

다윈 - 종의 기원 인간은 점진적 진화의 산물

적어도 그가 등장하기 전까지 인류는 《성경》의 창조설을 믿었다. 그래서 하나님이 최초로 창조한 아담이 지금 인간들의 모습과 같을 것이라 생각했다. 또 문자주의(성경 내용을 문자 그대로 믿는) 성경학자들은 《성경》에 나온 연대를 바탕으로 인류의 역사가 6,000여 년이라는 가설도 세웠다. 이러한 믿음은 1,000년 이상 지속되어 오고 있었다.

그런데 다윈(Charles Darwin, 1809~1882, 영국의 박물학자)이 1859년 《종의 기원(The Origin of Species)》을 발표하면서 세상은 발칵 뒤집어졌다. 인간을 비롯한 모든 생물이 진화(더 강한 자가 살아남는 자연 선택의 방법으로)에 의해 오늘날의 모습을 갖게 되었다고 주장했기 때문이다. 다윈이 이런 결론을 얻기까지는 6년(1831~1836)간의 남태평양 동식물에 대한 조사, 연구,

실험이 있었다. 이 이론에 따르면 최초의 인간 아담은 지금 인류의 모습이 아니라 원숭이에 가깝다는 결론에 이르게 된다.

당연히 종교계는 거세게 반발했다. 그러나 다윈은 이에 일일이 대응하지 않고 묵묵히 진화론을 발전시켜 나갔다. 덕분에 오늘날 인류의 역사는 6,000년이 아니라 수십 만 년의 진화 과정을 거쳐 이루어진 것으로 인식되고 있다.

《성경》 신약과 구약 인류 최고의 베스트셀러

《성경》은 인류 최고의 스테디셀러이자 베스트셀러다. 그러나 《성경》의 내용에 대해 제대로 아는 사람은 그리 많지 않다. 《성경》은 한 권의 책이 아니라 총 66권의 책(개신교 기준)으로 이루어진 총서라 할 수 있다. 구약 39권, 신약 27권이다. 구구단 3×9는 27로 외우면 쉽다. ※천주교 쪽은 73권(구약 46권 신약 27권)이다.

구약(舊約)이란 한자 뜻 그대로 옛(舊) 언약(約)이다. 마찬가지로 신약(新約)은 새(新) 언약(約)이다. 여기서 약속을 뜻하는 '약'이라는 단어를 이해하면 《성경》을 이해하기 쉽다. 성경은 하나님의 약속을 기록해놓은 책이란 뜻이다.

구약에서 중요한 것은 모세5경(〈창세기〉, 〈출애굽기〉, 〈레위기〉, 〈민수기〉, 〈신명기〉)이다. 유대교는 바로 이 모세5경을 받드는 종교다. 이외 역사서, 예언서, 시가서 등으로 이루어져 있다.

신약에서 비로소 예수가 등장한다. 신약에는 네 개의 복음서(〈마태복음〉, 〈마가복음〉, 〈누가복음〉, 〈요한복음〉)가 있는데, 여기에 예수의 행적과 말씀이 기록되어 있다. 기독교는 바로 이 예수를 믿는 종교라 해도 과언이 아니다. 이외에 예수 제자들의 서신서로 이루어져 있다.

《성경》은 기독교 사상과 역사, 인간으로서의 도리를 함축하고 있는 책이다. 꼭 기독교 신자가 아니더라도 읽어볼 만한 가치가 있다.

노자 무위자연 '억지로 말고 자연스럽게!'

경기 침체가 장기화되는 가운데 나타난 현상 중 하나가 인문학 열풍이었다. 그중 노자(老子, ?~?, B.C. 6세기경 인물) 열풍은 은근한 트렌드로 자리 잡기도 했다. 도올 김용옥(1948~) 교수의 강의로 존재감을 드러내기 시작하더니 노자와 관련한 각종 강의와 책들도 쏟아져 나와 이제 웬만한 사람이라면 노자에 대해 한 번쯤은 들어봤을 정도다.

노자는 공자와 동시대를 산 인물로 전해지는데 공자와는 다른 학풍을 가졌다. 공자가 교육을 통해 인의예지신(仁義禮智信)의 덕을 갖추고 이를 세상에 펼쳐야 한다고 주장했다면, 노자는 사람이 갖는 욕심을 경계하며 자연을 강조했다.

2,000여 년 전에 만든 산동성 가상현 무씨(無氏) 사당의 화상석에 새겨져 있는 노자와 공자의 만남 장면(오른쪽이 노자).

노자는 태어날 때부터 하얀 머리카락을 가졌

다 하여 붙여진 이름이며, 원래 이름은 귀가 크다 하여 스스로 붙인 이이(李耳)다.

노자는 오랫동안 주나라(B.C. 1046~B.C. 256) 왕실의 장서고에서 기록을 담당하는 하급 벼슬아치로 일했다. 그러다 주나라가 망하자 다른 나라로 가려다가 국경에서 윤희라는 관문지기에게 붙들렸다. 이때 윤희가 노자의 비범함을 알아보고 책을 하나 써 달라고 간청해 《도덕경(道德經)》을 남기게 된다. 노자의 이름을 따서 《노자》라고도 불리는 이 책은 약 5,000자, 상하 2편으로 구성되어 있으며 노자의 사상이 담겨 있다.

노자의 핵심 사상은 '무위자연(無爲自然)'이다. 여기서 '무위'란 한자 뜻 그대로 아무것도 하지 않는 것이 아니라 억지로 하지 않는 것이다. 사람들의 모든 문제는 욕심을 내어 억지로 하려는 데서 생긴다. 그런 욕심을 버리고 겸손한 마음으로 자연처럼 자연스럽게 행하는 것이야말로 최고의 도(道)이자 덕(德)이라고 노자는 설파했다.

'도덕경'이라는 말은 최고의 진리인 '도'와 이 도를 실천하는 '덕'을 담은 경전이라 하여 붙여진 이름이다.

한편, 후세 학자들은 《도덕경》이 노자 혼자 저술한 것이 아니라 오랜 기간 변형을 거쳐 오늘날과 같은 내용으로 고정되었다 여기고 있다. 나아가 노자가 실존인물이 아닐 것으로 보는 학파도 있다. 어쨌든 유학이 유교사상으로 이어졌듯 노자의 《도덕경》은 이후 도교사상의 형성에 기여하게 된다.

공자 인의예지신 '어질고 예의 바른 사람이 최고!'

공자(孔子, B.C. 551~B.C. 479)는 소크라테스, 예수, 석가모니와 더불어 4대 성인 중 한 사람으로 꼽히며, 유교의 상징과도 같은 인물이다. 하지만 그가 어떤 삶을 살았으며 구체적으로 어떤 사상을 펼쳤는지 제대로 아는 사람은 많지 않다.

공자는 주나라 때 지금의 산둥성 부근에 있던 주의 제후국인 노나라에서 태어났다. 그가 태어났을 때 그의 아버지는 칠십이 넘은 노구였고 어머니는 불과 17세였다. 즉, 정상적인 관계 속에서 태어난 아이가 아니었다. 딸만 아홉에 장애인 아들 하나를 두었던 아버지 숙량흘이 아들을 소원해 뒤늦게 얻은 자식이 공자였던 것이다.

하지만 아버지는 공자가 세 살 때 죽었고, 어머니도 열입곱 살 때 여의었다. 가정 형편이 어려워진 공자는 창고지기, 축사지기 노릇을 하며 향학열을 불태웠다.

이후 공자는 관직에 몸담으면서 온갖 노력 끝에 노나라 재상의 지위에 올랐다. 이때 그의 나이 56세. 공자는 백성들에게 평생 그가 쌓아 온 덕행을 펼쳤다. 그러자 나라가 태평성대를 구가했다.

하지만 곧 이웃 나라들의 시기가 터져 나왔다. 온갖 술수와 모함이 이어지자 공자는 스스로 재상의 자리에서 물러났다. 그리고 14년 동안 여러 나라를 떠돌다가 68세의 나이에 다시 노나라로 돌아왔다.

이후에는 오로지 학문 탐구와 제자 양성에 몰두했다. 그렇게 그가 말년에 탄생시킨 작품이 《춘추(春秋)》다. 《춘추》는 원래 노나라 역사서였으나 여기에 공자가 자신의 역사의식과 정치이념을 넣어 다시 썼다.

공자가 유명해진 것은 《춘추》보다는 《논어(論語)》 때문이다. 《논어》야말로 유교의 핵심 경전이기 때문이다. 《논어》를 《맹자》처럼 《공자》라고 부르지 않는 이유는 공자가 쓴 책이 아니기 때문이다. 《논어》는 공자의 제자들이 그의 언행을 기록한 책이다. 하지만 공자의 사상이 고스란히 담겨 있어 유교의 최고 경전이 될 수 있었다.

공자 사상의 핵심은 사람이 갖추어야 할 다섯 가지 도리인 인의예지신(仁義禮智信)이다. 즉, 어질고 의롭고 예의 바르고 지혜롭고 믿을 수 있는 사람이 되라는 것이다. 이런 덕을 갖춘 사람이 나라를 다스릴 때 태평성대가 이루어진다고 했다.

공자는 이 중 인을 최고의 덕목으로, 예를 가장 중요하게 갖춰야 할 덕목으로 삼았다. 아마도 이 때문에 조선시대에 유교가 지나치게 예의를 강조하게 되었는지도 모른다.

맹자 성선설 '힘이 아닌 사랑과 덕으로!'

맹자(孟子, B.C. 372~B.C. 289 추정)는 공자와 더불어 동양사상과 전통학문의 중심에 서 있는 인물이다. 교육과 관련해서도 맹모삼천지교(孟母三遷之敎) 일화와 함께 그는 빠지지 않는다. 맹자의 어머니는 우리나라뿐만 아니라 중국에서 오랫동안 전형적인 어머니상으로 숭배되어 왔을 정도다.

게다가 유학의 기본 경전인 사서삼경(四書三經, 《논어》, 《맹자》, 《중용》, 《대학》, 《시경》, 《서경》, 《역경》)에도 《맹자》는 당당히 자리하고 있다.

맹자는 공자보다 100여 년 후의 인물이다. 그는 일찍 아버지를 여의고 홀어머니 밑에서 자랐기에 맹모삼천지교 일화의 주인공이 될 수 있었다. 이후 공자의 손자인 자사(子思) 밑에서 배워 공자의 사상을 계승했다. 잠시 제나라 관리로 일한 적이 있으나 얼마 안 가 그만둔 뒤 후학을 가르치는 데 매진했다.

맹자가 살았던 당시는 전국시대(B.C. 403~B.C. 221)의 매우 혼란스러운 시기였다. 이에 맹자는 각국 제후들을 찾아다니며 왕도정치(王道政治)를 역설했다. 왕도정치란 인정과 덕을 바탕으로 하는 정치다. 하지만 당시 제후들은 어떻게 하든 힘으로 패권을 차지하려 했기에 결과적으로 맹자의 노력은 실패로 끝나고 말았다.

그럼에도 불구하고 《맹자》가 유명해진 것은 송나라 시대 유교의 경전으로 채택되면서부터다. 송나라 대에 성리학이 발달하면서 맹자의 사상은 빛을 발하기 시작했다.

맹자 사상의 주요 핵심은 성선설(性善說)이다. 즉, 인간의 본성에는 사단이라는 네 가지 선함의 근원이 있는데 바로 측은(惻隱, 불쌍히 여김), 수오(羞惡, 바르지 못함을 부끄러워함), 사양(辭讓, 겸손히 양보함), 시비(是非, 옳고 그름) 등이다.

이것이 잘 개발되면 각각 인(仁) 의(義) 예(禮) 지(智)로 이어져 살기 좋은 세상이 되고 나라가 평화로워진다는 사상이다. 이를 위해 맹자는 백성에 대한 교육을 강조했으며 더불어 교육의 토대가 되는 경제적 안정을 주장했다.

사서삼경 중의 《맹자》는 총 7편으로 구성되어 있으며 전반부 3편은 맹자의 언행을, 후반부 4편은 맹자의 어록을 기록해놓았다.

동로마제국 2,000년 이상을 존속했던 나라

역사상 최고의 문명을 꽃피웠던 나라로 로마제국은 절대 빠지지 않는다. 도로('모든 길은 로마로 통한다'로 유명), 목욕탕, 콜로세움…, 그리고 로마는 장장 2,000여 년간 이어졌던 나라로도 유명하다. 여기서 헷갈리는 사람들이 많다. 로마의 역사를 왜 그렇게 오래 잡는지.

이유는 동로마제국의 존재 때문이다. 지금의 터키지역을 중심으로 번성했던 동로마제국은 당시 수도였던 이스탄불의 옛 이름을 따서 비잔티움제국으로 불리기도 한다. 동로마제국은 정확히 1453년에 멸망했다. 로마가 건국된 것이 기원전 8세기경이므로 전체 역사가 2,000년을 뛰어넘는다. 그런데 사람들은 동로마제국의 존재를 잘 인식하지 못하기에 로마의 긴 역사에 대해서도 무심하다.

이탈리아반도의 작은 부족국가로 출발했던 로마는 이탈리아를 통일하고 지중해권 대부분을 장악해 제국으로 성장한다. 하지만 395년, 테오도시우스(Flavius Theodosius, 347~395) 황제가 죽은 뒤 서로마제국과 동로마제국으로 분리된다. 이탈리아반도와 북아프리카는 서로마가, 소아시아지역은 동로마가 지배하는 형식이었다.

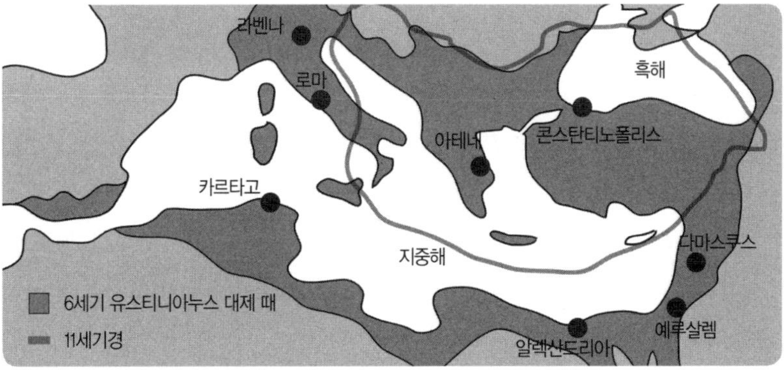

이후 서로마제국은 100년을 버티지 못하고 476년 게르만족에 의해 멸망하고 말았다. 하지만 동로마제국은 1,000년의 역사를 더 이어갔다. 1453년 오스만투르크제국에 의해 멸망하기까지 찬란한 비잔틴 문화를 꽃피웠다.

변증법적 유물론 물질이 정신을 만든다

마르크스가 엥겔스와 함께 확립한 '변증법적 유물론(dialectical materialism)'은 공산주의 세계관을 가장 잘 반영하는 사상이다. 내용이 무척 어려우므로 전문용어를 생략하고 쉽게 설명하면 다음과 같다.

'변증법적 유물론'은 변증법과 유물론의 결합 사상이다. 먼저 변증법은 독일의 철학자 헤겔(Georg Wilhelm Friedrich Hegel, 1770~1831)이 만든 관념론(관념을 물질보다 우선으로 보는 사상)의 핵심 사상이다. 또 유물론은 독일의 철학자 포이에르바흐(Ludwig Feuerbach 1804~1872)가 이야기한 물질(물질이 정신에 우선한다는 사상)을 강조한 사상이다.

마르크스는 이 두 사상에 각각 모순이 있다고 보고 둘을 결합한 새로운 형태의 변증법적 유물론을 완성했다. 세계의 본질을 물질로 보고 물질에 의해 세상이 발전해나간다는 것이 핵심 내용이다.

이렇게 보면 흡사 유물론과 비슷한데, 그 물질이 그냥 물질이 아니라 진화하는 물질이라는 데 큰 차이점이 있다. 즉, 정신도 물질에 의해 만들어질 정도로 물질은 대단한 힘을 갖고 있다는 것. 그래서 이런 힘을 가진 물질의 발전에 의해 세상도 발전해나간다는 것이 변증법적 유물론의 핵심 사상이다.

벤담 - 최대 다수의 최대 행복 공리주의를 대표하는 표어

학교 때 공부 좀 한 사람이라면 '최대 다수의 최대 행복'이 누가 한 말인지 기억할 것이다. 벤담(Jeremy Bentham, 1748~1832, 영국의 윤리학자)! 그러나 이는 잘못된 지식이다. 영국의 논리학자 허치슨(Francis Hutcheson, 1694~1746)이 이미 "최대 다수의 최대 행복을 가져다주는 행위가 최상"이라는 말을 한 적이 있기 때문이다.

허치슨의 이 말을 프리스틀리(J. Priestley, 1733~1804)라는 학자가 《정부론》(1769)이라는 책에 인용했는데, 벤담이 이 글을 읽고 감명을 받아 공리주의(utilitarianism, 功利主義, 다수의 행복을 추구하는 사상)를 완성시키기에 이른다. 그리고 공리주의의 표어로 '최대 다수의 최대 행복'을 정했기에 마치 벤담이 창조해낸 말처럼 오해되었다.

어쨌든 벤담의 공리주의에서 주장하는 '최대 다수의 최대 행복'이란, 사회는 개인의 합으로 이루어지는 곳이기에 개인 혼자만의 행복은 최고선이 될 수 없고, 최대 다수에 해당하는 개인들이 행복해야 최고선이 될 수 있다는 뜻이다.

생시몽과 콩트 - 관념의 3단계론 실증주의를 위한 연구

19세기 후반, 서유럽에서는 애매모호한 형이상학을 주장하는 철학을 배격하고 사실 그 자체를 과학적으로 탐구해야 한다는 철학 사상이 대두되었다. 이름하여 실증주의(positivism)다.

처음 이 사상을 주장한 사람은 생시몽(Claude Henri de Rouvroy,

생시몽.

Comte de Saint-Simon, 1760~1825, 프랑스의 사회학자)으로 그의 제자인 콩트(Isidore Auguste Marie Francois Comte, 1798~1857, 프랑스의 사회학자)에 의해 확립되기에 이른다.

생시몽과 콩트는 실증주의를 바탕으로 위대한 연구에 착수했다. 당시 일어난 산업혁명이 어떻게 산업사회로 실현될지 그 방법에 대한 논리적 연구였다. 이를 위해 두 사람은 '관념의 3단계론'을 주장했다. 즉, 정신에 해당하는 철학이 신학 → 형이상학 → 실증주의의 3단계로 발전한 것처럼, 물질에 해당하는 산업사회도 군사적 단계 → 법률적 단계 → 산업적 단계의 3단계로 발전하며 실현된다는 주장이 그것이다.

산업사회가 실현되자면 법체계의 확립을 기초로 한 과학기술의 발달이 중요함을 암시했다고 볼 수 있다.

허버트 스펜서 - 사회진화론 다윈에 앞서 진화를 주장

19세기 후반에 무려 100만 부의 책을 판 저술가가 있다면 믿을 수 있겠는가? 그 주인공은 허버트 스펜서(Herbert Spencer, 1820~1903, 영국의 철학자)다. 그는 대학에 소속되지 않은 채 오직 저술 활동만 했는데, 살아있는 동안 이미 위대한 철학자로 추앙받으며 100만 부 베스트셀러 저자

목록에 이름을 올렸다.

스펜서 사상의 핵심 중 사회진화론이 있다. 인간은 계속 진화하는 존재이고, 따라서 그 인간이 만든 역사도 진화하는 과정일 수밖에 없다는 것. 또 인간이 속한 사회 역시 진화하는 방향으로 나아간다고 주장했다.

특히 진화의 메커니즘은 '적자생존(survival of the fittest, 적응하는 자가 살아남는다는 논리)'에 의해 이루어진다고 주장했다. 스펜서는 이 개념을 《종의 기원》이 출간되기 직전 다윈에게 보냈다. 다윈보다 먼저 진화론을 생각하고 있었던 것. 당황한 다윈은 스펜서의 적자생존 개념을 자신의 책에 인용하긴 하되, 스펜서의 적자생존과 구별해 '자연선택설'이란 용어를 쓰기에 이른다.

한편, 스펜서는 사회 진화가 자연적으로 이루어지는 것이기에 인간의 인위적 개입은 큰 영향을 주지 못하며, 따라서 자유롭게 두는 것이 최선이라 주장하기도 했다.

막스 베버 - 가치 합리성 서양이 세계의 중심이 된 이유

왜 동양이나 다른 곳이 아닌 서구가 역사의 주역이 되었을까? 이는 매우 흥미로운 질문임에 틀림없다. 그런데 20세기 초 이미 이런 질문을 던진 학자가 있었으니 막스 베버(Max Weber, 1864~1920, 독일의 사회과학자)다. 베버는 서구가 역사의 주역이 된 원인이 '합리성' 때문이라 주장했다.

베버가 말하는 합리성이란 '가치 합리성'으로 요약할 수 있다. 즉, 삶의 중심을 목적이 아닌 가치에 두는 행위가 가장 합리적 행위이며 이것이 차이를 만들어낸다는 것이다. 예를 들어, 사람이 먹고살기 위해 돈을 벌려고 할 때 돈 그 자체를 추구하는 것은 목적 중심의 행위다. 하지만 더 잘 살기 위해 돈을 번다고 하면 이는 가치 중심의 행위다. 이런 가치 중심의 행동이 바로 베버가 말하는 '가치 합리성'이다.

베버는 서구 사회가 바로 이 가치 합리성을 중시했기에 비서구에 비해 세계 경제부흥의 진원지가 되고 역사의 중심이 될 수 있었다고 주장한다.

신휴머니즘 휴머니즘을 반대한다

14~16세기를 휩쓸었던 르네상스의 대표적 사상은 인문주의, 즉, 휴머니즘이었다. 그런데 20세기가 시작된 즈음 신휴머니즘(new humanism)을 제창하는 주장들이 나타났다. 르네상스의 휴머니즘이 신(神) 중심에서 인간 중심으로 돌아가자는 것이었다면, 신휴머니즘은 도대체 무엇일까?

신휴머니즘 운동은 미국에서 시작되어 1920년대부터 1930년대 초까지 일어났다. 과거 휴머니즘의 특색이 자연, 자유, 과학에 있었다면 신휴머니즘은 이를 철저히 배격한다. 인간은 사회 속에서 살아가는 존재이기에 자연과 자유만으로 살아갈 수 없고, 대신 사회 속에서의 윤리와 조화의 필요성을 강조한다.

이는 어찌 보면 타당한 말 같으나 다시 인간을 사회의 속박 속에 가두는 느낌, 과거로의 회귀라는 느낌을 강하게 준다. 이러한 이유로 신휴머니즘은 비평가들로부터 맹렬한 비판을 받으며 힘이 쇠약해져갔다.

실존주의 인간에 대한 원초적 질문

당신은 실존(existence, 實存, 사물이 존재하는 것 자체)이 먼저라고 생각하는가, 본질(존재 이유)이 먼저라고 생각하는가? 컵을 생각해보면 물을 담기 위한 본질이 먼저임을 알 수 있다. 물을 담을 목적(본질)이 먼저 생겨서 다음으로 컵(실존)이 생겼기 때문이다.

그런데 프랑스의 현대철학자 사르트르(Jean Paul Sartre, 1905~1980)는 인간으로 시선을 돌릴 경우 반대 현상이 일어난다고 주장한다. 증명되지 않은 신의 존재를 부정할 때, 인간은 세상에 먼저 태어난 뒤(실존) 삶의 목적(본질)을 찾아간다. 이처럼 '실존'을 강조하는 사상을 실존주의(existentialism)라고 한다. 하지만 이는 신의 존재를 믿는 기독교인들의 입장에서는 받아들이기 힘든 주장이다.

이러한 실존주의는 신의 존재를 부정하는 데서 출발하므로 사실 실존주의는 "신은 죽었다."라고 외친 니체(F. W. Nietzsche, 1844~1900, 독일의 철학자)로까지 거슬러 올라간다. 이 때문에 니체는 실존주의의 선구자로 불린다.

이슈 · 상식

칵테일파티 효과 듣고 싶은 것만 듣는다

서양식 파티를 보면 수많은 사람들이 함께 모여 춤도 추고 이야기도 나누며 즐기는 장면이 등장한다. 그런데 그 파티장에 모인 많은 사람들이 함께 떠들어대니 귀가 따가울 지경이다. 신기한 것은, 그럼에도 불구하고 삼삼오오 모인 사람들은 상대방의 대화를 알아듣는다는 사실이다.

1953년 런던 대학에 근무하던 콜린 체리(Colin Cherry, 영국의 심리학자)는 어떻게 이런 일이 가능한지에 대해 의문을 가졌다. 그 결과, 인간의 귀는 자신에게 필요 없는 소리는 필터로 거르듯 차단하고 필요한 소리만 선택적으로 받아들이는 기능을 가지고 있다는 사실을 발견했다.

이처럼 사람이 선택적으로 자신이 듣고 싶은 소리만 알아듣는 현상을 칵테일파티 효과(cocktail party effect)라고 한다. 이 때문에 사람들은 시끄러운 가운데서도 내가 듣고 싶은 소리를 들을 수 있게 된다.

콘클라베 교황을 뽑는 비밀회의

2014년 8월, 프란치스코(Francis Jorge Mario Bergoglio, 1936~) 교황이 우리나라를 방문했을 때 온 나라가 떠들썩했다. 그 정도로 세계에서 바티칸 교황이 가지는 상징적 의미는 크다. 재미있는 것은 프란치스코 교황이 원래는 은퇴를 신청했던 아르헨티나의 추기경이었다는 사실이다. 교황을 전혀 꿈꾸지 않았는데 어느 날 갑자기 교황이 된 것.

콘클라베가 열리는 바티칸 시국의 성베드로 성당.

사실 프란치스코 교황은 2005년 콘클라베(conclave, 교황 선출제도)에서 기회가 있었으나 당시 독일의 요제프 라칭거 추기경(베네딕토 16세 교황으로 선출됨)에게 양보했던 전력이 있다. 그러다가 2013년 베네딕토 16세가 교황직을 사임하자 다시 콘클라베가 열렸는데, 이때 제266대 교황에 선출되었다.

콘클라베('열쇠로 잠그는 방'이라는 뜻)는 추기경들의 비공개회의로 열리며 철저한 비밀을 원칙으로 한다. 이때 콘클라베에서 교황이 결정되면 교황청 성당 굴뚝으로 흰 연기를 내보내고 결정되지 않으면 검은 연기를 내보내 외부에 알려준다.

회상성 기억조작 유리한 것만 기억한다

2013년 5월, 당시 박근혜 대통령의 미국 순방 중 황당한 사건이 터졌다. 대변인으로 동행했던 윤창중 씨가 주미 한국대사관의 인턴을 성추행했다는 것! 미국은 물론 온 대한민국이 발칵 뒤집혔다. 황급히 귀국한 윤창중 씨는 "허리만 한 차례 툭 쳤을 뿐이다."라는 자기 나름의 입장을 내놓았다.

윤창중 씨 편에 서고자 하는 사람들은 이 말을 믿고 싶어 했다. 하지만 곧바로 다른 증언들이 쏟아져 나오면서 거짓말일 수도 있음이 밝혀졌다. 그럼에도 불구하고 윤창중 씨는 자신의 진정성을 알아달라며 마치 정말인 것처럼 말을 쏟아냈다.

전문가들은 이런 현상이 '회상성 기억조작' 때문에 일어날 수 있다고 했다. 이는 자신에게 유리한 기억만 받아들이고, 불리한 기억은 조작해버리는 심리 상태를 말한다.

회상성 기억조작의 근본적 문제는 사실을 왜곡시킨다는 데 있다. 그러나 더 큰 문제는 주변이나 사회에 혼란을 야기한다는 데 있다. 따라서 우리는 회상성 기억조작을 제대로 알고 대처할 필요가 있다.

트라우마 방치하면 위험하다

한 TV프로그램에서 인기그룹 출신 가수 L이 어릴 적 형의 자살로 인한 트라우마(trauma)가 있다고 고백했다. 언제나 밝은 모습이던 그의 고백에 사람들은 측은함을 느꼈겠지만, 웬만한 사람치고 어릴 적 트라우마가 하나도 없는 이는 드물다.

여기서 트라우마란 심리학 용어로 '정신적 외상'을 뜻한다. 의학적으로는 '외상 후 스트레스 장애(PTSD, Post-Traumatic Stress Disorder)'라는 말을 쓴다. 어떤 사람이 극심한 고통의 사건을 경험한 뒤 시간이 지남에도 불구하고 그 공포감에서 벗어나지 못한 채 고통을 느끼는 정신적 질환이다.

이러한 외상 후 스트레스 장애, 즉, 트라우마는 주로 처음 겪었던 사건과 비슷한 환경이나 상황이 연출될 때 불안과 공포를 느끼는 증상으로 나타난다. 따라서 트라우마를 극복하기 위해서는 충격 당시 사건의 근본 해결점을 찾는 데서 출발해야 한다. 그 사건으로 누군가를 증오하고 있다면 그 증오의 문제를 해결하고, 그 사건으로 충격을 받았다면 충격의 근본 원인을 해결하는 방식이다.

검정 · 국정 · 인정교과서 역사는 팩트일 것인데 왜?

2016년 내내 대한민국은 국사교과서 국정화 문제로 떠들썩했다. 검정교과서 체제에서 만들어진 국사교과서의 역사 왜곡이 너무 심하다는 이유로 당시 박근혜 정부가 들고 나온 대안이 국사교과서를 국정교과서로 만들자는 것이었다.

그렇다면 검정교과서는 무엇이고 국정교과서는 무엇일까? 먼저 국정교과서는 국가의 주도 하에 단일 체제로 하나의 교과서를 만드는 시스템이다. 따라서 전 학교가 동일한 교과서로 배우게 된다.

이에 반해 검정교과서는 출판사들에 교과서를 만들 권한을 주고 대신 국가기관인 평가원이 심사해 합격한 교과서만 사용하도록 하는 시스템이다. 따라서 검정교과서 체제에서는 국사교과서가 여러 종류 나올 수 있으며, 학교는 이 중 더 좋다고 생각되는 교과서를 선택해 가르칠 수 있다.

한편, 검정 심사 없이 국가 단체(주로 교육청)의 인정만으로 허용되는 교과서가 있는데 이를 인정교과서라 한다.

객관적으로 보면 검정 · 인정교과서가 더 민주적으로 보인다. 그럼에도 박근혜 정부는 국정화를 강행했다. 하지만 반대 여론이 높아 논란만 일으키다 정권이 바뀐 후 폐기되었다.

이슬람교와 기독교 원수가 따로 없다

지금 세계는 보이지 않는 종교전쟁을 치르고 있다. 중동과 미국의 대립은 사실상 이슬람교와 기독교의 대립이기도 하기 때문이다. 그렇다면 왜 두 종교는 철천지원수 같은 사이가 되었을까?

사실 사람들은 이슬람교에 대한 오해가 많다. 연일 폭탄테러, 급진무장세력이 판을 치니 원래 이슬람교 자체가 그렇다고 생각해버린다. 하지만 원래 이슬람교는 절대 폭력을 강조하는 종교가 아니다. 오히려 자비를 강조하는 종교다. 그것은 이슬람제국(7~13세기 무슬림들이 세운 나라로 한때 아라비아, 이집트, 북아프리카 지역까지 장악했던 거대 제국)이 건설되었을 때 피식민지의 자치권을 인정하며 평화적으로 지배했던 것으로 방증된다.

사실 이슬람교의 창시자인 마호메트는 기독교의 영향을 받아 이슬람교를 창시했다. 그래서 코란(이슬람교 경전)에 《성경》의 일부 내용도 포함되어 있다. 하지만 십자군전쟁(11세기 말~13세기 말에 유럽의 기독교 세력이 성지 탈환의 목적으로 이슬람 세력과 벌인 전쟁)이 일어나면서 이슬람권은 무자비한 피해를 경험하게 된다. 이때부터 기독교와 이슬람교의 갈등이 시작되었다 할 수 있다.

©Quarta – Fotolia

이후 기독교권의 중심 국가인 미국이 세계 최강국이 되면서 이슬람권 국가의 내정을 간섭하는 일이 잦아진다. 이에 무슬림들은 이를 기독교의 침입이라 여기며 또다시 감정이 폭발했다. 이후 기독교와 이슬람교의 갈등은 오늘날까지 이어지고 있다.

원불교와 불교의 차이 같은 불교 아니었나?

인터넷에 많이 올라오는 질문 중 하나가 '원불교와 불교'의 차이에 관한 것이다. 얼핏 보기에 비슷해 보이지만 내용으로 들어가보면 상당한 차이가 있다.

원불교는 1916년 박중빈(少太山 大宗師 朴重彬, 1891~1943)이라는 사람에 의해 창시되었다. 그런데 과정이 좀 특이하다. 만약 불교에서 파생된 종파라면 박중빈 교주는 불교에 몸을 담았어야 했다. 하지만 박 교주는 불교와는 무관하게 스스로 도를 닦던 사람이었다. 수행을 위해 유(儒) · 불(佛) · 선(仙) 3교의 경전은 물론 기독교의 《성경》까지 보기에 이른다.

그러다 《금강경[불교의 최고 경지라 할 수 있는 공(空) 사상의 기초가 되는 반야경전]》에 자신의 깨달음과 같은 내용이 있음을 발견하고 불교와 인연을 맺는다. 하지만 현실의 불교가 자신이 깨달은 내용과 많은 차이가 있음을 알고 스스로 종교를 창시하니 이것이 원불교다. 원불교의 핵심 교리는 불교와 유사한 부분도 있고 나아가 개혁적이고 새롭게 창조된 부분도 있다. 요약하자면 '생활 불교'다. 생활 속에서 도를 실천하자는 것! 이 때문에 원불교에는 시주, 공양 이런 것이 없다.

우주의 근본원리인 일원상(一圓相, O의 모양)의 진리를 신앙의 대상과 수행의 표본으로 삼으며, 진리적 신앙과 사실적 도덕의 훈련을 통해 낙원 세계를 실현시키려는 이상을 내세운다. 최고지도자는 '종법사', 성직자는 '교무'라고 부른다. 전라북도 익산에 중앙총부가 있고, 전국 각 도시에 교당이 있다.

신도 수로 볼 때 불교 〉 개신교 〉 천주교 〉 원불교일 정도로 교세도 만만치 않다.

대순진리회 도를 아십니까?

1999년 7월, 경기도 여주에 위치한 대순진리회 본부도장에서 교인들끼리 치열한 대치 상황이 벌어졌다. 기존 총무원장을 지지하는 교인들과 반대 측 교인 수백여 명이 몸싸움을 벌이며 서로 본부도장을 차지하겠다면서 맞선 것. 이날의 대치로 교인 수십 명이 다치는 사태까지 벌어졌다.

왜 이런 일이 생겼을까? 이를 이해하기 위해서는 대순진리회가 어떤 종교인가부터 알아야 한다. 대순진리회는 그 모체를 증산교에 두고 있다. 증산교는 강증산(1871~1909)에 의해 세워진 민족종교로, 강증산 사망 후 60여 개 교파로 나뉘었다. 이 중 교세가 가장 컸던 종파가 1925년 조정산

(1895~1958)에 의해 세워진 태극도였는데, 여기에서 뻗어 나와 1969년 박한경(1916~1996)이 세운 종교가 바로 대순진리회다.

따라서 대순진리회에서는 강증산을 상제, 조정산을 도주, 박한경을 도전으로 모시며 도를 닦아 나가는 형식을 취한다. 한때 신도 수 400만 명을 주장할 정도로 교세를 떨쳤으며 전국에 200여 개의 도장 및 회관을 두고 있다. 대진대학교, 분당 제생병원 등이 대순진리회가 운영하는 기관들이다.

문제는 박한경 도전이 후계자를 정하지 않은 상태에서 1996년 죽음으로써 발생했다. 대순진리회의 수천 억 자산의 주인이 정해지지 않은 것. 이를 두고 10여 개의 교파로 나뉘어 교인들이 투쟁을 벌였다. 현재 대순진리회는 종단의 최고의사결정기구인 중앙종의회를 중심으로 한 공동대표 체제로 운영되고 있다.

중심 교리는 천지공사(天地公事)이며, 음양합덕(陰陽合德)·신인조화(神人造化)·도통진경(道通眞境) 등을 종지(宗旨)로 삼는다. 명칭에서의 '대순'은 강증산으로 불리는 강일순이 천하창생을 살리기 위해 천하를 대순하다가 여기에 이르렀다는 경전 《전경(典經)》의 구절에서 연유하는데 '막힘이 없다'는 뜻이다. 또 '진리'는 강일순이 천하창생을 건지게 될 것이라는 점을 가리킨다. 우리에겐 "도를 아십니까?"라는 길거리 전도로 널리 알려진 종교이기도 하다.

여호와의 증인 병역은 하느님 외 숭배이므로 거부

길을 가다 보면 가끔 여자들은 하나같이 치마 차림, 남자들은 검은 가방에 정장 차림을 하고 있는 무리를 볼 수 있다. '여호와의 증인' 교인들이다. 여호와의 증인은 우리나라에서 이단 종교로 통한다. 과연 어떤 문제가 있기에 이런 대접을 받는 걸까?

여호와의 증인은 1872년 미국의 펜실베이니아 주에서 러셀(C. T. Russel, 1852~1916)이란 사람에 의해 세워졌다. 러셀은 기존 교회를 다니다가 20대에 다른 뜻을 품고 교회를 나와 《성경》 연구를 시작했다. 그리고 잡지를 발간하기 시작했는데 이것이 오늘날 여호와의 증인에서 뿌리는 〈파수대(The Watchtower)〉로 발전했다. 러셀 사후 교세는 더욱 확장되었으며 세계로 뻗어 나갔다.

여호와의 증인도 기존 기독교와 같은 성서를 사용하는데 예수를 신이 아닌 인간으로 보는 것과 천년왕국의 도래를 강조하며, 종말 후에는 14만 4,000명만이 천국에 들어간다고 믿는 것이 다르다.

우리나라에는 1912년부터 전파되었으나 국기에 대한 경례와 병역을 하느님 외 국가를 숭배하는 일로 보아 거부하며, 성서를 근거로 무수혈 치료만 수용한다. 이 때문에 물의를 일으켜 이단으로 지정되었다.

세계의 미니국가들 마을이야, 도시야?

전 세계에서 가장 작은 나라는 어디일까? 어렸을 적 한 번쯤은 던져봤을 법한 질문이다.

아마도 바티칸시국(Vatican City State, 로마 교황청이 다스리는 곳)을 가장 먼저 떠올릴 것이다. 국토 면적이 0.44㎢, 인구 1,000여 명에 불과하므로 맞기는 하다.

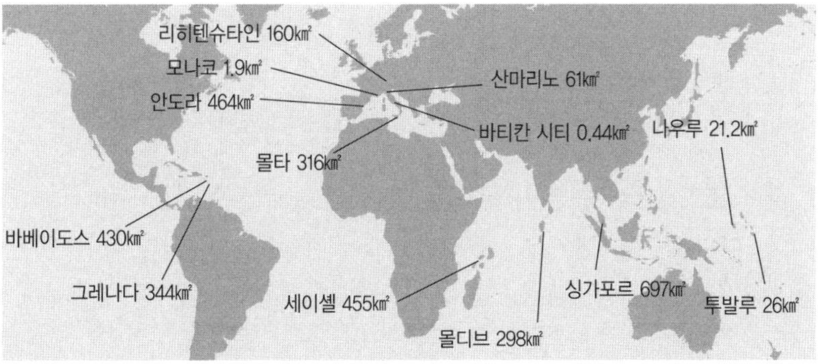

그런데 공식적으로 바티칸시국보다 더 작은 나라가 있다면 믿을 수 있겠는가? 바로 몰타기사단(Knights of Malta)이다. 이름만 보면 나라 같지도 않지만 몰타기사단은 국가 자격으로 유엔에 옵서버(observer, 출석이 허용된 나라)로 참여하고 있을 만큼 엄연히 국가 형태를 갖추고 있다. 그렇다면 몰타기사단의 크기는? 안타깝게도 로마의 한 지역에 위치한 건물에 불과하다. 따라서 외형적으로 볼 때 국가로 인정하기는 어렵다.

바티칸시국보다 더 큰 미니국가로는 프랑스 남부에 위치한 모나코(Monaco, 면적 1.9㎢, 인구 약 3만 명), 인도양의 섬인 몰디브(Maldives, 면적 298㎢, 인구 약 30만 명), 지중해의 섬인 몰타(Malta, 면적 316㎢, 인구 약 40만 명), 동남아의 싱가포르(Singapore, 면적 697㎢, 인구 약 400만 명) 등이 있다.

자가면역질환 면역세포가 나를 공격한다

날씨가 흐리거나 추운 겨울철이면 특히 관절염 때문에 고생하는 사람들이 많다. 그래서 이때면 정형외과에는 관절염 환자들이 줄을 선다. 그런데 만

약 류머티즘 관절염이라면, 이는 치료를 달리해야 한다. 왜냐하면 자가면역질환이기 때문이다.

자가면역질환은 인체의 면역세포(외부 침입 병균을 막는 역할) 기능에 이상이 생겨 면역세포들이 도리어 인체 조직을 공격함으로써 발생하는 병이다. 따라서 이상 면역세포를 정상으로 돌려놓지 않은 상태에서라면 아무리 관절염을 치료하더라도 증상이 나아지지 않는다. 이 때문에 류머티즘 관절염은 대부분 만성으로 흐르게 된다.

안타까운 것은 자가면역질환의 근본 원인이 아직 발견되지 않았다는 점이다. 그저 오염된 환경, 스트레스 등이 원인으로 지목되고 있을 뿐. 따라서 이 질환에 시달리는 사람들은 몸과 마음의 건강을 동시에 회복해 면역체계를 강화시키는 것만이 최선의 방책이다.

류머티즘 관절염 외 자가면역질환으로는 용혈성빈혈, 만성갑상샘염(하시모토병) 등이 있다.

메탄하이드레이트 미래 에너지원인 '불타는 얼음'

불과 몇 십 년 전만 하더라도 지구는 석유자원 고갈을 걱정했다. 그래서 대체에너지 개발에 몰두하기도 했다. 하지만 미국이 셰일가스(shale gas, 석유층보다 더 아래 셰일층에 있는 천연가스) 개발에 성공함으로써 양상이 완전히 달라졌다. 셰일가스 매장량이 향후 인류가 수십~수백 년은 더 쓸 수 있다고 추측되고 있기 때문이다.

그런 가운데 또 다른 에너지원인 메탄하이드레이트(methane hydrate)의 발견은 탄소에너지 개발에 종지부를 찍을 모양새다. 메탄하이드레이트

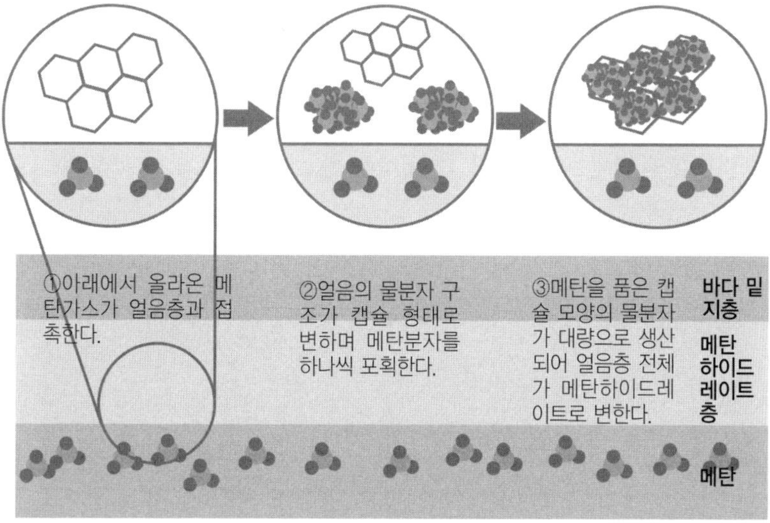

메탄하이드레이트의 생성.

는 메탄(methane)이 수화된(hydrate, 물과 결합한) 상태로 존재하는 에너지 자원이다.

메탄하이드레이트는 대부분 바다 밑 땅속에서 생성된다. 얼음이 얼 만큼 온도가 낮고 29기압 이상의 수압을 받는 곳에서 얼음과 메탄가스가 만나 만들어진다. 그래서 '불타는 얼음'이라고도 불린다. 빙하기 이후 형성된 것으로 추정된다.

메탄하이드레이트가 놀라운 이유는 천연가스보다 효율이 160배가량 높기 때문이다. 매장량 또한 석유, 천연가스보다 많을 것으로 추정되고 있다. 만약 메탄하이드레이트를 개발하는 시대가 온다면 셰일가스 혁명을 넘어 인류는 또 한 번 발전의 토대를 이룰 것으로 예상된다.

원두커피와 인스턴트커피 건강에 차이가 있다

우리나라 사람들의 커피 사랑은 유난스럽다. 동네 골목까지 커피카페가 들어서 있을 정도다. 2019년 KB경영연구소의 '커피전문점 현황과 시장 분석'에 의하면 한국은 세계 3위의 커피 시장이다. 또 한국인들은 커피전문점에서 1인당 연간 10만 9,089원을 지출해 세계 2위를 기록했다. 농촌진흥청의 2017년 조사에서도 한국인은 1인당 연간 512잔의 커피를 마셔 10년 전보다 2배 이상 늘었다.

커피 사랑은 인스턴트커피에서 원두커피로 옮겨가는 추세다. 인스턴트커피란 원두에서 추출한 커피액을 보관, 유통이 용이하도록 결정체로 가공한 커피다. 따라서 다른 모든 인스턴트식품처럼 건강에는 좋지 않다. 원두커피는 볶은 원두를 머신이나 핸드드립으로 추출해서 먹는 커피다. 따라서 가공하지 않은 커피 성분 그대로를 먹을 수 있기에 건강에도 좋다.

커피에는 여러 가지 몸에 좋은 성분들이 들어 있다. 항암 효과, 숙취 해소, 성인병 예방 등의 효능이 알려져 있다.

한편, 커피는 아라비카(arabica), 로부스타(robusta), 라이베리아(Liberia) 등 크게 세 가지가 있다. 원두커피는 아라비카 종자를 주로 쓰며 인스턴트커피는 로부스타 종자를 주로 쓴다.

막걸리 효능 보약이 따로 없을 발효주

한국막걸리협회가 있다는 사실을 아는가? 막걸리협회는 2013년 출범한 사단법인으로 막걸리의 효능을 알리고 세계화 추진을 목표로 하고 있다.

그렇다면 과연 막걸리는 세계에 알릴 만큼 효능이 있는 걸까?

일단 재료가 중요한데 막걸리는 쌀로 만든다. 밀가루로 만든 막걸리도 나오긴 하지만 뭐라 해도 막걸리의 주재료는 쌀이다. 제조 공법도 비교적 간단한다. 쌀로 지은 고두밥에 누룩(발효곰팡이)을 넣어서 발효시키면 된다. 이렇게 완성된 막걸리를 마셔보면 텁텁하면서 달달하고 톡 쏘는 시원한 맛이 난다.

무엇보다 막걸리는 발효 식품이라는 게 미덕이다. 장에 좋은 유산균이 다량 들어 있다. 따라서 막걸리에는 장의 면역 기능을 개선시켜주는 효능이 있다. 게다가 곡물로 만들기에 식이섬유도 풍부하다. 또 다량의 비타민 B군이 들어 있어 피로회복에 그만이며, 성분 중 메티오닌(필수아미노산)은 간에 지방이 쌓이는 것을 예방하고 간 기능을 활성화시켜준다.

이렇게 볼 때 적당량(흔히 하루 1컵 정도)만 마신다면 보약이 따로 없을 막걸리다. 물론 과음한다면 이 모든 장점보다 알코올에 의한 폐해가 더 클 것이니 막걸리는 절제의 신비수라 하겠다.

줄기세포 희망은 남아 있는 걸까?

2005년에 터진 황우석 박사의 줄기세포(stem cell) 조작 사건은 십 수 년이 지났건만 기억에 생생하다. 그때 줄기세포는 인류에게 큰 절망을 던져 주었다.

하지만 10여 년이 지난 지금도 줄기세포는 여전히 인류의 희망으로 떠오르고 있다. 최근 줄기세포를 이용한 성과들이 속속 보고되고 있기 때문이다. 각종 난치병 치료 수술에 줄기세포가 이용되고 있으며 줄기세포를 이용한 신약개발 연구도 진행 중이다. 만약 이 시도들이 성공한다면 각종 질병과 장애로 고통 받는 인류는 새로운 시대를 맞게 된다.

줄기세포란 신체의 여러 조직으로 분화(세포가 성숙한 세포로 성장해 가는 것)할 수 있는 능력을 가진 세포다. 따라서 이를 이용하면 손상된 조직을 재생하는 등 여러 가지 난치병의 치료가 가능해진다. 이 때문에 난치병으로 고통 받는 사람들의 시선이 줄기세포에 집중될 수밖에 없다.

줄기세포에는 배아줄기세포와 성체줄기세포가 있다. 정자와 난자가 만나 생명체로 자라게 될 배아(사람의 경우 수정 후 약 두 달까지)에서 채취하는 배아줄기세포는 다양한 기관을 위한 조직으로 분화가 가능하다. 반면 성장한 체세포에서 뽑는 성체줄기세포는 제한된 조직으로만 분화가 가능하다.

그런 만큼 배아줄기세포가 원하는 조직과 장기로 키우는 데 유리하다. 하지만 여성의 난자가 필요해 윤리적인 문제가 따르는 만큼 성체줄기세포에 대한 연구가 더 활발하게 이뤄지고 있다.

그래핀 강철보다 200배 강한 신소재

2010년 노벨물리학상의 이슈는 단연 그래핀(graphene)이었다. 2004년 영국 맨체스터 대학의 가임(Andre Geim) 교수와 노보셀로프(Konstantin Novoselov) 교수는 실험 중 그래핀이란 신소재를 개발하게 되는데, 그 공로로 노벨상까지 수상하게 되었다. 그런데 그래핀이 대단한 위력을 가진 꿈의 신소재란 사실이 밝혀지면서 세계 산업계가 흥분했다.

그래핀은 여러 층의 육각형 탄소 결합으로 구성된 흑연의 한 층을 떼어낸 물질이다. 가임 교수와 노보셀로프 교수는 흑연에 투명 테이프를 붙였다 떼어내는 방식으로 그래핀을 산출하는 데 성공했다.

그래핀은 강철보다 200배 이상 강하면서 최고의 열전도성, 전기전도성을 자랑한다. 덕분에 반도체, 디스플레이, 컴퓨터 등 다양한 분야에서 활용도가 매우 높다. 전문가들은 만약 그래핀이 상용화되는 시대가 오면 세계의 산업계는 다시 한 번 요동칠 것이라 예측하고 있을 정도다.

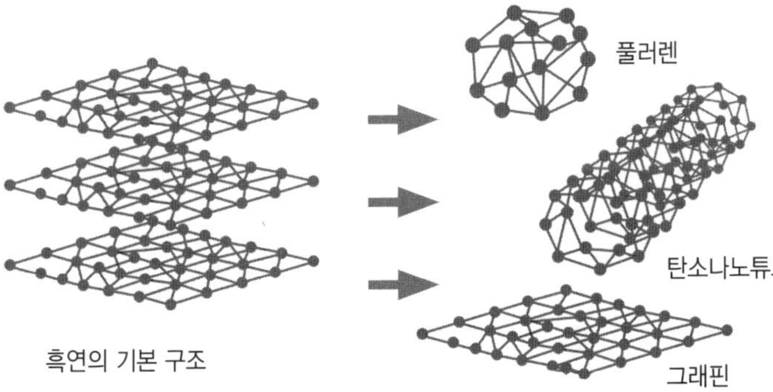

빙하 코어 빙하시대의 타임캡슐

미국과 러시아, 이탈리아, 일본, 중국 등 세계 각국은 남극의 빙하 코어(glacier core) 연구에 힘을 쏟고 있다. 우리나라도 2013년부터 이에 뛰어들어 이탈리아 연구진과 공동으로 빙하 코어 시추에 나섰다. 빙하 코어란 무엇이며 어떤 연구를 위해 경쟁을 벌이는 것일까.

빙하 코어는 수천 년 동안 쌓인 빙하에서 채취한 얼음덩이를 뜻한다. 빙하 코어가 중요한 이유는 그 속에 갇혀 있는 물질을 통해 빙하시대 전후의 기후나 환경에 대해 연구할 수 있기 때문이다.

이러한 정보는 당시 왜 빙하기가 왔는지, 이후의 기후나 환경에 어떤 영향을 주었는지 등의 질문에 유용한 답을 준다. 이것은 향후 지구의 기후와 환경 변화 예측에도 도움을 줄 수 있다.

나노 트럭 아픈 부위에만 약물을 전달하는 기술

당신은 우리가 먹는 약물이 어떻게 작동되는지 아는가? 약물이 몸에 흡수되면 혈관을 타고 온몸을 흐른다. 그러다가 아픈 부위의 장기나 세포에 이르렀을 때 이를 치료한다. 이때 문제는 약물이 정상 부위에도 침투해 피해를 줄 수 있다는 것이다. 이 때문에 약물의 부작용이 일어난다. 그런데 만약 아픈 부위에만 약물을 전달하는 기술이 있다면 어떨까?

2013년 7월, 펜실베이니아 주립대 오이스만 센(Ayusman Sen) 교수팀이 국제 학술지 《앙케반테 케미》에 아픈 부위에만 약물을 전달하는 신기술 '나노 트럭'을 소개했다. 나노 트럭은 수백 나노미터(1nm=10억 분의 1m) 크기의 미세입자들이 약물을 싣고 마치 트럭처럼 움직여 원하는 곳에 배달한다 하여 붙여진 이름이다.

센 교수팀이 개발한 나노 트럭은 골다공증으로 고통 받는 환자를 상대로 임상실험을 했다. 실험은 약물을 투여한 지 불과 40여 분 만에 뼈의 골밀도를 높이는 데 성공했다. 원리는 이렇다. 골다공증의 경우 뼈가 손상되어 음 이온이 방출되므로 음의 전기장이 형성된다. 그런데 센 교수팀이 개발한 나노 트럭은 양전기를 띠고 있어 자연스레 음의 전기장에 이끌려 원하는 부위로 향한다. 따라서 이 나노 트럭에 약물을 담아 투여하면 나노 트럭은 정확히 골다공증 부위를 찾아 약물을 전달하게 된다.

한편, 나노 트럭 기술은 의료 분야뿐만 아니라 반도체 산업 등에도 적용되어 활발한 연구가 진행되고 있다.

유전자 화장품 개인 타입별 화장품 가능한 걸까

최근 화장품업계의 관심 중 하나는 '유전자 화장품'이다. 유명 탤런트 이다해 씨가 어머니와 함께 광고모델로 등장해 유전자 화장품의 존재를 알렸다. 이후 유전자 화장품은 상업적으로 꾸준히 시도되고 있다.

그렇다면 유전자 화장품은 무엇이며 정말 효과가 있는 걸까? 유전자 화장품이란 고객들의 수많은 정보를 분석한 뒤 각 타입별 피부세포 활성화 성분을 넣어 제조한 화장품이다. 대표적인 제품이 랑콤(LANCÔME, 1935년 설립된 프랑스 화장품 브랜드)의 제니피끄다.

랑콤은 이 제품을 개발하기 위해 10여 년간 수천 개의 유전자를 분석 연구한 것으로 알려져 있다. 실제 유전자 화장품 회사들은 고객들의 입안 상피세포에서 유전자를 채취한 뒤 이를 분석해 고객에게 맞는 화장품을 제공한다.

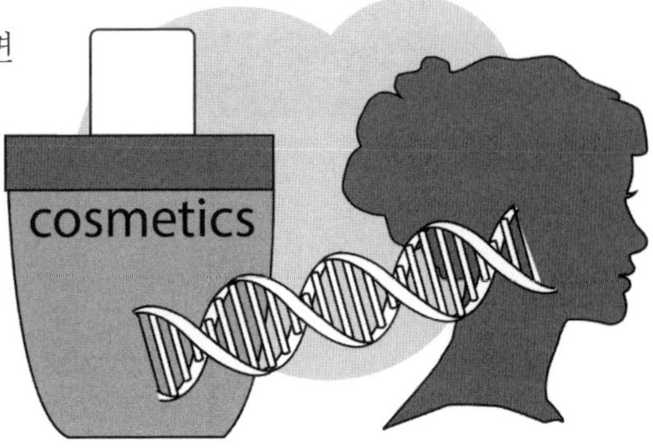

유전자 화장품은 맞춤형이라는 면에서 새로운 시도라고 할 수 있다. 그러나 유전자의 유형이 셀 수 없이 많을 텐데, 과연 내 피부에 딱 맞는 유전자 화장품이 가능할지에 대해 의문을 던지는 사람들도 있다.

석면 1급 발암물질

대한민국이 석면 공포에 떨고 있다. 각종 건축자재에 1급 발암물질로 알려진 석면을 사용한 사실이 드러났기 때문이다. 학교, 회사, 심지어 아파트까지 안심할 수 없는 상태다.

그렇다면 석면은 어떤 물질이며 왜 1급 발암물질로 지정된 것일까? 석면은 광산에서 채취한 광물질로 일정한 가공을 거쳐 방화재, 보온재, 단열재, 전기절연재 등의 건축자재로 쓰인다. 그런데 1970년대에 들어 석면이 인간에게 나쁜 영향을 끼친다는 보고가 나오면서 파문이 일었다. 이에 세계보건기구(WHO) 산하 국제암연구소(IARC)의 조사가 시작되었고, 급기야 1급 발암물질로 지정되기에 이르렀다.

우리나라도 이를 무시할 수 없어 2000년대에 들어서면서 석면이 포함된 제품의 제조, 수입 및 사용을 금지하는 조치를 단행했다. 하지만 불법유통을 통해 사용된 것들, 이전에 사용된 것들 등이 아직 많은 건물에 들어 있어 석면 공포가 그치지 않고 있다.

인공지능 AI 진짜 인간 닮은 로봇 나올까

2016년 3월, 갑자기 각 방송사는 구글의 알파고에 대해 앞다퉈 보도하기 시작했다. 알파고는 세계 최고 수준의 인공지능(AI, Artificial Intelligence) 컴퓨터로 소개되었다. 그리고 알파고가 바둑 최고수 중 한 명인 우리나라의 이세돌(1983~) 9단과 대국을 벌인다고 했다. 사람들은 이세돌 9단의 우세를 점쳤으나 결과는 1승 4패로 끝나고 말았다.

이를 지켜본 사람들은 인공지능의 역량에 경악이라는 단어까지 써가며 충격을 드러냈다. 편리하고자 만든 인공지능에게 인간이 추월당한다면 마치 SF 영화의 내용처럼 로봇이 인간을 지배하는 세상이 올 수도 있다는 두려움 때문이었다.

사실 인공지능의 역사는 오래전부터 시작되었다. 컴퓨터의 발전과 역사를 함께해 왔다고 해도 과언이 아니다.

공학계에서는 인공지능을 크게 둘로 나눈다. '강한(strong) 인공지능'과 '약한(weak) 인공지능'. 강한 인공지능은 사람처럼 정신 작용을 하며 어떤 문제를 푸는 지능이다. 약한 인공지능은 특정 영역의 문제를 푸는 지능이다. 예를 들어, 알파고는 바둑이라는 특정 영역의 문제를 푸는 인공지능이므로 약한 인공지능이라 할 수 있다.

현재 의료, 번역, 영상 등 각 분야에서 약한 인공지능이 이용되고 있다. 공학자들과 과학자들은 아직 강한 인공지능은 개발되지 않았다고 입을 모은다.

하지만 알파고가 보여준 능력은 조만간 강한 인공지능이 탄생할지도 모른다는 기대감을 불러일으킨다. 만약 그런 시대가 온다면 인간은 진짜 로봇에게 모든 걸 맡기고 여행을 떠날 수 있을지도 모른다.

하지만 〈터미네이터〉나 〈어벤저스〉 같은 영화에 등장하는 캐릭터처럼 인간을 배반하는 로봇이 출현할 수도 있다는 걱정도 더불어 제기된다. 과학 개발에 열중하면서 한편으로는 그 결과를 우려하는 시대를 사는 인류인 것이다.

초연결지능망 모든 사람과 사물을 연결한다

한국은 세계적인 IT 강국이다. 특히 2019년 4월, 5G 이동통신 서비스가 시작되면서 획기적인 변화를 추구하고 있다. 정부는 2020년까지 세계 최초로 초연결지능망(HIN)을 구축한다는 목표로 38조 원 이상을 투자했다. 도대체 초연결지능망이 무엇이길래 이처럼 큰돈을 쏟아붓는 것일까?

초연결지능망이란 전국에 있는 사람과 사물을 기가급 속도의 네트워크로 연결해 소통할 수 있게 하는 것이다. 여기서 '사람'은 스마트폰이나 태블릿과 무선으로 연동해 사용하는 안경이나 손목시계, 밴드형 기기 같은 웨어러블 기기가 대중화된 상태의 개인들을 말한다.

'초연결'은 기존의 인터넷망과는 달리 단지 사람끼리만이 아니라 사물인터넷의 발달로 사물까지 연결되는 네트워크다. 그렇게 연결되어 필요한 정보(영상, 데이터, 홀로그램, 사물기기의 통제 등)를 활용할 수 있게 하는 시스템인 것이다.

'지능망'이란 표현은 네트워크 스스로 인공지능을 발휘해 상황 변화에 대처하는 시스템을 의미한다. 예를 들어, 보안에 문제가 생기거나 장애로 인해 속도에 이상이 생기면 즉각 알아차려 스스로 처리하는 방식이다.

이런 초연결지능망이 구현된 세상에서는 어떤 일이 펼쳐질까? 전국 어디에서나 사람뿐만 아니라 사물까지 빠른 속도의 네트워크로 연결되어 그야말로 지금보다 업그레이드된 초스마트 시대가 도래할 것이 분명하다.

정부에서는 초연결지능망 구축으로 5년간 총 생산 유발액 약 72조 원, 일자리 창출 약 43만 명의 효과를 이룰 수 있을 것으로 내다보고 있다.

임베디드 특정 기능 수행하는 컴퓨터 시스템

잠꾸러기 옆 알람시계가 주위를 진동하듯 앵앵거린다. 그런데도 잠꾸러기는 듣는지 못 듣는지 색색거리며 잠만 잘 잔다. 그 순간 알람시계가 좀 별난 기능을 한다. 알람시계와 고무팔이 연결되어 있는데, 갑자기 그 고무팔이 작동해 잠꾸러기의 따귀를 한 대 갈겨버린 것. 그제야 깜짝 놀란 잠꾸러기가 깨어난다.

이것은 알람시계에 장착된 임베디드(embeded) 기능을 가정한 이야기다. 그런데 여기서 임베디드란 무엇일까? 영어 embed가 내장, 장착 등을 뜻하므로 임베디드는 하나의 기기 안에 다른 시스템의 기능이 장착된 것을 뜻한다.

특히 IT 분야에서 임베디드란 어떤 제품(또는 기기) 안에 내장되어 특정 기능을 수행하는 컴퓨터 시스템을 말한다. 예를 들어, 앞의 임베디드 시계는 시계의 기능에 고무팔이 작동하도록 하는 프로그래밍을 추가한 것이다.

사실 우리는 이미 자동차와 스마트폰을 연결하는 솔루션, 공장 자동화 장비, 항공이나 의료용 컴퓨터 등 다양한 분야에서 임베디드 시스템이 갖

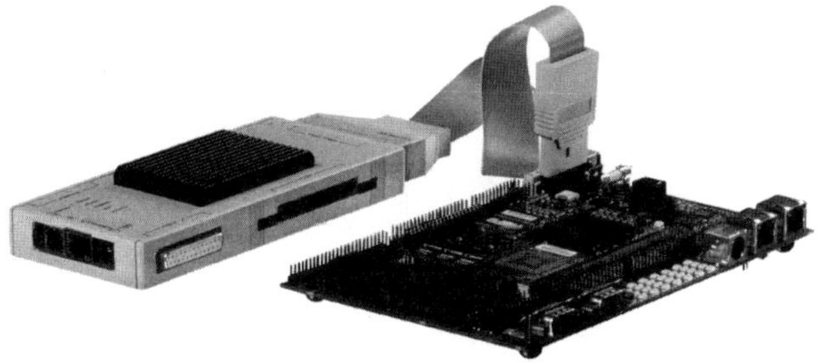

임베디드 업체 MDS테크놀로지가 개발한 디지털기기 오류 수정용 디버거인 TRACE32.

취진 기기들을 사용하고 있다.

이러한 임베디드 시스템은 사물인터넷의 등장과 함께 더욱 중요해졌다. 사물인터넷이야말로 임베디드 시스템에서 웹을 기반으로 여러 기능을 수행하도록 만들어진 대표적인 예라 할 수 있다. 앞으로 사물인터넷이 발달한다면 임베디드 분야 역시 급상승 커브를 그릴 수밖에 없을 것이 분명하다.

시스템 반도체 컴퓨터 운용 기능 담은 반도체

1993년 놀라운 일이 일어났다. 삼성전자가 전 세계 메모리 반도체 시장점유율 1위로 올라선 것이다. 더 대단한 일은 이후 20년이 훌쩍 넘도록 한 번도 1위 자리를 내주지 않았다는 사실이다.

그런 삼성전자가 시스템 반도체(비메모리 반도체) 시장으로 눈을 돌린다는 뉴스가 나와 관심을 모은다. 메모리 반도체 시장이 정체 상태에 이르렀고 반도체 시장의 중심이 점점 더 시스템 반도체로 몰리고 있기 때문이다. 그렇다면 메모리 반도체는 무엇이고 또 시스템 반도체는 무엇일까?

우리가 컴퓨터에서 보통 '메모리'라고 칭하는 정보기억 저장장치가 바로 메모리 반도체다. 이 메모리 반도체 외의 모든 반도체를 비메모리 반도체 또는 시스템 반도체라 한다. 컴퓨터의 CPU, 스마트폰의 AP 칩, 그 외 대부분의 전자기기에 사용되는 반도체가 모두 시스템 반도체다.

즉, 정보를 가공하거나 연산, 제어하는 다양한 기능을 집약한 시스템을 하나의 칩으로 만든 것이 시스템 반도체다. 그런 이유로 반도체 시장에서 시스템 반도체가 차지하는 비중은 메모리 반도체보다 몇 배나 클 수밖에 없다.

또 각종 다양한 전자기기 장치들의 개발로 시스템 반도체 시장의 비중은 점점 더 확대되고 있는 상황이다. 이에 삼성전자가 시스템 반도체 시장으로 눈길을 돌리는 것은 당연한 일이다.

이재용 삼성 부회장은 2019년 시스템 반도체를 새 성장동력으로 키우겠다는 비전을 제시하며 이 분야에 대한 대규모 투자를 발표했다. 2030년까지 133조 원 투자와 함께 전문 인력 1만 5,000명을 채용한다는 계획을 발표한 것이다. 시스템 반도체로 삼성이 더 높게 비상할지 두고 볼 일이다.

사물인터넷 제2의 스마트 혁명!

스마트폰의 등장은 세계 경제지형을 바꿔놓을 만큼 혁명적이었다. 그렇다면 스마트폰의 위세는 어디까지 이어질까? 전문가들은 더 먼 미래에는 스마트 시대를 잇는 새로운 혁신 기술이 나타날 것이라고 예측한다.

이러한 혁신 기술로 사물인터넷(IoT, Internet of Things)이 회자되고 있다. 사물인터넷이란 생활 속 사물들을 인터넷 네트워크로 연결해 정보를 공유하는 환경을 뜻한다. 언뜻 이해하기 어렵겠지만 미국 벤처기업 코벤티스가 개발한 심장박동 모니터링 기계의 예를 보면 어느 정도 이해할 수 있게 된다. 심장병을 앓고 있는 환자에게 이 기계를 부착하면 환자의 심전도 검사 등 다양한 정보가 자동으로 의료진과 연결(중앙센터의 중계를 통해)된다.

이런 일이 의료용 기기만이 아니라 집 안의 여러 가전제품, 주방, 보일러, 자동차 등에서도 이루어진다고 상상해보라. 컴퓨터 네트워킹이 각 제

품마다 연결되어 입력된 조건에 따라 스스로 작동하고(냉장고가 마트에 식재료를 주문한다든가) 주인이 외출 중에 스마트폰으로 각 기기들의 작동을 명령할 수도 있다면 또 다른 세상이 펼쳐질 것이다. 이것이 사물인터넷이 가져올 미래의 변화다. 앞서가는 기업들은 이미 사물인터넷 기술 개발에 박차를 가하고 있는 상황이다.

3D 프린팅 자동차도 찍어낸다

프린터로 요리도 하고 자동차도 만든다면 믿을 수 있겠는가? 놀랍게도 이 기술은 미래 이야기가 아니라 이미 현실에서 일어나고 있는 일들이다. 바로 3D 프린팅 기술이다.

2015년 미국에서 열린 디트로이트 모터쇼에서 3D 프린터로 만든 자동차가 등장했다. 이름은 스트라티! 시속 64km까지 주행이 가능하다. 놀라운 것은 기존 자동차의 부품이 2만 개 이상인 반면 3D 프린트 자동차는 40개에 불과하다는 사실.

어떻게 이런 기술이 가능할까? 사실 복잡해 보이지만 원리는 간단하다. 입체 프린팅이 가능한 3D 프린터를 이용해 부품 하나하나가 아니라 부품 집합체인 모듈을 통째로 뽑아내는 것이다. 3D 프린터는 3D 데이터 정보에 의해 액체, 분말, 종이 등의 재료를 한 층씩 쌓아가며 입체 프린팅을 가능하게 한다.

3D 프린터를 이용한 요리도 현실화되고 있다. 프린터에 식재료와 레시피, 음식 모양 도면을 입력하고 작동시키면 빵이나 쿠키, 죽 같은 음식을 만들어주는 푸드 프린터 시제품이 나온 것이다. 아직 본격적 요리사는 아니지만 CNN을 비롯해 국내 TV에도 소개되어 관심을 모았다.

사실 3D 프린팅 기술은 이미 핸드백, 향수병 등 다양한 제품에 적용되고 있다. 만약 앞에서 언급한 자동차 프린팅 기술의 상용화가 가능해진다면 자동차 공업에 일대 전기가 마련된다고 할 수 있다.

증강현실 현실세계에 가상세계를 더한다

이런 꿈을 꾼 적은 없는가? 길을 가다가 문득 날씨가 궁금해 스마트폰 카메라로 하늘을 비추면 그 사진 화면에 날씨 정보가 나타난다. 그리고 길거리 맛집을 비추면 그 식당과 관련된 정보가 화면에 함께 나타난다.

사실 이와 같은 기술은 이미 실현되고 있다. 바로 증강현실(augmented reality) 기술이다. 이는 사용자가 눈으로 보는 현실세계에 가상세계(사물이나 정보)를 합성해 보여주는 새로운 영상 기술이다.

증강현실 기술을 그래픽에 적용한 것을 증강현실 그래픽이라 한다. 잡지의 연예인 화보에 증강현실 코드를 심어두어 스마트폰을 가져다 대면 인터뷰나 공연 장면이 흘러나오는 식의 기술은 이미 수년 전부터 사용되고 있다. 마트에서 특정 상품에 스마트폰을 대면 생산정보는 물론 생산자가 나와 조리법을 설명해주는 것도 이젠 가능한 일이다.

증강현실의 등장으로 가상현실 기법도 업그레이드되었다. 그동안 판타지 영화에 주로 사용된 것은 가상현실 그래픽이었다. 그러나 시청자는 영

상과 엄연히 구분된 형태였다. 이것에서 한 걸음 더 나아가 가상현실 영상이 장착된 기기를 안경처럼 쓰면 실제 특정 여행지를 걷거나 놀이기구를 타는 것 같은 실감을 느끼게 해주는 단계로까지 발전했다.

증강현실과 가상현실. 편리한 정보 제공에 더해 전혀 새로운 경험을 안기는 단계로까지 영상 기술이 발전하고 있다.

LED와 OLED 자체 발광하고 곡선 화면도 되고

집집마다 형광등을 LED 조명으로 바꾸는 일들이 확산되고 있다. 밝기도 훨씬 밝을뿐더러 전기료도 적게 들기 때문이다. LED(Light Emitting Diode)는 발광다이오드를 뜻하는 말로 반도체 소자인 다이오드의 자체 작용으로 발광(發光, 빛을 냄)이 일어나는 장치다. 이 때문에 물질이 빛의 자극에 의해서 발광하는 방식인 형광(fluorescence, 螢光)보다 훨씬 효율적인 빛을 낼 수 있다.

LED는 이런 이점을 바탕으로 기존의 LCD(Liquid Crystal Display, 액정표시장치) 모니터 시장을 잠식하고 있다. 자체 발광이 아닌 백라이트(back light)를 사용하는 LCD보다 훨씬 효율적이기 때문이다. 이처럼 LED 장치를 사용하는 모니터를 기존 LCD 모니터와 구별해 LED 모니터라 한다.

한편, LED보다 더 효율적인 OLED(Organic Light Emitting Diode)

가 있는데, 이는 글자 그대로 유기발광다이오드다. 즉, 발광다이오드의 기본 재료로 유기화합물을 사용하는 것으로, 장점은 색상 재현이 더 우수하고 휘거나 구부려도 빛이 나온다는 점이다. 이와 같은 OLED를 사용한 모니터를 OLED 모니터라 한다.

8K TV 안방극장의 끝없는 진화

스마트폰만큼이나 빨리 진화하는 시장이 TV 분야다. HDTV(High Definition TeleVision, 고화질 TV)에 이어 HDTV보다 4배나 화질이 우수한 울트라 HDTV(Ultra High Definition TeleVision, 초고화질 TV)를 등장시켰다. 그렇다면 그 다음 세대 TV는 무엇일까? 일명 8K TV다.

8K TV란 7,680×4,320 화소의 해상도를 구현하는 초고선명 TV다. 풀 HD TV보다 16배, 4K TV인 UHD TV보다는 4배 선명하다. 삼성에서는 2020년형 QLED 8K TV를, LG에서는 시그니처 올레드 8K TV를 출시했다. 8K TV는 더 진화한 AI 기술에 의한 화질, 사운드, 스마트 기능을 자랑한다.

특히 QLED 8K TV의 경우 뉴 AI 기술을 장착해 일반 화질의 영상까지 8K 수준의 영상으로 변환해 감상하게 해주는 기능을 가지고 있다.

서비스 거부 공격, 디도스 인터넷 세상의 범죄자

2003년 1월 25일, 대한민국 인터넷망이 마비된 초유의 사건이 벌어졌다.

일명 1·25 인터넷 대란! 이 사건을 일으킨 주범은 '슬래머 웜'으로 이에 감염된 PC들이 대량의 데이터를 생성함으로써 트래픽에 의해 서버가 마비되었다.

처음엔 KT 혜화전화국이 이 공격에 의해 멈춰버렸고, 순차적으로 대기업 등의 서버로까지 이어지며 대한민국 인터넷망을 혼란에 빠뜨렸다. 이처럼 대량의 데이터 신호에 의해 해당 서버가 마비되도록 하는 해킹 기법을 서비스 거부 공격(DoS attack, Denial of Service attack)이라고 한다.

이와 비슷한 수법으로 한꺼번에 수많은 컴퓨터가 특정한 웹사이트에 접속함으로써 트래픽으로 인해 서버가 마비되게 하는 디도스(DDoS, Distribute Denial of Service attack, 분산서비스 거부 공격)가 있다. 보통의 사이트들은 트래픽이 걸릴 경우 서버를 분산하게 되는데, 이마저 거부한다(distribute)는 뜻으로 디도스라는 이름이 붙었다. 우리나라에서는 2009년, 2011년 디도스 공격으로 정부 주요 기관 홈페이지가 마비되는 사태가 연이어 벌어지기도 했다.

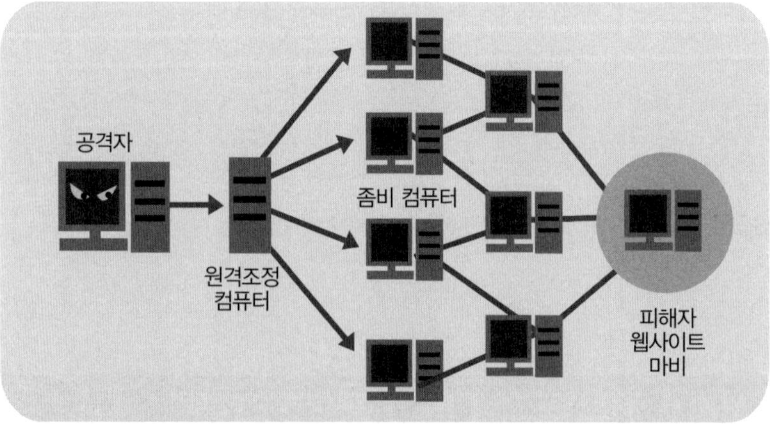

슈퍼문 가장 크게 보이는 달

2019년 8월, 한국천문연구원은 월말에 '슈퍼문(super moon)'을 볼 수 있을 것이라고 발표했다. 슈퍼문은 말 그대로 보통 때에 비해 유독 크게 보이는 보름달을 말한다.

보름달이 다 비슷한 크기로 보일 거라고 생각하겠지만 실제는 그렇지 않다. 그것은 달이 지구 주위를 타원형으로 공전하기 때문이다. 당연히 지구와 가장 가까울 때 가장 커 보이고 가장 멀어졌을 때 가장 작아 보인다. 따라서 달이 지구와 가장 가까워졌을 때 보름달이 뜨면 슈퍼문을 볼 수 있게 된다.

한편, 지구에서 가장 멀리 떨어져 있을 때 뜬 보름달을 미니문(mini moon)이라 하는데, 슈퍼문은 미니문보다 30%가량 더 밝고 13% 정도 더 크게 보인다. 재미있는 것은, 이런 슈퍼문이니 미니문이니 하는 용어가 천문학적 용어가 아니라 어느 점성술사가 만든 용어라는 사실이다.

정지궤도 위성과 저궤도 위성 인공위성에도 종류가 있다

당신은 지구 궤도 위에 수백~수천 개의 인공위성이 올려져 있다는 사실을 알고 있는가? 아마 이 정도로 많은 인공위성이 있었을 거라고는 생각지 못했을 것이다. 이처럼 많은 인공위성이 있기에 이를 분류하는 기준도 필요하게 되었다. 그중 하나가 정지궤도 위성과 저궤도 위성으로 분류하는 방법이다.

인공위성 중에는 위성의 공전 주기가 지구의 자전 주기와 같아 마치

©Diana Vyshniakova – Fotolia

상공의 한 지점에 정지해 있는 것처럼 보이는 것들이 있다. 이를 정지궤도 위성(geosynchronous satellite)이라 하며 보통 적도 상공 약 3만 6,000km 높이에 위치한다.

정지궤도 위성을 제외한 나머지 인공위성들은 이동위성인데, 대부분은 정지궤도보다 낮은 궤도를 돌아 저궤도 위성(low earth orbit satellite)이라고도 부른다. 물론 정지궤도 위성보다 높은 궤도를 비행하는 위성도 있다.

위성은 지구의 중력과 원운동에 의한 원심력의 평형으로 일정한 높이와 공전 주기를 유지한다. 정지궤도 위성은 주로 통신, 기상, 방송용으로 쓰이고, 이동위성은 군사, 과학 등의 목적으로 이용된다.

탄도미사일과 순항미사일 어떤 점이 다른지 아시나요?

2016년 9월 MBN은 한국의 사드 배치에 반대하는 중국이 한반도를 향해 500기에 달하는 탄도미사일(ballistic missile)을 배치하고 있다고 보도했다. 중국은 대만을 겨냥해서도 1,500기의 탄도미사일과 순항미사일(cruise missile)을 배치하고 있는 것으로 알려졌다.

미사일이 무서운 이유는 원거리에서 날아와 공격 원점에 대한 대응이 어렵고, 가공할 위력의 핵탄두까지 장착할 수 있기 때문이다. 그렇다면 탄도미사일과 순항미사일은 어떻게 다를까? 이는 추진력을 내는 엔진과 운동 궤적에 따라 구분된다.

탄도미사일의 '탄도'의 탄(彈)은 움직이는 길(道)이라는 뜻으로 포탄처럼 곡선을 그리며 날아간다고 하여 이런 이름이 붙었다. 로켓 엔진이 분사하는 힘을 이용해 발사하며 일정 고도 이후는 지구 인력에 의해 목표점까지 비행하도록 설계된다. 음속의 3~5배 속도를 낼 만큼 매우 빠르게 날아

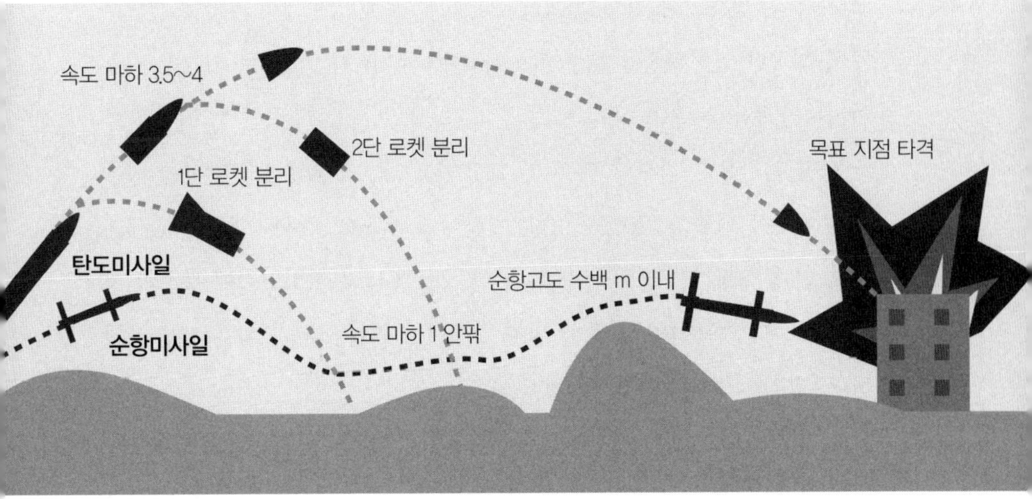

탄도미사일과 순항미사일.

가며, 장거리 대륙간 탄도미사일의 경우라면 대기권 높이까지 올라갔다가 내려온다. 북한이 핵탄두를 장착해 미국을 공격하겠다는 것이 바로 이 모델이다.

반면 순항미사일은 제트 엔진을 이용해 일정한 고도를 유지하면서 목표를 향해 순항하듯 날아간다. 방공레이더를 피하는 저공비행이 가능하고 핵탄두 및 비핵탄두를 다 장착할 수 있다. 속도는 통상 음속 안팎 정도다. 미사일에 미리 표적까지의 정보를 입력해 인공위성의 도움을 받아 지형을 읽으며 날아가도록 설계해서 명중률이 매우 높은 게 장점이다.

스페이스 클럽 자국산 위성 발사 성공한 나라!

열 번째냐, 열한 번째냐?

이게 무슨 말인가 하면, 2013년 1월 우리나라의 나로호 발사 성공을 두고 세계 열 번째 스페이스 클럽(space club, 자국 영토에서 자국 로켓으로 자체 제작한 인공위성을 우주에 쏘아 올린 국가) 가입국으로 인정하느냐, 아니냐를 두고 논란이 일어난 것!

사실 북한은 우리보다 더 빠른 2012년 12월, 광명성 3호 발사에 성공하는 기록을 세웠다. 2009년 2월, 이란이 오미드호 발사를 성공시켜 세계 아홉 번째 스페이스 클럽 국가가 된 뒤 성공한 나라가 없었기에 북한의 성공이 맞는다면 북한이 세계 열 번째 스페이스 클럽 국가가 되는 것은 당연하다. 그런데 왜 이런 논란이 생겼을까?

그것은 당시 이명박 정부가 북한의 광명성 3호를 제대로 된 인공위성이라고 볼 수 없다고 주장하면서 촉발되었다. 하지만 인정할 건 인정해야 한다는 주장도 만만치 않다. 재미있는 것은, 스페이스 클럽이 무슨 공식적인 기구나 국제적 인증단체도 아니라는 것이다. 그저 호사가들이 만든 것에 불과한데, 왜 거기에 목을 매려 하는지.

지식 Classic

고전주의 | 낭만주의 | 사실주의 | 자연주의 | 상징주의 | 모더니즘 | 포스트모더니즘 | 미래파와 입체파 | 다다와 초현실주의 | 세계 3대 시인 | 이태백과 두보 | 셰익스피어 희곡집 | 세계 3대 단편작가 | 세계 3대 교향곡 | 고대올림픽 | 근대올림픽, 쿠베르탱 | 근대5종경기 | 동계올림픽 | FIFA의 탄생 | 월드컵 역사와 줄 리메컵

이슈 · 상식

1인 방송 | 먹방 현상 | 스웨그 신드롬 | 디지털 네이티브, 모바일 네이티브 | 소셜테이너 | 또봇 | 세계문화유산 | 세계기록유산 | 문화자본 | 지상파 방송광고 총량제 | 플롯 | 모티브 | 무라카미 하루키 | 최인호 | 레디메이드 | 개념미술 | 팝아트 | 비디오아트 백남준 | 재즈, 소울, 블루스 | 리듬앤블루스 | 로큰롤, 록 | 하드록, 헤비메탈, 펑크 | 얼터너티브 록 | 디스코 | 일렉트로닉 음악 | 힙합 | 레게 | 리믹스 | 랩 | 버스킹 | 마이클 잭슨의 기록 | 블록버스터 | 스크린셀러 | 세계 3대 영화제 | 몽타주 | 샷과 컷, 롱테이크 | 신과 시퀀스 | 하드보일드 | 시놉시스 | 미장센 | 볼리우드 | 독립영화, 인디즈 | 투자배급사, 영화제작사 | 다양성 영화 | 만화 〈원피스〉 | 〈진격의 거인〉 | 게임시장 | 웹툰 | 웹드라마 | 캘리그라피 | 가드닝 열풍 | 애슬레저룩 인기 | 한국의 역대 올림픽 성적 | 메이저리그 | 메이저리그를 빛낸 스타들 | 사이 영상 | 일본 프로야구 | 장훈, 백인천, 선동렬, 이승엽, 이대호 | 배트 플립 | 사이클 히트 | 세이브, 블론 세이브 | 포심, 투심 패스트볼 | 슬라이더, 포크볼, 체인지업 | FA(자유계약선수) | 한국 프로야구 역사 | 이승엽, 송진우 | 선동렬과 최동원 | 월드컵을 빛낸 스타들 | 한국의 월드컵 성적 | 유럽 프로축구 4대 빅 리그 | 런던 더비, 엘 클라시코 | 챔피언스리그와 유로컵 | 차범근, 박지성 | K리그(한국프로축구) | K리그 최다 우승팀, 최다 골 선수 | 농구 주요 룰 | 농구 포지션 | 농구 등번호의 비밀 | 한국 농구를 빛낸 스타들 | NBA | 마이클 조던 | 미식축구, 슈퍼볼 | 하인스 워드 | 박인비 | 보스턴 마라톤

Chapter 04

문화예술 스포츠 편

지식 Classic

고전주의 이성적인 조화와 균형이 중요해!

영적으로 타락한 교회권력이 횡행하던 중세 암흑시대에 대한 반작용으로 일어난 것이 르네상스다. 당시 예술가들은 그리스 · 로마의 고전, 즉, 전 시대의 예술과 사상으로 돌아가자고 주장했다. 이를 토대로 새로운 방향을 모색하자는 경향이 17~18세기 예술가들 사이에 일어났는데, 이 흐름을 고전주의(classicism)라 한다.

고전주의를 이해하기 위해서는 당시의 시대적 상황에 대한 인식이 필요하다. 17~18세기는 봉건시대 끝에 절대군주가 나타난 시기로 국가가 강력한 힘을 가지고 모든 것을 통제했다. 사회적으로는 영웅적 행위가 강조되고 의리, 예절, 절제, 조화 등이 중시되었다.

예술계에서도 이런 풍조가 중심 미학으로 떠올랐다. 특히 문학에서 활발했는데, 당시 문학가들은 중세의 신학에서 벗어나 아리스토텔레스(B.C.

384~B.C. 322)의 《시학》과 호레이스(B.C. 65~B.C. 8, 고대로마의 음유시인)의 《시법》을 탐구했다. 이를 바탕으로 문학의 새 표준이 제시되었다. 그것은 형식적으로 균형, 조화, 간결, 명석, 질서 등을 강조하는 것이었다.

고전파 음악을 대표하는 모차르트의 동상 (오스트리아 비엔나).
ⓒVladimir Mucibabic – Fotolia

그 산물은 군주와 절대국가의 이념을 칭송하는 엘리트 귀족 문학으로 나타났다. 그 속에서 그려지는 인간상은 이성적이고 조화와 균형을 잘 이룬 예절 바른 모습이었다. 인간의 원죄를 주제로 한 장편 서사시 《실락원》을 쓴 밀턴(1608~1674, 영국의 문학가), 프랑스 고전주의의 어머니로 불리는 라신(1639~1699, 극시인) 등은 대표적 고전주의 문학가들이다.

문학에서 시작된 고전주의 물결은 음악, 미술 분야로 퍼져갔다. 하이든(1732~1809, 오스트리아), 모차르트(1756~1791, 오스트리아) 등이 대표적인 고전파 음악가들이다. 하지만 이런 고전주의는 예술을 지나친 규칙 속에서 규제하고 속박했다는 반대급부가 일어나면서 쇠퇴하게 되었다.

낭만주의 개인의 감성과 상상의 세계가 좋아

18세기 말에 들어서면서 시대적 상황이 급변했다. 유럽 곳곳에서 시민혁명이 일어나고 절대왕정이 무너졌다. 그런데 혁명을 통해 드러난 어지러운 인간 군상은 예술가들에게 실망감을 주었다. 이런 혼란 속에 뭔가 새로운 예술의 움직임이 필요함을 실감했다. 기존의 고전주의는 너무 구속된 문화였고 끓어오르는 인간의 감정은 소외되고 있었다.

이런 시기, 개인 내면의 감성과 주관적 상상력을 주장하며 일어난 사조가 낭만주의(romanticism)다. 이 때문에 낭만주의 예술 작품들은 상상력을 가미한 내용, 감동성과 역동성을 담은 것들이 많다.

루소(1712~1778, 프랑스의 사상가), 괴테(1749~1832, 독일의 시인) 등이 낭만주의를 대표하는 사상가이자 시인이다. 루소는 원래 계몽주의를 이끌던 사상가였으나 인간의 자연 상태 회복을 주장하면서 낭만주의 사상을 만들어내는 기초를 제공했다. 괴테는 18세기 독일에서 일어난 '질풍노도의 시대(문예운동)'를 주도하면서 합리성을 바탕으로 자연과 감정, 개인주의를 고양시키며 낭만주의 운동을 이끌었다.

사실주의 있는 그대로의 모습으로

19세기가 되었을 때, 예술 세계가 지나치게 환상 세계로 흐르자 이에 대한 반작용으로 등장한 사조가 있었으니 바로 사실주의(realism)다. 실제 경험과 과학을 중시했던 실증주의(positivism, 19세기에 등장한 철학 이념)가 사실주의 탄생에 커다란 영향을 주었다.

사실주의가 가장 먼저 드러난 분야는 미술로서 그 중심에 프랑스의 화가 쿠르베(Gustave Courbet, 1819~1877)가 있었다. 그는 환상에 빠진 낭만주의를 비판하며 제자에게 "천사를 본 일이 있는가. 그대 아버지를 보고 그려라."라며 비아냥거리기도 했다. 그가 그린 〈오르낭의 매장(埋葬)〉은 사실주의를 잘 드러내주는 작품이다.

사실주의는 문학계에도 영향을 미쳤는데 러시아의 문호 톨스토이(Lev Nikolayevich Tolstoy, 1828~1910)가 대표적인 작가다. 그가 문학계에 남긴 《전쟁과 평화》(1869), 《안나 카레니나》(1877), 《부활》(1899) 등의 소설은 사실주의 계열의 불멸의 역작으로 꼽힌다. 《전쟁과 평화》는 나폴레옹의 침략에 놓인 러시아의 전쟁 상황을, 《안나 카레니나》는 19세기 러시아 귀족 사회를 무대로 유부녀 안나 카레리나가 겪는 불륜과 파멸을 밀도 있는 묘사로 그려낸 작품이다.

한편, 톨스토이는 중년에 이르러 사실주의 문학사상에서 종교사상으로 전환하게 된다. 그는 내세구원 중심의 기독교를 비판하며 현실구원 사상을 펼쳤다. 이를 대변하는 대표적인 작품이 우리에게도 친숙한 《사람은 무엇으로 사는가》다.

자연주의 자연과학자처럼 인간 내면을 분석 표현

19세기 말, 예술계에 새로운 분파가 나타났으니 자연주의(naturalism)의 등장이다. 자연주의라 하니 자연으로 돌아가자는 뉘앙스가 강한데, 사실은 대상을 자연과학자 같은 시각으로 보고 분석해 재창조해내는 예술이다.

프랑스 소설가 에밀 졸라(Emile Zola, 1840~1902)가 자연주의를 이끈 대표적인 작가인데, 그의 작품 《목로주점》을 보면 자연주의 사상이 잘 드러나 있다. 《목로주점》은 하층민의 비참한 현실을 민중의 시각으로 묘사한 극단적 사실주의 작품이다.

에밀 졸라.

우리는 여기에서 자연주의가 사실주의의 또 다른 한 형태임을 알 수 있다. 즉, 사실주의처럼 현실을 그대로 표현하긴 하지만 개인의 삶에 미치는 환경적 요인, 외적 힘에 의한 내면적 변화와 같은 요소에 포커스를 두며 인간 세상을 고발하는 방식을 취한다.

상징주의 모든 것은 상징으로 표현할 수 있다

19세기 말, 프랑스에서는 사실주의, 자연주의에 반대하며 상징주의(symbolism)를 주장하는 예술가들의 모임이 결성되었다. 이들은 주로 파리의 카페나 주점에서 문학운동 서클을 형성하는 방식으로 상징주의 운동을 펼쳤다.

보들레르(Charles-Pierre Baudelaire, 1821~1867), 랭보(Arthur Rimbaud, 1854~1891) 등과 같은 시인이 대표적인 상징주의파이며, 이러한 사조는 독일, 러시아 등지로도 퍼져 나가 범유럽적 예술운동으로 확산되었다.

그렇다면 상징주의가 주장한 것은 무엇일까? 그들은 사실주의와 자연주의가 지나치게 물질주의와 과학적 사고에 매달려 있는 것을 비판하며 사실의 직접적 표현과 객관적 묘사를 거부했다. 대신 모든 것을 상징을 통해 표현하면서 그 속에 담긴 이념을 추구하는 방식을 택했다.

한편, 미술계에서 일어난 상징주의는 다시 인간 내면의 감각세계와 상상력의 세계로 눈길을 돌리자는 쪽으로 흘렀다. 얼핏 보기에 낭만주의와 비슷해 보이나 상징주의 화가들은 주로 비물질적인 세계, 즉, 꿈, 무의식, 죽음 등의 주제를 주관적 상징으로 표현하며 자신들의 이념을 추구했다는 점에서 차이가 있다.

모더니즘 현대적 예술의 태동

1920년대가 되었을 때 이미 유럽은 근대화를 완성시키고 있었다. 이에 따라 예술계에서도 다양한 방식의 새로운 예술들이 등장하기 시작했다. 표현주의(사실주의 반대), 미래주의(미래 지향), 다다이즘(dadaism, 관습적 예술에 반대) 등 과거에는 보지 못했던 감각적이고 추상적인 근대적 예술 경향들이 속속 등장한 것. 이처럼 1920년대에 일어난, 일련의 근대적인(modern) 감각을 나타내는 예술적 경향들을 모더니즘(modernism)이라 한다.

신은 죽었다고 외친 니체(F. W. Nietzsche, 1844~1900, 독일의 철학자), 유물론적 혁명을 외친 마르크스(K. Marx), 정신분석학을 내놓은 프로이트(S. Freud, 1856~1939, 오스트리아의 정신분석학자) 등의 사상들이 모더니즘에 커다란 영향을 미쳤다.

한편, 세계를 황폐화시킨 제1차 세계대전의 발발은 모더니즘을 성행시키는 촉발제가 되었다. 예술가들은 이 전쟁을 통해 현실 세계를 더욱더 부정할 수밖에 없었기 때문이다.

포스트모더니즘 대중과 친해야 예술이다

모더니즘은 혁신적이었으나 현실과 동떨어져 있다는 비판을 받았다. 모더니즘의 대표적인 화가라고 할 수 있는 피카소(Pablo Picasso, 1881~1973, 스페인 태생의 프랑스 화가)를 보면 딱 이해가 된다. 그의 난해하고 추상적인 그림은 대중과는 거리가 있었다. 이에 현실성을 되찾고 대중과 친근하면서 모더니즘의 이념을 승계하자는 다양한 시도들이 포스트모더니즘(postmodernism)을 탄생시켰다.

1960년대에 이르러 포스트모더니즘 운동이 각 예술 분야에서 펼쳐졌다. 미술에서는 추상적 표현 대신 대중에게 다가갈 수 있는 '구상'을 중시했다. 팝아트가 대표적이다. 문학에서는 현실과 허구의 경계를 무너뜨리는 작품, 독자에게 선택권을 주는 열린 소설 등이 시도되었다. 특히 메타픽션(meta-fiction, 작가가 작품에 등장하는 서술 방식)의 등장은 주목할 만하다.

개성, 다양성, 대중성 등을 표방한 포스트모더니즘 사상은 작품의 소재도 다양하게 분파시켰다. 아주 사소한 개인적인 내용에서부터 폭력, 인종차별 문제 등과 같은 정치, 사회적인 소재, 기존에는 낮게 평가했던 광고나 만화, 잡지 등도 작품에 활용되는 것이 그런 경향이다.

미래파와 입체파 참 알기 힘든 예술

미래파(futurism)는 1908년과 1920년대 사이에 주로 이탈리아, 프랑스, 독일 및 러시아에서 일어난 현실 반항적 예술운동이다. 미래파의 반항 정신이 어느 정도였는지는 1912년 영국을 방문했던 미래파 시인 마리네티(Filippo Tommaso Marinetti, 1876~1944, 이집트 태생의 이탈리아 시인)의 언행에서 엿볼 수 있다.

피카소 작 '도라 마르의 초상'.
92×62cm, 프랑스 파리 피카소 미술관 소장.

그는 글을 통해 기존의 단어를 마음대로 변형시키거나 기형으로 만들어버렸다. 게다가 사람들이 싫어하는 소음, 전쟁을 찬양했다. 이처럼 미래파는 인간의 본능과 폭력성, 투쟁성, 무책임성 등을 강조했다.

입체파(cubism)는 20세기 초 프랑스 화가들 사이에 일어난 운동으로, 여러 시점에서 본 사물의 모습을 입체적으로 표현하는 것이 특징이다. "자연물의 모든 형은 구형·원추·원통에서 구성된다."고 주장했던 폴 세잔(Paul Cézanne, 1839~1906, 프랑스의 화가)의 영향을 크게 받았다.

대표적인 입체파 화가인 피카소(Pablo Picasso, 1881~1973)는 그림 〈아비뇽의 처녀들〉에서 여성의 나체를 각지고 일그러진 모습으로 표현하는 독특한 입체주의 화풍을 선보여 세상을 놀라게 했다.

다다와 초현실주의 기존의 예술을 부정한다

다다이즘(dadaism)은 제1차 세계대전의 충격 속에 무기력해지고 일그러진 예술가들이 탄생시킨 예술운동이다. 기존의 예술을 모두 부정하고 비합리성, 반도덕성을 찬미한다. 어떤 의미에서 미래파와 비슷해 보이기도 한다.

다다이즘의 작가 슈비터스(Kurt Schwitters, 1887~1948, 독일의 예술가)의 작품 〈메르츠바우〉를 보면 현실을 외면하는 다다이즘 예술의 기법을 엿볼 수 있다. 이것은 콜라주(collage, 작품에 다른 사물을 풀로 붙이는 기법)를 이용해 만든 기둥인데, 그 기둥에는 길거리에서 주운 잡동사니들이 덕지덕지 붙어 있다. 다다이즘은 콜라주를 만들어냈다는 점에서 공로가 있다.

초현실주의(surrealism)는 20세기 초에 시작된 문예사조의 하나로 꿈, 무의식과 같은 공상, 환상세계를 중시한다. 어떤 의미에서 낭만주의와 비슷해 보이나 내용으로 들어가보면 차이가 있다. 낭만주의처럼 마냥 환상세계를 표현하는 것이 아니라 사실성에 바탕을 둔 환상세계의 표현이기 때문이다. 대표적 초현실주의 화가 달리(Salvador Dalí, 1904~1989, 스페인의 화가)의 작품을 보면 매우 사실적인 기법으로 환상세계를 표현하고 있음을 알 수 있다.

세계 3대 시인 호메로스, 베르길리우스, 단테

세계 3대 시인이라고 교과서적으로 정의된 것은 없다. 시각에 따라 얼마든지 바뀔 수 있는 부분이란 뜻이다. 그럼에도 불구하고 사람들 사이에 회자되는 세계 3대 시인이 있으니 호메로스, 베르길리우스, 단테다.

호메로스(Homeros, B.C. 800?~B.C. 750, 고대 그리스의 시인)는 불

명의 서사시 〈일리아스〉와 〈오디세이〉를 쓴 것으로 알려져 있다. 하지만 과연 호메로스가 이 시를 썼는지 의문을 제기하는 학자들이 나타나 미스터리에 놓여 있는 상황.

베르길리우스(Publius Vergilius Maro, B.C. 70~B.C. 19, 로마시대 시인)는 최고의 완성도를 자랑하는 〈농경시〉와 미완의 대작 〈아이네이스〉를 썼다.

단테(Alighieri Dante, 1265~1321, 이탈리아 시인)는 장편 서사시 〈신곡〉으로 유명한 시인이다. 13세기의 시인이자 예언가, 종교인이었던 단테는 스스로 정신적 스승이라고 밝힌 베르길리우스에게서 많은 영향을 받았다.

이태백과 두보 천재 시인과 상념의 시인

동양에서는 흔히 최고 시인을 이야기할 때, 이태백(李太白, 701~762)과 두보(杜甫, 712~770)를 비유하곤 한다. 두 사람은 얼마나 대단한 시인이었을까? 두 사람은 모두 당나라 시대의 사람이었으며 중국 역사를 통틀어 가장 위대한 시인으로도 평가받는다.

먼저, 두보보다 11세가 많은 이태백은 술 한잔 마시고 읊어대면 그대로 시가 될 정도로 천재성을 지닌 시인으로 자유롭고 낭만적인 시를 많이 썼다. 서민 친화적이었기에 인기도 많았다. 그래서 사람들은 이태백을 시선(詩仙)이라 불렀다. 〈춘일취기언지(春日醉起言志, 봄날 취중에서 깨어나 적다)〉는 이태백의 시풍을 알 수 있는 대표적인 시다.

두보는 이태백과는 달리 평생을 말단 하급직으로 고생고생하며 산 인물이다. 그래선지 두보는 인간적인 고뇌를 담은 시를 많이 썼다. 특히 입에서 나오는 대로 시를 적는 이태백과 달리 어휘 하나하나를 고심하며 시를 짓는 스타일이다. 이 때문에 그의 시가 깊은 감동을 준다 하여 시성(詩聖)이라고 부른다.

재미있는 것은 두 사람이 나이 차를 극복하고 대단히 친한 사이였다는 사실이다. 오늘날 중국 사람들은 두보보다 이태백을 더 높이 평가하는 편이다.

셰익스피어 희곡집 나라와도 안 바꾼다

윌리엄 셰익스피어.

교양인이 되고 싶다면 셰익스피어(William Shakespeare, 1564~1616) 작품 정도는 알아두어야 한다. 가장 유명한 것은 《로미오와 줄리엣》일 터이지만 셰익스피어의 4대 비극(《햄릿》, 《오셀로》, 《리어왕》, 《맥베스》)도 거의 상식으로 통한다.

그런데 위 작품들을 소설로 착각하는 사람들이 많다. 셰익스피어는 평생 극작가로 활동한 사람이다. 따라서 앞에서 거론한 작품들은 소설이 아니라 희곡이다. 셰익스피어는 일생 동안 38편의 희곡을 남겼다. 그의 작품이 얼마나 우수했으면 영국 여왕 엘리자베스 1세(Elizabeth I, 1533~1603)가 "국가를 모두 넘겨줘도 셰익스피어만은 못 넘긴다."라고 할 정도였다.

셰익스피어 희곡집은 그의 주옥같은 작품들을 모아놓은 전집이다. 셰익스피어가 위대한 작가로 인정받는 것은, 그의 희곡 하나하나에 마음을 사로잡는 명문과 명언이 수두룩하고, 아름다운 어휘로 수놓은 표현력과 문장력, 거기에 깊이 있는 교훈과 지혜가 담겨 있기 때문이다.

세계 3대 단편작가 오 헨리, 모파상, 체호프

세계 3대 단편작가는 세계 3대 시인과는 달리 명확히 규정지어 있는 편이다. 그만큼 사람들 사이에 많이 회자되고 굳어졌기 때문이다. 이로 인해 《세계 3대 단편작가 걸작선》(2005)과 같은 책도 나와 있다.

오 헨리(O. Henry, 1862~1910, 미국의 소설가)는 〈마지막 잎새〉 등 300편 가까운 단편소설을 썼다. 특히 엔딩에서 반전을 이끌어내는 기법이 소설 마니아들의 마음을 끌어당긴다.

모파상(Guy de Maupassant, 1850~1893, 프랑스의 소설가)은 사실주의 문학의 걸작인 장편 《여자의 일생》을 쓴 작가이면서 〈비곗덩어리〉, 〈목걸이〉 등과 같은 명단편을 남겼다. 경험 속에 보게 된 다양한 인간형들을 소설 소재로 삼았다.

안톤 체호프(Anton Chekhov, 1860~1904, 러시아의 소설가)는 소설가이자 극작가로 활동했는데 〈귀여운 여인〉과 같은 단편은 톨스토이도 극찬했을 정도로 휴머니즘을 가득 담고 있다.

세계 3대 교향곡 음악교과서에는 나오지 않는다

세계 3대 교향곡이라는 묶음은 음악교과서에 나오는 내용이 아님을 미리 밝혀둔다. 그저 호사가들 사이에 전해지는 것일 뿐.

차이코프스키의 교향곡 6번 〈비창〉, 베토벤의 교향곡 5번 〈운명〉, 슈베르트의 교향곡 8번 〈미완성 교향곡〉. 이 세 가지가 세계 3대 교향곡으로 회자된다. 기준은 아마도 교향곡의 우열보다는 인기도와 곡에 딸린 사연 때문이라는 설도 있다.

베토벤(Ludwig van Beethoven, 1770~1827, 독일)은 〈운명〉을 쓸 당시 귀가 점점 멀고 있었다. 또 차이코프스키(Pyotr Il'yich Tchaikovsky, 1840~1893, 러시아)는 〈비창〉을 마지막 교향곡으로 남겼는데, 그는 이 곡 발표 후 9일 만에 자살로 생을 마감한다. 그래서 〈비창〉은 애절하기 그지없다.

슈베르트(Franz Peter Schubert, 1797~1828, 오스트리아)의 〈미완성 교향곡〉은 미완성 교향곡이 어떻게 완성 교향곡 수준이 될 수 있었는지 아직까지 미스터리에 싸여 있다.

고대올림픽 1,169년간 293회나 대회가 열렸다

2021년의 일본 도쿄 올림픽은 서른두 번째 올림픽이다. 그런데 현대올림픽이 이제 30회를 조금 넘은 데 반해 고대올림픽이 무려 293회나 열렸다는 사실을 아는가.

고대올림픽은 그리스의 도시국가들이 제우스 신에게 바치던 제전경기로, 기원전 776년 처음 시작된 것으로 알려져 있다. 초기에는 멀리뛰기, 창던지기, 단거리경주, 원반던지기, 레슬링 등의 5종목을 겨루다가 복싱, 전차경주(말이 끄는 마차를 이용) 등 종목 수가 점차 늘어나 전성기에는 13종이 되었다.

고대올림픽. 권투 경기하는 소년들.

우승자에게는 상금과 함께 월계관이 수여되었다. 또 공개적인 축하 행사에 귀빈으로 초대되었고 평생 연금을 받았다. 재미있는 것은 고대올림픽 경기 참가자는 전라(全裸)에 맨발로 경기를 치렀다는 사실이다. 여자들은 극히 예외적인 경우 외에는 참가는 물론 관전도 금지되었다.

한편, 그리스가 로마에 점령당하면서 고대올림픽은 점점 쇠퇴해갔다. 그러다 393년 제293회 대회를 끝으로 1,169년간의 오랜 역사의 막을 내렸다. 기독교를 국교로 정한 테오도시우스(Theodosius) 황제가 제우스 신을 받드는 올림픽을 이교(異教) 행사라 하여 금지령을 내렸기 때문이었다.

근대올림픽 - 쿠베르탱 1894년 9개 종목으로 시작

우리는 교과서에서 근대올림픽이 그저 쿠베르탱(Pierre de Coubertin, 1863~1937, 프랑스의 귀족)이라는 사람에 의해 탄생했다고 배웠지만, 사실은 이전에 사전 작업들이 있었다.

먼저, 근대올림픽의 탄생은 1832년 그리스 독립과 관련이 있다. 이때 수초스(Panagiotis Soutsos, 1806~1868)라는 시인이 과거 그리스의 영광을 생각하면서 올림픽의 부활을 노래했다. 이것으로 다시 올림픽에 대한 관심이 촉발되었다.

이런 수초스의 정신을 이어받은 사람이 있었으니 그리스의 사업가 자파스(Evangelis Zappas, 1800~1865)였다. 그의 노력으로 드디어 1859년 아테네에서 제1회 올림픽이 열리며 3회 대회로까지 이어진다. 이어서 영국에서도 올림픽이 한 차례 열렸다.

이런 사전 작업 후 등장한 인물이 쿠베르탱이었다. 쿠베르탱은 1894년 파리에서 제1회 국제올림픽위원회(IOC, International Olympic Committee) 총회를 열고, 최초의 근대올림픽 시대를 열었다. 그리고 1896년 제1회 아테네 올림픽(그리스)을 성공적으로 치렀다. 올림픽 역사에서 쿠베르탱의 이름만 남은 것은 그가 앞의 올림픽들에 비해 지금의 올림픽에 가장 가까운 모습의 대회를 성공적으로 개최했기 때문이다.

한편, 제1회 올림픽은 육상, 수영, 체조, 역도, 레슬링, 펜싱, 사격, 사이클, 테니스 등 9개 종목으로 대회가 치러졌다.

근대5종경기 고대올림픽 5종경기에서 착안

성공적으로 개최된 올림픽을 지켜보던 쿠베르탱 남작은 어떻게 하면 대회를 더 발전시킬 수 있을까 고민했다. 그때 그의 뇌리를 스치는 것이 있었으니 고대올림픽에서 치러지던 5종경기(original pentathlon, 달리기, 레슬링, 멀리뛰기, 창던지기, 원반던지기)였다.

고대올림픽에서는 5종경기로 이상적인 군인의 능력을 평가했다. 쿠베르탱 남작은 이를 바탕으로 근대5종경기라는 종목을 구상하고 실행하기에 이른다.

드디어 1912년 제5회 스톡홀름 올림픽(스웨덴)에서 최초의 근대5종경기가 열렸다. 종목은 펜싱, 수영, 승마, 육상, 사격 등. 처음에는 4~5일에 걸쳐 경기를 치렀으나 1996년 올림픽부터 하루에 경기를 마치는 것으로 진행하고 있다.

한편, 근대5종경기는 각 나라에 보급률이 매우 저조하다는 이유로 1992년 올림픽 대회 이후 잠시 없어지기도 했다가 부활했으며, 2000년 올림픽부터는 여자 경기가 추가되었다.

동계올림픽 처음엔 하계 대회에 포함되어 있었다

세계에는 추운 지방에 위치한 나라들도 많아 그들 나라를 중심으로 겨울스포츠가 속속 생겨났다. 이런 가운데 피겨스케이팅이 1908년 제4회 런던올림픽(영국) 때 새 종목으로 채택되었다. 그러다가 1920년 제7회 안트베르펜 올림픽(벨기에)에서 아이스하키가 추가되었다.

하지만 동계 종목은 겨울에 치러야 하는 부담이 있어 동계올림픽을 따로 열어야 한다는 의견이 대두되었다. 1921년 국제올림픽위원회(IOC)는 동계올림픽에 대한 의논을 시작했고 결국 동계 종목을 하계 대회와 구분해서 열기로 결정했다.

이렇게 하여 1924년 프랑스 샤모니에서 최초의 동계올림픽이 개최되었다. 제1회 대회에서 치러진 종목은 노르딕 복합, 크로스컨트리 스키, 피겨스케이팅, 아이스하키, 스키점프 등이었다.

우리나라는 1948년 제5회 생모리츠 동계올림픽(스위스)부터 참가하기 시작했으며 2018년 평창에서 제23회 동계올림픽을 개최했다.

FIFA의 탄생 한 종목 협회가 올림픽위원회와도 맞짱

축구는 스포츠 중 가장 많은 나라에서 하고 있는 종목이다. 높은 보급률답게 피파(FIFA, 국제축구연맹)를 모르는 사람은 없을 것이다. 피파에서 개최하는 월드컵은 올림픽보다 더 큰 인기를 누리고 있으며, 피파 회원국 수만도 209개국으로 국제올림픽위원회(IOC)를 능가한다. 이는 축구가 전 세계 스포츠 중 가장 대중적이고 인기가 있다는 방증이다.

피파는 1904년 이전에 이미 각 국가별로 40개의 축구협회가 활동하고 있었으나 지역 간의 경기를 관리할 기구가 없다는 데 착안해 시작되었다. 이에 국제협회의 창립을 위해 1904년 7개국(프랑스 · 네덜란드 · 덴마크 · 벨기에 · 스위스 · 스웨덴 · 스페인) 대표가 프랑스 파리에 모여 피파를 탄생시켰다.

이후 피파는 1908년 제4회 런던 올림픽에서 축구를 정식 경기종목으로 채택시키는 성과를 이뤘고, 1920년 줄 리메(Jules Rimet, 1873~1956, 프랑스의 스포츠지도자) 회장 시대가 열리면서 1930년 드디어 제1회 월드컵 대회를 개최하기에 이른다.

이후 월드컵의 인기가 하늘을 찌르면서 축구는 더 빠르게 세계화되었다. 그런 위상을 업고 피파의 힘도 막강해졌다. 너무 힘이 세지다 보니 피파가 국제 스포츠계에서 독재 권력을 휘두르고 있다는 비판도 받고 있다.

월드컵 역사와 줄 리메컵 최고의 축구제전 만든 줄 리메

줄 리메컵의 브라질 영구 소장을 이끈 축구황제 펠레.

월드컵 축구대회는 단일 종목 국제대회 중 비교할 대상이 없을 만큼 높은 인기를 누리고 있다. 어떻게 이런 일이 가능할 수 있었을까?

월드컵은 1920년 국제축구연맹(FIFA) 회장으로 선출된 줄 리메의 노력으로 이루어졌다. 당시 축구는 대중적 인기를 등에 업고 프로선수들이 생겨나기 시작했다. 하지만 국제올림픽위원회에서는 아마추어 정신을 강조하며 프로선수들의 올림픽 참가를 반대했다. 이에 줄 리메 회장은 독자적인 축구대회를 구상했고, 1928년 마침내 월드컵대회 창설을 의결했다.

1930년 제1회 대회가 남미 우루과이에서 열렸다. 하지만 당시는 교통편이 좋지 않던 때라 유럽 4개국, 북중미 2개국, 남미 7개국 등 13개국 참가에 그친 초라한 대회였다. 이후 제2차 세계대전의 여파로 월드컵은 지지부진한 상태를 거듭한다.

그러다가 결정적 성장의 계기가 된 것이 1950년 브라질 월드컵대회였다. 당시까지 월드컵에 나오지 않았던 축구 종주국 영국이 참가함으로써 대회 위상이 달라진 것이다. 이어 대륙별 예선 제도를 도입해 국가대항전 성격까지 띠게 된 월드컵은 곧 가장 인기 있는 국제대회로 부각되기 시작했다.

한편, 월드컵 우승국에는 줄 리메 회장의 이름을 딴 순금제 줄 리메컵이 주어졌는데, 월드컵의 높은 인기에 줄 리메컵이 도난당하는 등 수난을 겪기도 했다. 또 국제축구연맹(FIFA) 규정에 의하면 월드컵에서 세 차례 우승한 나라에 줄 리메컵을 영구 수여하기로 되어 있었는데, 브라질이 그 영광을 차지했다. 지금은 그 후 새로 제작한 피파컵을 우승국에 수여하고 있다. 현재 월드컵 우승국 현황은 브라질 5회, 이탈리아 4회, 독일 4회, 프랑스, 아르헨티나, 우루과이 각 2회, 그리고 잉글랜드와 스페인이 각 1회씩 챔피언에 올랐다.

이슈 · 상식

1인 방송 고수익 1인 미디어 스타들

유튜브가 각광받으면서 1인 방송으로 고수익을 창출하는 사람들이 있다. 유튜브 스타로 떠오른 '대도서관'은 한 TV 뉴스에 출연해 자신의 월수입이 잘나갈 때는 수천 만 원대임을 밝혔다. 순간 뉴스 진행자의 얼굴에서 묻어 나오는 허탈함이란….

놀라운 것은 대도서관보다 더 잘나가는 1인 방송 BJ들이 즐비하다는 사실이다. 유튜브 세계에서는 1인 방송 스타들이 속속 등장하고 있다. 허팝, 도겸, 양띵 등. 대개의 유튜브 스타들은 1인 방송 시대를 연 아프리카TV에서부터 내공을 닦았다.

인터넷 1인 방송은 시청자들과 실시간 소통하는 방송이라는 점에서 기존 TV 방송과는 방식 자체가 다르다. 현재 1인 방송은 게임, 먹방(먹는 방송), 음악, 공부, 주식, 스포츠 등 다양한 장르로 확장되고 있다. 특히 먹방의 경우 미국 CNN에서 "한국은 먹는 장면을 보여주는 것만으로도 돈을 버는 이상한 나라"라고 보도해 더욱 유명해졌다.

그렇다면 유튜브 1인 방송 진행자들은 어떻게 돈을 벌까? 방송이 인기를 얻게 되면 구독자 수와 조회 수와 시청 시간이 올라간다. 유튜브 본사에서는 이를 평가하여 광고를 붙여 준다. 이 광고 수입의 일부가 유튜버에게도 돌아가 수익이 생기는 구조다. 일정 구독자 수가 되면 자동으로 광고가 배정된다.

이들의 수입원은 또 있다. 영상에 PPL(기업 협찬)을 유치한다든가 시청자들로부터 슈퍼챗(SuperChat, 후원금)을 받는다.

먹방 현상 대리만족과 불안감 해소?

최근 몇 년 사이 방송계를 강타한 핫이슈는 '먹방'이다. TV를 틀면 이곳도 저곳도 온통 먹는 방송일 정도였다. 〈냉장고를 부탁해〉에서부터 〈맛있는 녀석들〉, 〈골목식당〉에 이르기까지 먹방을 소재로 한 프로그램들이 넘쳐나고, 덕분에 셰프 전성시대를 열기도 했다.

외식업체 CEO이자 요리사인 백종원(1966~) 씨는 먹방이 낳은 스타다. 탤런트 소유진의 남편이기도 한 그는 자신만의 독특한 요리관으로 출연하는 프로그램마다 빅 히트를 기록했다. 그중 〈마이 리틀 텔레비전〉은 인터넷 1인 방송 형식으로 진행되어 그를 스타덤에 올려놓는 계기를 만들었다.

요리사인 이연복(1959~), 최현석(1972~) 셰프 등도 먹방에 출연해 유명인이 되었다. 소문에 의하면 이연복 셰프가 운영하는 중식당은 한 달 전에 예약해야 먹을 수 있을 만큼 유명세를 치르고 있다 한다.

인터넷 1인 방송도 먹방이 유행이다. 내용은 시청자들과 소통하며 그냥 먹는 장면을 보여주는 게 전부인데, 수많은 인터넷 먹방 스타들을 탄생시켰다.

먹방이 인기인 이유는 뭘까. 영국의 경제잡지 〈이코노미스트〉는 한국의 먹방 현상에 대해 '장기적인 경제 침체로 인해 한국인들의 심리에 깔려 있는 불안감과 불행 때문'이라고 분석한 바 있다. 먹는 화면을 보며 스트레스를 풀면서 일종의 대리만족을 느낀다는 것이다.

스웨그 신드롬 자유분방함의 가벼움

《아프니까 청춘이다》로 일약 베스트셀러 작가에 오른 김난도 교수는 후속작으로 《트렌드 코리아》라는 책을 내놓으며 한국 사회의 트렌드를 진단했다. 그런데 이 책에서 첫 번째로 내놓은 트렌드가 '스웨그 신드롬(swag syndrome)'이다.

스웨그(swag)란 원래 셰익스피어가 그의 희곡 《한여름 밤의 꿈(A Midsummer Night's Dream)》에서 창조한 단어다. 그것을 힙합그룹이 사용하면서 '가벼움, 자유분방, 허세, 멋' 등의 뜻을 담게 되었다. 보통 힙합 뮤지션은 허세를 떨며 멋진 척하는 모션을 많이 취하는데 이 모습을 스웨그라 한다.

그렇다면 김난도 교수는 왜 스웨그 신드롬을 주장했을까? 최근 SNS 문화의 확산과 깊은 관련이 있다. SNS 공간에서는 경박스런 말과 가벼운 행동으로 서로 자신이 잘났다며 싸우는 '디스(disrespect)'가 넘쳐난다. 이를 가장 잘 표현하는 말로 '스웨그'만 한 것도 없다. 심지어 방송에서도 과거 같으면 엄두도 못 낼 거친 표현이 웃음 코드로 포장되어 마구 쏟아져 나온다. 스웨그 신드롬, 어떻게 받아들여야 하나.

디지털 네이티브, 모바일 네이티브 디지털 언어를 원어민처럼

국제전기통신연합(ITU)은 해마다 세계 각국의 인터넷 발전 정도를 조사해 보고서로 발표한다. 그런데 2013년 보고서에서 이미 우리나라 15~24세 연령층의 대부분인 99.6%가 디지털 네이티브(digital natives)에 해당한

다고 언급했다.

디지털 네이티브란 네이티브 스피커가 모국어를 자유자재로 쓰는 것처럼 디지털 언어를 자유롭게 쓰는 세대를 뜻한다. 어렸을 적부터 컴퓨터를 보고 자랐으며 인터넷을 즐기고 스마트폰과 친구로 지내는 세대이기에 가능하다.

디지털 네이티브를 기성세대와 구분하는 이유는 사고방식이 아날로그에 익숙한 기성세대와 커다란 차이를 보이기 때문이다. 기성세대가 디지털을 통한 소통에 익숙하지 않은 데 반해 젊은 세대(디지털 네이티브)는 원래 입고 있던 옷처럼 디지털에 익숙하다는 것이다.

스마트폰의 확산과 함께 모바일 네이티브란 말도 생겨났다. 모바일 네이티브는 스마트폰 환경에 최적화된 세대를 뜻한다. 데이터 분석 전문기업인 와이즈앱은 한국인의 스마트폰 사용과 관련해 다양한 데이터를 발표하는데, 그중 하나인 1일 사용치(2019년 기준)로 10대는 3시간 48분, 20대는 5시간을 스마트폰과 함께하는 것으로 나타났다.

결국 디지털, 모바일 등의 매체에 가장 최적화된 연령대가 10~20대임을 보여주는 결과라 할 수 있다.

소셜테이너 사회 이슈에 목소리 내는 연예인

서울 강남 압구정동 엄마들의 표적이 된 연예인이 있었다. 바로 예능인 K씨다. 2015년 압구정동 엄마들은 SBS방송국 앞에서 K씨 퇴출을 외치는 데모를 벌였다. K씨가 진보적 성향을 보이며 사안이 생길 때마다 정치적

행보를 걸었다는 이유 때문이었다. 엄마들은 이런 이념을 가진 연예인이 아이들에게 영향을 미치는 인기방송에 출연하는 것이 못마땅하다고 생각했다.

K씨뿐만 아니라 사회 이슈에 적극적으로 목소리를 내는 연예인들이 점점 많아지고 있다. 이를 두고 소셜테이너(socialtainer)라는 신조어까지 생겼다. 소셜테이너란 사회를 뜻하는 소사이어티(society)와 연예인을 뜻하는 엔터테이너(entertainer)가 합해진 말로 사회적 문제에 적극적 목소리를 내는 연예인을 뜻한다.

K씨 외에도 소셜테이너 성향을 드러내는 연예인은 많으며 이는 앞으로 점점 더 많아질 전망이다.

또봇 뮤지컬까지 평정한 애니메이션

2014년 애니메이션 원작 뮤지컬이 기존의 뮤지컬들을 제치고 일간 예매율 1위를 기록하는 사고(?)를 쳤다. 그 주인공은 가족 뮤지컬 〈또봇〉! 어떻게 이런 일이 일어날 수 있었을까?

〈또봇〉의 인기 진원지는 애니메이션이다. 영실업과 레트로봇은 2012년 3D 로봇 애니메이션 〈변신자동차 또봇〉을 발표했다. 또봇(TOBOT)은 영어 스펠링에서 알 수 있듯 앞으로 읽어도 또봇, 뒤로 읽어도 또봇이다. 즉, 변신이 가능한 자동차 로봇이 바로 또봇이다. 내용은 또봇과 그 파일럿들의 활약상을 다룬 이야기다. 〈변신자동차 또봇〉은 발표되자마자 그해 애니메이션 최고 시청률을 기록했다.

이후 또봇의 인기는 하늘 높은 줄 모르고 치솟았고 관련 미디어 상품들이 쏟아져 나왔다. 또봇 만화, 또봇의 캐릭터로 만든 장난감 등을 거쳐 급기야 뮤지컬에까지 진출하기에 이르렀다. 그리고 뮤지컬계에서까지 성공하는 신기원을 이뤄낸 것이다.

세계문화유산 유네스코가 인정한 문화유산

2015년 일본의 하시마 섬이 유네스코(UNESCO, United Nations Educational, Scientific and Cultural Organization, 국제연합교육과학문화기구) 세계문화유산으로 등재되는 일이 있었다. 이를 두고 우리나라와 일본의 보이지 않는 실랑이가 있었다.

왜냐하면 이곳은 일제시대에 조선인 강제징용이 이루어진 곳이기 때문이다. 결국 일본 정부는 등재 기록에 '강제징용(forced to work)'이라는 말을 넣는 데 동의한다. 불명예보다 세계문화유산으로 지정되는 것이 더 급했던 모양이다.

세계문화유산이란 인류 전체를 위해 보호되어야 할 가치가 있다고 판단되는 문화에 대해 유네스코가 지정하는 유산을 말한다. 2019년 기준 167개국의 총 1,121점이 등재되어 있고, 이 중 우리나라는 14점(1점은 세계자연유산)이 등재되어 있다. 그 내역은 다음과 같다(괄호 안은 등재 연도).

석굴암과 불국사(1995), 해인사 장경판전(1995), 종묘(1995), 창덕궁(1997), 수원 화성(1997), 고창 · 화순 · 강화 고인돌유적(2000), 경주 역사

유적지구(2000), 조선왕릉 40기(2009), 하회 · 양동마을(2010), 남한산성(2014), 백제 역사유적지구(2015), 제주 화산섬과 용암 동굴(2007, 세계자연유산), 산지승원 7곳(2018), 서원(2019).

세계기록유산 기록도 세계유산으로 보호한다

유네스코가 선정하는 세계기록유산이라는 것도 있다. 예를 들어 오스트리아의 《비엔나 디오스쿠리드(Vienna Dioscurides)》 필사본(1997), 슬로바키아의 브라티슬라바 성당(Bratislava Chapter House)의 성서 사본(1997) 등과 같이 주로 고서가 포함된다.

우리나라의 경우 총 16건이 세계기록유산으로 등재되어 있다. 《훈민정음》(1997), 《조선왕조실록》(1997), 《승정원일기》(2001), 《불조직지심체요절》(2001), 《조선왕조의궤》(2007), 고려대장경판 및 제경판(2007), 《동의보감》(2009), 《일성록》(2011), 5 · 18민주화운동 기록물(2011), 《난중일기》(2013), 새마을운동 기록물(2013), 한국의 유교책판(2015), KBS특별생방

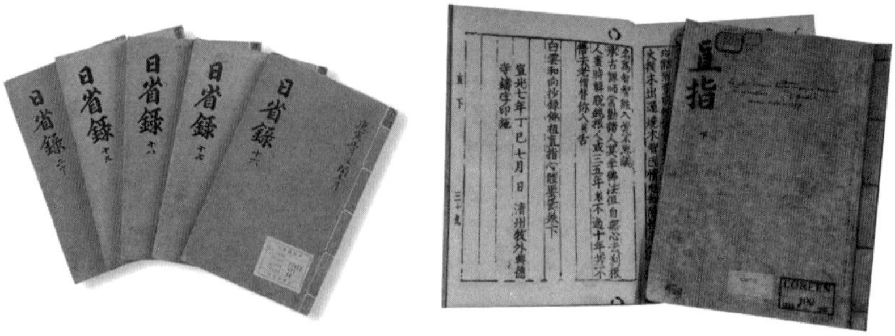

《일성록》은 1760년(영조 36)부터 1910년(융희 4)까지 151년간 기록한 조선의 국정일기이며, 《직지심체요절》은 1377년에 인쇄한, 세계에서 가장 오래된 금속활자 책자로 선불교의 이야기를 담고 있다.

송 〈이산가족을 찾습니다〉 기록물(2015), 국채보상운동 기록물(2017), 조선왕실 어보와 어책(2017), 조선통신사에 관한 기록(2017).

문화자본 거대 미디어기업들이 장악한다

오늘날 우리는 자본주의 시대를 살고 있다. 자본주의 시대란 자본을 많이 가진 사람들이 권력을 갖고 상류층이 되는 그런 사회다. 그런데 여기서 말하는 자본이란 경제적 가치에 사용되는 모든 자산을 뜻하는 말로 결국 경제자본을 의미한다.

그런데 이런 경제자본과 대비되는 개념으로 문화자본이라는 게 있다. 경제적 가치에 사용되는 자산이 경제자본인 것처럼 문화적 가치에 사용되는 모든 자산이 문화자본이다. 만약 어떤 사람이 문화적 가치를 누릴 수 있는 자산을 소유하고 있다면 그는 이미 문화자본을 가졌다고 할 수 있다.

그런데 이러한 문화자본은 결국 경제자본과 필연적으로 연결되어 있음을 부인할 수 없다. 경제자본이 많을수록 문화자본의 수준도 높아질 수밖에 없기 때문이다. 이런 이유로 현대는 몇몇 거대 미디어기업(media conglomerate)들에 의해 문화자본이 지배당하는 현상을 보이고 있다. 거대 미디어기업들이 문화산업과 관련된 신문사, 잡지사, 출판사, 라디오, 방송국, 영화사, 음반사 등을 소유해 거대 문화자본 권력을 행사하고 있기 때문이다.

지상파 방송광고 총량제 돈이냐 시청권이냐

2015년 방송통신위원회가 지상파 방송광고 총량제를 도입하기로 결정했다고 발표했다. 그러자 즉각 신문사, 잡지사 등에서 반발이 일어났다. 도대체 지상파 방송광고 총량제란 무엇이며 왜 신문사, 잡지사들이 반발한 것일까?

지상파 방송광고 총량제란 방송광고의 시간 총량만 규제하고 나머지 형식에 대한 규제는 풀어준다는 법이다. 예를 들어, 그동안 방송광고는 프로그램 광고(프로그램 앞뒤 광고), 시보 광고(시간을 알리면서 내보내는 광고), 토막 광고(프로그램 사이 광고) 등으로 구분해 시간과 형식을 규제하고 있었다.

그런데 이걸 풀게 되면 이제 지상파 방송국은 기업이 선호하는 다양한 형식의 광고를 할 수 있게 된다. 예를 들어, 프로그램이 나가는 동안에도 신문이나 잡지처럼 프로그램 내용과 관련된 다양한 형식의 광고를 실을 수 있다. 그러면 광고주들의 관심이 지상파 방송 쪽으로 쏠릴 가능성이 커진다. 이에 피해가 예상되는 신문사나 잡지사가 반발하는 것은 당연지사.

지상파 방송광고 총량제를 실시한 지 5년 여, 신문사들의 예상대로 꼼수 광고가 기승이다. 지상파 방송의 프로그램 중간광고는 여전히 허용되지 않고 있지만, 프로그램을 2~3부로 잘라 중간광고를 넣고 있는 것이다. 방송통신위원회는 이 문제를 못마땅하게 생각해 개선하려 하지만 별 대책을 못 내고 있다.

플롯 이야기의 흥미를 결정하는 것

영화를 볼 때나 소설을 읽을 때 흥미를 결정하는 요소는 무엇일까? 여러 가지가 있겠지만 '플롯(plot, 구성)'이라고 말하는 사람이 많다. 미국 몬태나 주립대 연극학과 교수인 토비아스(Ronald B. Tobias)는 저서 《인간의 마음을 사로잡는 스무 가지 플롯》에서 서사의 흥미를 결정하는 것은 '플롯'이라고 주장했다.

플롯이란 말 그대로 '이야기의 구성'을 뜻한다. 예를 들어, 우리는 영화 〈빠삐용〉의 스토리를 알고 있다. 그런데 스토리 그 자체는 속성상 시간의 흐름 속에 놓여 있다. 하지만 〈빠삐용〉의 이야기를 가지고 '탈출'이라는 주제를 극대화하기 위한 스토리 구성은 달리할 수 있다.

시간 순서를 바꿀 수도 있고 인물의 비중을 조절할 수도 있다. 물론 단락과 단락은 반드시 개연성 있게 연결되어야 할 것이다. 이렇게 볼 때 플롯은 밋밋할 수 있는 스토리를 가장 빛나게 해줄 수 있는 새로운 장치다.

이제 토비아스 교수가 플롯의 중요성을 이야기한 이유가 이해되는가? 영화는 물론 소설, 드라마, 만화 등 이야기를 가진 작품에서 플롯의 중요성은 아무리 강조해도 지나치지 않다.

모티브 표절과의 경계가 애매해

2015년 10월, KBS 〈전현무상무념쇼〉가 표절 시비에 휘말렸다. 그러자 담당 PD는 이 프로그램이 '웃음 참기 대회'를 모티브로 한 것이지 '멍 때리기 대회'를 표절한 것이 아니라며 반박했다. 그런데 이 말의 뉘앙스가 애매모호하다. 모티브라면 괜찮고 표절은 안 된다는 뜻인데….

모티브(motive, motif)란 라틴어 'motivum'에서 유래한 용어로서 일반적으로 예술 창작 또는 표현의 제작 동기를 의미한다. 예를 들면, 나중에 아름다운 공주가 되는 '못생긴 처녀' 얘기는 어느 나라에서나 흔히 전승되는 모티브다. 또 앞에서 말한 '웃음 참기', '멍 때리기'도 하나의 모티브일 수 있다.

모티브는 서사(이야기)의 단위가 그것일 수도 있고, 내용, 사건, 기법, 문구와 문장, 심지어 낱말일 수도 있다. 어떤 작가라도 작품을 만들 때 모티브를 이용하게 되는데 '하늘 아래 새것이 없다'는 말이 있는 것처럼 기존 작품에서 모티브를 따오는 경우가 많다.

하지만 기존의 것을 그대로 갖다 쓴다면 모티브가 아니라 표절이 되고 만다. 그럼에도 불구하고 모티브와 표절은 경계가 애매해 논란이 되기도 한다.

무라카미 하루키 쉬운 중독성으로 끌어들인다

이제 우리나라에서 하루키를 모르면 간첩일 정도로 무라카미 하루키(1949~)는 최고의 베스트셀러 작가다. 이른바 하루키 신드롬이 수년째 이어지고 있다. 《1Q84》, 《상실의 시대》, 《여자 없는 남자들》 등 내놓는 책마다 독서계를 강타했다.

하루키는 소설뿐만 아니라 에세이, 평론, 여행기 등 다양한 책을 쓰는 다작의 작가이기도 하다. 그래서 한때는 불과 2년 사이에 하루키 책만 10여 권이 우리나라에 들어오기도 했었다. 또 베스트셀러 상위권이 하루키 책으로 도배된 적도 있었다.

무라카미 하루키.

도대체 하루키의 마력은 무엇일까? 전문가들은 난해한 상징 키워드로 가득한 내용을 쉽고 소프트한 문체로 담아내기 때문이라고 분석한다. 실제 내용은 어려우나 쉽게 읽을 수 있다는 것. 이것이 하루키 문장의 마법이다.

게다가 하루키 소설은 잔잔한 감동이 있고 강한 중독성이 있다. 그래서 한 번 그에게 빠져든 독자는 헤어나기 힘들다.

최인호 영원한 청춘을 살다 간 소설가

2013년 9월 25일 비보가 날아들었다. 소설가 최인호(1945~2013) 씨가 향년 68세를 일기로 별세했다는 것. 사망 원인은 침샘암으로 5년간의 투병 생활이 있었다고 한다. 1970~90년대 한국의 도시화 시대를 배경으로 한 작품을 써서 독자들의 뜨거운 사랑을 받은 그는 한 시대의 국민작가였다. 사람들은 그의 소탈한 생활 태도도 아꼈다.

최인호는 고등학교 2학년 때 습작으로 써낸 단편소설 〈벽 구멍으로〉가 한국일보 신춘문예에 당선되어 세상을 깜짝 놀라게 했다. 천재 작가의 탄생을 알리는 신호탄이었다. 이후 그를 유명 작가의 반열에 오르게 한 작품들이 쏟아져 나온다. 《별들의 고향》, 《바보들의 행진》, 《적도의 꽃》, 《고래

사냥》, 《겨울 나그네》 등 내놓는 작품마다 빅 히트를 기록했으며 많은 경우 영화로도 만들어졌다.

작품 대부분이 청춘을 소재로 다루고 있어 최인호는 당시 청바지 시대를 대표하는 '영원한 청년 작가'로 불렸다. 평론가들 중에는 작품성 높은 초기 소설에 비해 대중소설로 넘어가며 작품성이 좀 떨어졌다고 평가하는 이도 있다.

레디메이드, 오브제 기성품도 예술이 될 수 있다

뒤샹의 레디메이드 작품.

작가 채만식(1902~1950)의 단편소설 중에 〈레디메이드 인생〉이라는 작품이 있다. 인텔리인 주인공이 일자리를 찾지 못해 방황하는 내용을 담고 있다. 그런데 '기성품'을 뜻하는 '레디메이드(ready-made)'가 이 작품에서 무엇을 의미하는지 이해하기가 쉽지 않다.

레디메이드란 프랑스 미술가인 뒤샹(Marcel Duchamp, 1887~1968)에 의해 만들어진 개념으로 기성품의 위치를 옮겨 예술품으로 승화시키는 작업을 뜻한다. 즉, 오브제(objet, 본래의 용도에서 분리해 작품에 사용하는 물건)를 이용한 새로운 형태의 예술이다.

예를 들면, 1912년 뒤샹이 의자 위에 자전거 바퀴를 올려놓은 작품을 만든 적이 있는데, 이것이 최초로 오브제를 이용한 레디메이드다. 자전거 바퀴가 그냥 자전거에 달려 있을 땐 예술품이 될 수 없겠지만, 위치를 의자 위로 이동함으로써 기성품이 예술품으로 승화한 것.

이런 의미로 본다면 채만식의 〈레디메이드 인생〉도 어느 정도 해석이 가능하다. 인텔리인 주인공(기성품)이 자신이 빛날 수 있는 자리(인텔리에 걸맞은 직장)로 이동해야 자신이 빛날(레디메이드 작품처럼) 수 있을 텐데, 그러지 못한 상태(실업)에 있으니 자신도 사회도 암울할 수밖에 없다는 뜻. 그래서 레디메이드 인생을 꿈꾼다는 의미로 이 제목을 달지 않았을까.

개념미술 아이디어가 작품이다

앞에서 뒤샹의 레디메이드 작품은 기존의 미술 개념을 아이디어 하나로 완전히 깨뜨린 예라고 할 수 있다. 이처럼 미술작품 그 자체의 완성도보다 아이디어가 더 중요하다고 생각하는 새로운 미술 장르가 개념미술(conceptual art)이다. 따라서 개념미술에서는 기존 미술에서 강조하는 선, 색, 조화, 대비 등이 첫 번째 중요한 요소가 아니다.

미국의 미술가인 조지프 코수스(Joseph Kosuth, 1945~)의 〈하나 그리고 세 의자〉라는 작품은 '의자 사진과 실제 의자, 의자를 설명해놓은 글'로 구성되어 있다. 이것을 미술작품이라 여기는 사람은 없겠지만, 코수스는 이 작품에 사람들로 하여금 의자의 존재에 대해 다시금 생각해보게 하는 아이디어를 담았다. 그래서 작품 같지 않은 것이 개념미술에서는 작품으로 승화한다.

이처럼 작품에 아이디어가 담겨 있다면 그것은 훌륭한 개념미술 작품이 될 수 있다.

팝아트 창작할 때부터 대중과 더 친숙하게

사람들은 '예술' 하면 엄숙, 난해, 의미 등 무겁고 어려운 이미지를 먼저 떠올린다. 이 때문에 예술은 여전히 애호가 중심인 면이 있다. 하지만 미디어가 발달하면서 대중과 가까워지려는 예술가들이 나타나기 시작했다. 이른바 팝아티스트들이다.

팝아트(pop art)는 말 그대로 대중예술(popular art)을 뜻하는 말이다. 대중과 친숙한 TV, 상품, 광고, 쇼윈도, 교통 표지판, 만화 주인공 등 생활 속 소재들을 작품 속으로 끌어들이는 것이 특징이다. 1950년대 영국에서 시작되었으며, 이후 미국으로 건너가 뉴욕의 팝아트를 탄생시켰다.

팝아티스트 중 가장 유명한 인물은 팝아트의 선구자로 불리는 미국의 앤디 워홀(Andy Warhol, 1928~1987)이다.

그의 작품 중 하나인 〈메릴린 먼로〉는 섹시 스타인 메릴린 먼로를 작품의 소재로 사용했다. 예술과 현실의 경계를 무너뜨리는 그의 작품은 미술계에 혁명적 변화를 던져주었다.

비디오아트 - 백남준 비디오도 예술이 된다

'비디오아트' 하면 백남준(1932~2006)은 동의어처럼 떠오르는 이름이다. 그만큼 백남준은 우리는 물론 세계인의 뇌리에 금세기 최고의 비디오아트 예술가로 각인되어 있다.

백남준은 일본 동경대를 졸업하고 독일 유학을 떠나 뮌헨 대학과 프라이부르크 음악학교, 쾰른 대학에서 현대음악을 전공했다. 그의 예술 인생이 바뀌게 되는 결정적 계기는 세계적인 전위음악가인 미국 작곡가 존 케이지(John Cage, 1912~1992)를 만나면서부터다. 백남준은 자신의 데뷔작으로 〈존 케이지에 대한 오마주〉를 초연했는데, 공연 중에 바이올린을 내리쳐 부수는 장면을 연출했다. 이때부터 백남준의 기행이 시작되었다.

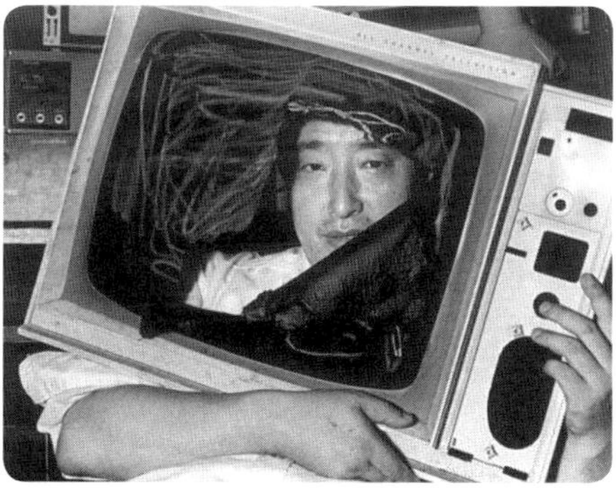

백남준을 비디오아트의 선구자로 만든 사건은 첫 개인전 '음악의 전시-전자TV'다. 이때 그는 TV 13대, 피아노 3대, 소음기 등을 예술적으로 배치한 작품을 선보였다. 이를 계기로 비디오아트 예술가로 이름을 날리게 된다.

그에 대한 세계적인 지명도는 1997년 독일의 경제잡지 〈캐피탈〉이 선정하는 '세계의 작가 100인' 가운데 8위에 오른 것으로 미루어 짐작할 수 있다.

재즈, 소울, 블루스 흑인 특유의 감성을 담은 음악

1900년대 초 미국인들은 자본주의의 부흥 덕에 엄청난 부를 획득하게 되었다. 하지만 그런 가운데서도 소외감을 느끼는 계층이 있었으니 바로 흑인들이었다. 그들은 아프리카에서 노예로 끌려와 하층민의 고단한 삶을 살아야 했다.

흑인들은 이런 애환을 음악으로 달랬다. 그들이 아프리카에서 불렀던 민속음악! 흑인들은 고향의 음악에 현대식 악기들을 접목해 새로운 음악을 만들었다. 그렇게 흑인 음악과 현대식 악기가 결합해 탄생한 것이 재즈(jazz)다.

배에 실려 바다를 건너온 흑인들이 도착했던 미국 남부의 뉴올리언스는 흑인음악의 산실이다. 그곳 출신의 루이 암스트롱(Louis Armstrong, 1901~1971)은 재즈를 대중적 성공으로 이끈 인물이다. 트럼펫을 불며 묵직하고 걸쭉한 목소리로 재즈를 부르는 그의 모습은 미국인들을 매료시켰다. 미국에서 시작된 재즈 열풍은 세계로 퍼져 나갔으며, 현재는 현대음악의 중요한 장르로 인정받고 있다.

한편, 1950년대에 재즈 용어로 소울(soul, 영혼)이란 말이 널리 사용되기 시작했다. 재즈에서는 다른 음악에서 접할 수 없는 소울이 느껴졌기 때문이다. 그 시작은 흑인들이 교회에서 부르던 가스펠송이었다. 여기에서 블루스(blues, 미국 흑인음악의 일종)가 파생되었다.

이렇게 재즈, 가스펠송, 블루스에 바탕을 둔 흑인음악을 사람들은 다른 말로 소울이라고도 칭했다. 1960년대에 유행한 소울 음악은 기존의 블루스나 재즈와 구별이 쉽지 않지만 하나의 장르로 자리를 잡아 나갔다.

리듬앤블루스 블루스가 리듬을 타다

1900년대 초 · 중반, 미국의 흑인들은 자신들의 처지를 반영하듯 매우 슬프고 우울한 분위기를 풍기는 소울 음악을 노래했다. 사람들은 이 음악을 블루스(blues)라 불렀다. 그런데 1940년대 제2차 세계대전을 지나면서 블루스가 빨라지기 시작했다. 당시 전기기타가 등장했는데 강렬한 비트와 빠른 리듬이 인상적이었다. 블루스가 바로 그 전기기타의 경쾌한 리듬을 탄 것이다.

리듬과 블루스의 결합. 이는 리듬앤블루스(rhythm and blues)라는 새로운 장르의 음악 탄생으로 이어진다. 기존의 블루스에서 더욱 리드미컬해진 블루스로, 줄여서 알앤비(R&B)라 한다. 오티스 레딩(Otis Redding, 1941~1967)은 1960년대를 이끈 대표적 리듬앤블루스 가수다.

한편, 오늘날 알앤비라 하면 미국 흑인들이 소울을 담아 부르는 대부분의 음악을 지칭한다. 그런 의미에서 역사상 최고의 가수로 일컬어지는 마이클 잭슨(Michael Jackson, 1958~2009), 휘트니 휴스턴(Whitney Houston, 1963~2012) 등도 알앤비 가수라 할 수 있다.

로큰롤, 록 꼭대기에 엘비스 프레슬리가 있어

베이비 붐(baby boom)이란 전후 미국에서 일어난 급격한 인구 증가를 의미한다. 이때 경제 발전과 함께 라디오와 흑백TV 보급이 크게 늘어났다. 사람들의 관심이 방송에 쏠렸고 그 사이를 대중음악이 치고 들어갔다.

이런 가운데 1950년대에 새로운 음악이 탄생했다. 바로 로큰롤(rock'n'roll)이다. 로큰롤의 발달과 함께 〈Rock, Rock, Rock〉(1956)이란 영화까지 등장했다. 로큰롤이 무엇인지에 대해서는 이 영화의 배우이자 로큰롤의 창시자로 불리는 앨런 프리드(Alan Freed, 1922~1965)의 말에서 짐작할 수 있다.

"로큰롤은 많은 시냇물이 모여 만들어진 강이다. 재즈, 컨트리, 포크…

로큰롤의 창시자로 알려진 디스크자키 앨런 프리드.

이 모두가 로큰롤의 강한 비트에 기여했다."

그렇다. 로큰롤이란 당시 있었던 거의 대부분의 음악 장르들이 결합해 재탄생한 음악이다. 로큰롤의 황제로 불리는 엘비스 프레슬리(Elvis Presley, 1935~1977)는 그 대표 주자라 할 수 있다. 이전에 없었던 인기를 구가했을 뿐 아니라 전 세계에 로큰롤을 알리는 역할을 했다.

로큰롤이란 명칭은 당시 배우이면서 디스크자키로 성가를 높였던 앨런 프리드가 만든 신조어로 전해진다. 또 로큰롤에 들어 있는 '록'이라는 말은 이후 로큰롤에서 발전한 수많은 여러 스타일의 음악에 붙는 등 포괄적인 의미로 쓰이고 있다.

하드록, 헤비메탈, 펑크 그룹밴드의 유행을 개척한 원조들

로큰롤에 일렉트릭 기타가 더해지면서 로커들은 전자식 기계음 소리를 내며 장시간 기타를 연주하는 새로운 스타일의 음악을 선보이기 시작했다. 휘몰아치듯 빠르게 연주하는 드럼도 볼거리였다.

기존의 로큰롤보다 훨씬 강한 느낌을 준다고 해서 이를 하드록(hard rock)이라 불렀다. 1964년에 데뷔한 롤링 스톤스(The Rolling Stones), 1968년 데뷔한 딥 퍼플(Deep Purple)과 같은 밴드들이 대표적이다.

1980년대 중반에는 하드록에서 또 달라진 헤비메탈(heavy metal)이 유행하기 시작했다. 헤비메탈 역시 록 장르 중 하나이지만 육중한 금속성 음을 낸다고 해서 붙여진 이름이다. 헤비메탈은 하드록보다 더욱 강한 일렉트릭 기타의 비틀림 소리와 강한 비트, 내지르는 듯한 고음의 목소리를 자랑하기에 시끄러운 음악으로 유명하다.

하드록, 헤비메탈의 유행은 미국의 밴드 음악을 전 세계에 전파시켰다. 1969년에 데뷔한 레드 제플린(Led Zeppelin), 그 뒤를 이은 스콜피온스(Scorpions), 퀸(Queen) 등이 그룹밴드 음악으로 세계적인 스타가 되었다.

한편, 1970년대 중반에 강렬하면서도 단순한 코드와 빠른 리듬으로 부르는 록 음악이 등장했다. 이른바 펑크(punk, 불량배란 뜻의 속어)다. 이는 청춘들의 반항적 이미지를 담고 있어 젊은 층을 중심으로 빠르게 확산되었다.

얼터너티브 록 시끄러운 소리는 이제 지겹다

1980년대 헤비메탈의 인기는 대단했다. 하지만 사람들은 점점 헤비메탈의 시끄러운 소리에 지쳐갔다. 이제 좀 조용하고 감성적 멜로디의 음악을 듣고 싶어 했다. 이런 흐름 속에 1990년대 초반 들어 듣기 편한 새로운 록 음악들이 속속 발표되었다. 평론가들은 이것이야말로 '록 음악의 대안'이라는 평가를 해주었다.

이렇게 하여 얼터너티브(alternative, 대안의) 록이 탄생했다. 얼터너티브 록은 말 그대로 기존 록에 대한 반발과 대안으로 나온 음악을 뜻한다.

때문에 얼터너티브 록은 특정 장르이기보다 기존 록 음악의 대안으로 나온 모든 음악을 지칭한다.

1992년 얼터너티브 록 문화에 불을 지피는 곡 하나가 등장했다. 3인조 밴드 너바나(Nirvana)의 〈Nevermind〉다. 엄청난 인기 속에 너바나는 이 음악 하나로 얼터너티브 록을 기존 록 위에 서게 했다.

디스코 전 세계를 춤추게 하다

1980년대에 우리나라에는 디스코텍이라는 곳이 있었다. 기존 나이트클럽과 달리 음료수 한 병을 사 먹으면 화려한 조명 아래의 스테이지에서 마음껏 몸을 흔들며 디스코를 출 수 있는 공간이었다. 디스코(disco)는 그야말로 1980년대 전 세계를 춤의 열풍으로 이끌었다. 그런데 디스코가 어떻게 갑자기 생겨나 이런 유행을 일으켰을까?

그것은 밴드 없이 레코드만 사용하는 댄스홀의 등장에서 기원을 찾을 수 있다. 프랑스에 처음 등장한 댄스홀은 미국으로 전파되면서 대인기를 끌게 된다. 그러다 1977년에 나온 〈토요일 밤의 열기(Saturday Night Fever)〉라는 영화에서 디스코를 추는 장면이 젊은이들의 마음을 완전히 뒤흔들어놓았다.

디스코는 순식간에 전 세계로 번져갔으며, 세계의 젊은이들은 4분의 4박자 리듬에 맞춰 디스코를 신나게 추며 디스코 열풍에 빠져들었다.

일렉트로닉 음악 못 내는 소리가 없는 연주 기기

1964년 미국의 음악 컨설턴트인 로버트 무그(Robert Moog, 1934~2005)는 신시사이저(synthesizer)라는 새로운 악기를 개발했다. 이는 전자음으로 모든 악기의 소리를 낼 수 있을 뿐 아니라 음향, 음색, 효과음을 자유자재로 합성할 수 있게 한 장치다. 거기에 더해 미디(MIDI, Musical Instrument Digital Interface, 음악 편집 프로그램)라는 프로그램까지 개발되기에 이른다.

이와 같은 신시사이저, 미디의 발달과 함께 발전한 음악이 일렉트로닉 음악이다. 일렉트로닉 음악에서는 온갖 소리들을 원하는 소리로 바꿀 수 있다. 다양한 효과음이 가능한 일렉트로닉 음악은 뮤지션들에게 새로운 매력을 선사했다.

일렉트로닉 음악은 점점 발전했고, 한때 빌보드 상위 차트를 거의 석권할 정도의 위용을 과시했다. 1990년대를 이끈 마돈나(Madonna, 1958~)는 대표적인 일렉트로닉 음악 가수다.

힙합 헐렁한 바지에 엉덩이를 좌우로

삐딱하게 쓴 모자, 항공점퍼와 축 늘어진 바지를 입고 구부정한 자세로 엉덩이를 좌우로 흔드는 춤을 추며 랩을 외쳐대는 모습, 더욱이 이 모습으로 스프레이 페인트를 벽면에 뿌려대는 장면! 이것은 힙합(hip hop) 뮤지션들에게서 흔히 볼 수 있는 장면이다.

힙합이란 말 그대로 '엉덩이를(hip) 흔들다(hop)'라는 뜻으로 1970년대

힙합을 소재로 한 영화 〈스텝업 올인(Step Up All In)〉의 한 장면.

후반에 뉴욕 할렘가를 중심으로 형성된 새로운 음악 장르다. 음악 장르라 하나 어떤 음악적 색채가 있다기보다 위와 같은 패션 문화를 추구하고 거기에 랩과 디제잉(클럽 DJ의 음악 플레잉), 브레이크 댄스가 추가되면 힙합 음악이 완성된다.

이와 같은 힙합은 음악 장르라기보다 하나의 문화라고 보는 게 맞다. 현재 힙합 문화는 전 세계 젊은이들의 마음을 사로잡으며 확산되어 나가고 있다. 자유롭고 싶고 기성세대에게 반항해보고 싶은 젊은 세대의 의식에 딱 들어맞기 때문일 것이다.

레게 자메이카 스타일의 흑인 음악

마치 흑인 머리처럼 땋은 머리 스타일로 무대에 등장하는 남자들, 모습부터가 특이하다. 이 차림만 보고도 청중들은 "레게음악 하는 팀이네." 한다.

가수 하하는 레게 뮤직 동료인 스컬과 함께 자메이카를 방문한 적이 있다. 자메이카는 레게의 본산지이기 때문에 두 사람에게는 더욱 의미가 있었다. 레게 뮤직은 1970년 전후 자메이카에서 발생한 새로운 음악 장르로, 자메이카 흑인들의 토속음악에 미국의 댄스 뮤직과 소울 등의 요소가 곁들여져 형성되었다.

미국에는 레게의 선구자라 할 수 있는 밥 말리(Bob Marley, 1945~1981)의 〈I Shot The Sheriff〉가 인기를 끌면서 전해졌다. 이후 미국에서 레게의 인기가 급상승했고, 유럽으로 퍼져 나갔다. 레게는 우리나라에도 전해져 젊은 층에서 큰 인기를 누리고 있다.

리믹스 원본 음악에 또 다른 맛을 가미

1970년대 후반 디스코 열풍이 한창이던 뉴욕의 클럽 디스크자키들은 같은 레코드 두 장을 나란히 턴테이블에 올려 약간의 시차를 두고 틀었다. 이는 춤꾼들의 열기를 꺾지 않고 음악을 이어가기 위한 방법이었다. 그런데 이게 계기가 되어 두 개 이상의 음원을 하나의 음으로 합치는 믹싱 기법이 나왔다.

이렇게 믹스를 다시 하여 또 다른 음악으로 재탄생시키는 것을 리믹스(remix)라고 한다. 현재는 노래를 새로운 스타일로 만드는 방법으로 인식되고 있으며, 그런 작업을 하는 '믹서'라는 컴퓨터 음악 프로그램도 개발되었다.

리믹스(remix)는 주로 믹서를 이용해 색다른 리듬이나 갖가지 효과음을 삽입하는 방식으로 이루어진다. 리믹스 음반도 출시되고 있다. 아이돌 그룹 빅뱅의 〈거짓말〉, 〈붉은 노을〉 등이 리믹스 버전으로 부른 대표적인 노래다.

랩 말이 노래가 된다

언제부터인가 우리나라 대중음악에서 랩(rap)이 빠지면 뭔가 덜 채워진 노래가 될 정도로 랩의 기세가 드높다. 아이돌그룹이나 걸그룹의 경우 래퍼(rapper, 랩을 전문으로 담당)가 반드시 한 명 이상 포함되어야 할 정도다. 나아가 래퍼 대회가 열리기도 하고 래퍼 순위가 매겨지기도 한다.

랩은 1970년대 초 미국의 흑인 젊은이들 사이에서 유행하기 시작했다. 당시 흑인 청년들은 멜로디 없이 그저 특유의 비트와 가사로만 리듬에 맞춰 랩을 읊어대곤 했다. 그것은 자신들이 느끼는 사회적 분노에 대한 반어적 표현이었다. 이후 랩은 점점 발전해 지금은 음악의 한 장르로 자리 잡았다.

세계적 래퍼로는 미국의 스눕 독(Snoop Dogg, 1971~)을 들 수 있다. 가수 싸이가 〈강남스타일〉의 세계적 히트로 떴을 때, 스눕 독과 만나는 장면이 전해져 우리나라에서도 유명해졌다.

우리나라에 랩을 도입해 최초로 대중적 성공을 거둔 노래는 서태지와 아이들이 부른 〈난 알아요〉다. 그때까지 한국어 발음은 랩에 맞지 않다는 포기 의식까지 있었으나 서태지가 이를 깨뜨려 보인 것이다.

버스킹 길거리 공연도 좋기만 하다

홍대거리나 신촌을 지나다 보면 거리에서 연주나 노래를 하는 사람들을 종종 볼 수 있다. 이런 거리 공연을 버스킹(busking)이라고 한다. 영국의 유명 싱어송라이터인 에드 시런(Ed Sheeran, 1991~)은 바로 이 버스킹으로 인기를 얻어 스타 반열에 올랐다.

우리나라에서도 버스킹 문화가 확산되고 있는데, 공연 스타일이 꽤 다양하다.

먼저 개인이 악기 하나를 들고 나와서 하는 버스킹이 있다. 우리나라 지하철역에서 외국인이 그룹 GOD의 〈촛불 하나〉를 부르는 모습이 유튜브에 떴는데, 주변 사람들이 함께 반응하는 뜨거운 장면을 연출했다. 개인 버스킹 사례다.

그룹 형태로 악기와 장비를 갖추고 거리에 서는 팀 버스킹도 있다. 이 때는 소음이 심할 수 있으므로 장소에 따라 신고를 해야 한다. 악기 없이 MR(Music Recorded, 반주)을 틀어놓고 하는 버스킹도 있다. 이에 대해서는 '진정한 공연인가' 하여 찬성과 반대로 의견이 갈리는 상황이다.

마이클 잭슨의 기록 역사상 가장 성공한 가수

금세기 최고의 팝 가수 한 명을 꼽으라면 누가 합당할까? 망설임 없이 마이클 잭슨(Michael Jackson, 1958~2009)을 지명하는 사람이 적지 않을 것 같다. 현대적 대중음악과 춤은 그로부터 나왔다 해도 과언이 아닐 정도로 불멸의 기록을 남겼다.

마이클 잭슨은 불과 다섯 살 나이에 잭슨파이브의 리드보컬이 되었다. 이후 네 곡 연속 빌보드 차트 1위라는 전무후무한 기록을 세운다.

드디어 마이클 잭슨이 청년이 되었을 때, 그는 놀라운 춤으로 세상을 발칵 뒤집어놓는다. 일명 브레이크 댄스! 특히 최고의 히트곡 〈빌리진(Billie Jean)〉을 부르며 미끄러지듯 뒤로 걷는 '문워크 춤'은 세계 젊은이들을 모두 따라 하게 만드는 신기원을 이룩했다. 지금도 춤꾼들은 마이클 잭슨의 춤을 교본으로 삼는다.

1984년 발매된 앨범 '스릴러(Thriller)'의 판매 기록은 기네스북에 등재될 정도로 대단했다. 지금까지 무려 1억 4,000만 장이 넘게 팔렸다. 그리고 그 앨범의 수록곡 〈빌리진〉은 무려 37주간 빌보드 차트 1위를 하는 대기록을 세웠다.

블록버스터 흥행을 위한 대작

〈배트맨〉, 〈슈퍼맨〉, 〈쥬라기공원〉, 〈해리포터〉, 〈미드웨이〉 등…. 록버스터(blockbuster) 영화들이 우리나라 영화계에 끼친 영향은 이루 말할 수 없다. 우리에게 영화의 신세계를 경험하게 해줬으며, 우리나라 영화의 발전을 이끈 측면도 강하다.

블록버스터란 흥행을 위해 엄청난 돈을 쏟아부어 만든 대작을 뜻한다. 원래는 제2차 세계대전 때 영국군이 쓰던 폭탄의 이름에서 유래한 말이다. 한 구역(block)을 날려버릴(bust) 만한 위력이 있다는 뜻이다. 그런데 영화계에 이 블록버스터라는 단어가 들어오면서 새로운 의미로 쓰이게 되었다.

할리우드에서 블록버스터를 만들 때 적게는 500억 원에서 많게는 수천억 원의 비용을 쏟아붓는다. 〈캐리비안의 해적(Pirates of the Caribbean: on stranger tides, 2011)〉의 경우 3억 달러(3,000억 원 이상)가 들어간 초대형 블록버스터다.

우리나라에서도 블록버스터급 영화가 만들어지기 시작했는데, 한국 최초로 블록버스터를 표방하고 나온 영화는 1998년 개봉한 〈퇴마록〉이다. 이어 〈쉬리〉, 〈설국열차〉, 〈신과 함께〉, 〈부산행〉, 〈백두산〉 등이 나왔다. 지금은 우리나라에서 블록버스터급 영화라고 하면 적어도 수백억 원은 들어가야 명함을 내밀 수 있게 되었다.

스크린셀러 영화와 책의 상관관계

2016년 1월 넷째 주 미국 〈뉴욕타임스〉의 베스트셀러에 오른 책들 중 상위권에 오른 5편이 모두 스크린셀러(screen seller)였다. 이만하면 하나의 풍조다.

스크린셀러란 영화(screen)와 베스트셀러(bestseller)의 합성어로 영화와 관련된 책이 베스트셀러가 되는 경우를 말한다. 원작소설이 영화화된 뒤 영화 때문에 소설이 베스트셀러가 되는 경우도 있고, 먼저 영화로 상영된 것을 책으로 내놓았는데 베스트셀러가 되는 경우도 있다. 두 가지 모두 스크린셀러라 한다.

우리나라에서도 상영된 〈레버넌트〉, 〈스타워즈〉 등이 대표적인 스크린셀러다. 〈레버넌트〉는 먼저 소설로 나왔다가 영화 때문에 원작소설이 베스트셀러가 되었고, 〈스타워즈〉는 영화로 상영된 것을 책으로 내 베스트셀러에 올랐다. 우리나라의 스크린셀러로는 〈그대를 사랑합니다〉, 〈덕혜옹주〉, 〈부산행〉, 〈82년생 김지영〉, 〈남산의 부장들〉 등이 있다.

세계 3대 영화제 베를린 · 칸 · 베니스

베를린영화제의 상징인 금곰상.
최우수작품상 이름이기도 하다.

영화에 워낙 관심이 많은 요즘, 세계 3대 영화제 정도는 상식으로 알아두면 좋다.

가장 먼저 시작된(1932년 5월) 영화제로 이탈리아의 베니스국제영화제(Venezia Film Festival)가 있다. 이탈리아 베네치아(영어로 베니스)에서 매년 8월 말~9월 초에 개최된다. 우리나라에서는 1987년 임권택 감독이 감독한 〈씨받이〉로 배우 강수연이 최우수 여우주연상을 수상하면서 유명해졌다.

다음으로 칸영화제(Cannes Film Festival, 1946년 시작)는 프랑스 남부의 칸에서 매년 5월경 개최된다. 2002년 임권택 감독이 〈취화선〉으로 감독상을 받으면서 우리에게 친숙해졌다. 그리고 2019년 봉준호 감독이 〈기생충〉으로 최고상인 '황금종려상'을 수상했다.

마지막으로 베를린국제영화제(Berlin International Film Festival, 1951년 시작)는 독일의 베를린에서 매년 2월경에 개최된다. 김기덕 감독은 3년 연속 이 영화제의 경쟁부문에 초청받는 기록을 세웠다. 2000년 〈섬〉, 2001년 〈수취인 불명〉, 2002년 〈나쁜 남자〉가 그 작품들이다.

몽타주 컷과 컷을 연속시켜 메시지를 전달

1925년 구소련의 영화감독 세르게이 에이젠슈타인(Sergei Eisenstein, 1898~1948)이 만든 영화 〈전함 포템킨〉에는 유명한 '오데사의 계단'이 나온다. 이는 몽타주(montage) 기법만으로 이루어진 편집으로 몽타주의 교과서로 불리는 장면이다.

몽타주란 프랑스어 'monter(모으다, 조합하다)'에서 유래한 말로 영화의 편집을 뜻하며, 구체적으로는 컷(한 번의 촬영으로 찍은 장면)과 컷을 연결시켜 예술적으로 의미를 전달하는 편집이다.

에이젠슈타인 감독은 '오데사의 계단'에서 군사들이 군중을 짓밟는 컷, 군중들이 계단에서 뒤엉키는 컷, 오열하는 감정 컷 등을 연이어 붙여 비극적인 분위기를 자아내고 있다. 이 장면 때문에 몽타주 기법이 세계 영화계의 주목을 받게 되었으며 많은 감독들이 이를 따라 하게 되었다.

샷과 컷, 롱테이크 끊어지지 않게 찍되 길이가 달라

영화촬영 용어 중 헷갈릴 수 있는 게 있어 소개한다.

먼저 샷(shot)은 영화촬영의 최소 단위로, 일반적으로 일체 중단하지 않고 한 번에 촬영된 필름을 말한다. 즉, 끊어지지 않고 연속으로 이어지는 장면이다. 편집실에서는 샷과 비슷한 개념으로 컷(cut)이라는 용어를 쓰기도 하는데, 샷이 분절되는 마디마디를 의미하기도 한다.

롱테이크(long take)는 샷을 길게 촬영하는 것이다. 하나의 샷 촬영을 테이크(take)라고 하는데, 보통 영화의 샷은 10초 내외인 데 비해 롱테이크는 1~2분 이상이다. 영화 〈서편제〉에서 극중 주인공들이 '진도아리랑'을 부르며 청산도의 돌담길을 걸어가는 명장면을 기억하는지. 무려 5분 30초나 이어지는 롱테이크 장면이다.

비슷한 용어 중에 롱샷(long shot)도 있다. 인물의 전신을 담되 거리를 멀리 두어 넓어진 배경이나 주변에 중점을 두는 촬영 기법이다. 인물의 전신을 잡더라도 얼굴과 몸이 전하는 표정에 중점을 두는 것은 풀샷(full shot)이라 한다.

신과 시퀀스 신이 모인 부분적 이야기 단위

신(scene)은 영화와 관련해 흔히 쓰이는 익숙한 단어다. 베드신이라는 말을 예로 들면 여기에 신의 의미가 고스란히 담겨 있다. 즉, 신이란 하나의 장면이 만들어내는 최소 단위를 뜻하는 말로 동일 시간, 동일 장소, 단일 상황으로 이루어진다.

베드신은 남녀 간에 베드에서 연기하는 하나의 장면이므로 신이 될 수 있다. 이러한 신은 대개 샷과 샷이 모여서 이루어지지만 카메라 이동 없이 계속 찍은 롱테이크가 하나의 신이 될 수도 있다.

시퀀스(sequence)는 신과 신 여러 개를 모아 하나의 부분적 이야기를 만드는 단위다. 교과서를 보면 대단원이 있고 소단원이 있는데 시퀀스는 바로 소단원에 해당한다고 할 수 있다. 이 시퀀스들이 모인 것이 전체 영화, 전체 스토리다. 영화 1편은 보통 10~15개의 시퀀스로 구성된다.

하드보일드 냉철하고 무감각하게

종군기자 출신의 소설가 헤밍웨이(Ernest Hemingway, 1899~1961, 미국)는 그의 소설 문장에 수식어(형용사, 부사 등)를 거의 안 쓰기로 유명하다. 대신 짧고 건조한 문장을 즐겨 썼다. 그래서 사람들은 헤밍웨이의 문장을 하드보일드체라 부른다.

하드보일드(hard-boiled)는 원래 제1차 세계대전 때 미군 신병훈련소 훈련교관이 입었던 빳빳하고 딱딱한 느낌을 주는 제복을 뜻했다. 이것이 헤밍웨이 식의 '간결한 문체'를 지칭하는 말로 차용되었다가 영화계로 넘어와 폭력적인 내용을 냉철하고 무감각한 태도로 묘사하는 기법을 의미하는 말로 쓰이고 있다. 그래서 하드보일드 영화라는 장르까지 생겨났다.

대표적인 하드보일드 영화로는 장 피에르 멜빌(Jean-Pierre Melville, 1917~1973, 프랑스) 감독의 〈사무라이〉가 있다. 우리나라에서도 하드보일드를 외치며 나온 영화가 있으니 박찬욱 감독의 〈복수는 나의 것〉(2002)과 같은 작품이다.

시놉시스 한눈에 보는 영화 개요서

2016년 청룡영화상 작품상을 거머쥔 우민호 감독의 〈내부자들〉은 이 해 '뜨거운' 영화 중 하나였다. 청소년 관람불가 등급의 작품임에도 800만 관객을 끌어들인 이 영화는 일본 개봉으로도 이어졌다.

그런데 일본 〈내부자들〉 포스터에는 '모든 것을 폭로하려는 검사', '폭력으로 등극한 남자', '최후에 웃는 자는 누구냐' 등 영화의 내용을 알리는 문구가 가득했다. 이를 두고 '시놉시스(synopsis)를 다 적을 기세'라는 웃지 못할 반응도 나왔다.

시놉시스란 영화에서 주로 쓰는 용어로 작품의 '줄거리 개요(summary)'다. 한눈에 작품의 주제와 줄거리를 알리려는 목적으로 A4용지 2~4장 정도로 만든다. 하지만 아무리 요약이라 하더라도 시놉시스에 반드시 담아야 할 내용이 있는데 주제, 기획 및 작품 의도, 등장인물, 전체 줄거리 등이다.

미장센 극적 효과를 더하기 위한 외적 설정

영화 〈내부자들〉의 성공을 두고 우민호(1971~) 감독은 "이병헌 그 자체가 영화의 미장센이다."라는 찬사를 쏟아냈다. 그런데 미장센(mise en scene)의 뜻을 모르는 사람들은 이 말의 의미를 알아듣기 힘들다.

미장센이란 본래 연극 무대에서 쓰이던, '연출'을 의미하는 프랑스어다. 연극은 희곡을 바탕으로 이루어지는데, 희곡에는 무대 배치(장치, 조명, 의상 등)에 관한 세부 설정이 없는 경우가 많다. 때문에 연출자의 감각이 더해져야 한다. 이때 연출가가 무대 위의 모든 시각적 요소들을 배열하는 것을 미장센이라 한다.

영화에서 미장센은 '카메라에 찍히는 모든 장면을 사전에 계획해 이미지를 만들어내는 일'로 정의할 수 있다. 대부분의 영화감독들은 극적 효과를 높이기 위해 미장센(소품, 배경, 의상 등)에 상당한 신경을 쓴다. 그런데 이병헌은 그 자체가 미장센이라 했으니 영화 속에서의 존재 가치를 극찬한 말이라 할 수 있다.

볼리우드 세계 최다 영화 제작국은?

당신은 세계에서 영화를 가장 많이 만드는 나라를 어디로 알고 있는가? 할리우드로 대변되는 미국이라고 생각할지 모르겠다. 하지만 뜻밖에도 인도다. 인도는 연간 영화 제작 편 수에서 미국을 능가한다.

코트라 뭄바이 무역관의 보고서에 따르면, 인도 영화시장은 2019년 기준 24억 달러이며, 연평균 7.1%의 성장세를 기록하고 있다. 2018년 기준 시장 규모 24억 4,000만 달러를 기록해 세계 3위까지 올라섰다. 글로벌 영화시장 순위로는 1위 미국(110억 달러), 2위 중국(91억 달러), 4위 일본(21억 달러), 5위 영국(17억 달러), 6위 한국(16억 달러), 7위 프랑스(15억 달러) 순이었다.

또한 인도에서는 매년 2,000편에 가까운 영화가 제작되어 세계 최다 제작 편수를 자랑한다. 이런 규모의 영화 제작은 정말 대단한 기록이다. 2015년 기준 인도 영화시장의 한 해 누적 관객 수는 21억 명 이상으로 중국 22억 명에 이은 세계 2위 기록이다. 시장 총액으로는 미국을 따르지 못

하지만 인도는 할리우드와 비교할 수 없는 저비용으로 많은 영화를 만들고 싼 값에 영화를 상영한다.

인도인의 영화 사랑을 바탕으로 만들어진 조어가 볼리우드(bollywood)다. 인도의 영화 중심 도시인 뭄바이의 옛 지명인 봄베이와 할리우드를 합성해 만든 말이다. 그렇다면 인도인들은 왜 이렇게 영화에 열광할까? 그것은 국민의 오락 문화로 유일하게 자리 잡은 것이 영화이기 때문이다.

이런 가운데 인도의 외국영화에 대한 시각은 매우 배타적이다. 자국 영화 점유율이 80~90%나 된다. 인도는 할리우드 영화가 침투하지 못한 몇 안 되는 나라 중 하나다.

독립영화, 인디즈 상업주의를 거부한다

2009년, 독립영화(independent film, 약칭 '인디') 한 편이 대한민국을 강타했다. 양익준(1975~) 감독의 〈똥파리〉! 이 영화는 흥행에도 성공해 9시 뉴스에까지 등장했다. 〈똥파리〉는 소수 사람들만의 관심에 머물러 있던 독립영화를 비로소 시선의 중심으로 옮겨놓는 선구자 역할을 했다.

독립영화란 거대한 상업 자본과 상업적 발상 등에 매이지 않고 독립적으로 만든 영화를 뜻한다. 미국에서 반할리우드를 주창하며 뉴욕을 중심으로 탄생했다. 짐 자무시(Jim Jarmush, 1953~), 스파이크 리(Spike Lee, 1957~) 등이 인디영화로 유명한 감독들이다.

한편, 독립영화의 영어 약칭에서 가져온 '인디즈(indies)'라는 말은 대중음악 분야에서도 쓰이고 있다. 이 역시 상업주의에 물든 기성 음반사의 자본과 시스템을 거부하고 독자적으로 음악을 하는 사람들의 활동을 뜻한다. 1970년대 중반 미국에서 등장한 과격하고 정열적인 사운드를 강조하는 펑크(punk ※흑인적인 느낌의 funk는 다른 장르) 붐을 타고 활발해지기 시작했다.

투자배급사, 영화제작사 영화계의 복잡한 수익 구조

우리는 영화를 즐기기만 할 뿐 수익 구조가 어떻게 돌아가는지 모른다. 영화는 어떻게 만들어지며 어떤 수익 구조를 갖고 있을까?

일단 영화가 만들어지는 과정을 따라가다 보면 이 답은 쉽게 풀린다. 영화는 투자-제작-배급-상영의 단계로 이루어진다. 당연히 돈(투자)이 있어야 영화를 만들 수 있고 그것을 바탕으로 촬영이 시작된다(제작). 그리고 영화가 완성되었으면 이제 관객들에게 알리고 각 극장에 올릴 준비를 한다(배급). 이 모든 준비가 끝났을 때 비로소 관객과의 만남이 이루어진다(상영).

이렇게 하여 얻은 수익은 투자, 제작, 배급, 상영의 주체들이 나눠 갖게 된다. 대개 영화 수입은 세금(부가가치세 10%와 영화발전기금 3%)을 제외한 절반이 극장 몫이며, 나머지에서 수수료(배급처 10%, 관리처 10%)를 뗀 금액을 가지고 투자사와 제작사가 6 : 4로 배분하는 구조다. 투자사의 입장에서 보면 차 떼고 포 떼고 남는 것이 없는 장사처럼 보인다. 그래서 영화계에서는 투자액(제작비)의 5배 이상을 벌어야 수익이 남는 구조라는 말이 돈다.

우리나라 영화계에는 대개 투자와 배급을 묶은 투자 · 배급사(CJ 엔터테인먼트, 쇼박스 미디어플렉스, 롯데 엔터테인먼트 등)와 제작사(영화사 집, 바른손, 오푸스 픽처스 등)가 따로 존재한다. 물론 투자 배급과 제작을 겸하는 회사도 있다.

2019년 상반기 영화배급사 시장점유율 ※자료: 영화진흥위원회

순위	배급사	매출액 점유율(%)
1	월트디즈니컴퍼니코리아	30.7
2	CJ E&M	28.1
3	롯데컬처웍스	7.3
4	쇼박스	5.1
5	넥스트엔터테인먼트	4.5
그 외		24.3

다양성 영화 작품성 넘어 이젠 흥행까지!

우리나라에서 한 해 동안 영화관을 찾는 관객 수는 얼마나 될까? 해에 따라 다르지만 평균 2억 명이다. 그런데 그중 1,000만여 명이 다양성 영화의 관객이라는 사실을 아는 사람은 많지 않다.

다양성 영화란 2007년 영화진흥위원회의 '시네마워크 사업계획안'에서 처음 사용된 용어로 독립영화, 예술영화, 다큐멘터리영화 등을 지칭하는 말이다.

다양성 영화의 성격으로 볼 때 1,000만 관객이라는 숫자는 고개를 갸웃

거리게 만든다. 그렇게 다양성 영화를 보는 사람들이 많았나 하는 의심이 들기 때문이다. 보통 독립영화의 경우 관객 2만 명만 들어도 성공으로 친다. 그런데 1,000만 관객이라니!

영화진흥위원회 통계에 의하면 특히 2014년은 다양성 영화 1,000만 관객 돌파의 분기점이 되었다. 이 해 8월 개봉한 존 카니(John Carney, 1972~ , 아일랜드 출신 미국 영화감독) 감독의 〈비긴 어게인〉이 한몫했다. 다양성 영화 최다 관객인 340만 명을 기록했기 때문이다.

국내작에서도 다양성 영화 중 성공한 케이스가 나오고 있다. 〈워낭소리〉(2009, 이충렬 감독), 〈똥파리〉(2009, 양익준 감독), 〈지슬-끝나지 않은 세월 2〉(2013, 오멸 감독), 〈님아 그 강을 건너지 마오〉(2014, 진모영 감독) 등이 그런 작품들이다.

만화 〈원피스〉 3억 부 이상이 팔렸다

2015년 6월 15일, 일본 NHK 방송은 일본의 인기 만화 〈원피스〉가 단일 저자에 의한 단행본 발행부수 분야 기네스북에 올랐다고 보도했다. 도대체 얼마나 팔렸다는 걸까? 기네스에 제출된 2014년까지 기록으로 무려 3억 2,086만 부가 팔렸다.

물론 〈원피스〉가 한 권의 책이 아니라 기네스 등재 당시 시리즈 80여 권의 합산임을 감안하더라도 입을 쩍 벌어지

원피스의 주요 캐릭터.

게 하는 숫자다. 권당 판매 부수로 따져도 각기 400만 권에 달한다. 2020년 초 현재 94권째가 출간되어 기록은 계속 갱신되고 있을 것이다.

〈원피스〉는 오다 에이치로(1975~)가 1997년부터 그린 만화로 해적 왕을 꿈꾸는 소년 루피가 친구들과 함께 전설 속 보물인 '원피스'를 찾아가는 과정에서 겪는 모험이 주 내용이다. 현재 우리나라에도 수입되어 인기리에 읽히고 있다.

〈진격의 거인〉 역발상의 성공 만화

일본에서 한동안 오리콘 만화 차트 부동의 1위는 단연 〈원피스〉였다. 그런데 2014년 상반기, 깜짝 놀랄 만한 일이 터졌다. 〈원피스〉를 제치고 순간 차트 1위에 오른 만화가 등장한 것. 제목은 〈진격의 거인〉으로 듣도 보도 못한 신인작가 이사야마(1986~)가 그린 작품이다.

〈진격의 거인〉은 2013년 총 10권이 발행되었을 때 2,000만 부를 돌파했다. 그리고 16권째가 발행되었을 때는 4,500만 부를 넘어 권당 280만 부라는 어마어마한 판매량을 기록했다.

그렇다면 과연 어떤 내용을 담고 있을까? 먼저 그림부터 파격적이다. 일본 만화 특유의 난폭한 그림이 난무한다. 게다가 군데군데 고어들이 등장하며 내용도 어지럽다. 스토리도 기존 영웅담에서 벗어나 역으로 무력한 인간을 표현한다. 하지만 이런 역발상이 기존의 뻔한 대사와 그림 스타일, 스토리에 질린 독자들에게 신선함을 주었다.

〈진격의 거인〉은 현재 22권째 발행되고 있으며, 2014년부터는 애니메이션 영화로도 제작되고 있다.

게임시장 최고의 문화콘텐츠 산업

아이들이 게임을 하면 부모들은 눈에 쌍불을 켠다. 공부에 지장을 준다고 생각하기 때문이다. 하지만 아이들 입장에서 게임보다 재미있고 스트레스를 풀어주는 것도 없다.

현재 게임시장은 부모들이 생각하는 것 이상이다. 게임과 e스포츠 분석업체 뉴주(Newzoo)의 발표에 의하면 전 세계 게임시장의 규모는 2018년 기준 151조 원이다. 스마트폰이 등장하기 이전까지 게임시장은 비디오게임과 컴퓨터게임이 주를 이뤘으나 여기에 모바일게임이 추가되었다. 151조 원 규모 중 모바일게임이 차지하는 비중은 47%다. 계속해서 치고 올라오고 있기에 기존 게임업체들도 앞다퉈 모바일 게임시장에 뛰어들고 있다.

우리나라의 게임시장은 초창기 PC방이 주도했다. 엔씨소프트가 내놓은 〈리니지〉가 전국 PC방에서 대히트를 쳤기 때문이다. 이후 넥슨이 〈카트라이더〉, 〈메이플스토리〉 등의 게임을 내놓으면서 엔씨소프트에 맞섰다. 넥슨의 수입 구조는 PC방 위주의 엔씨소프트와 달리 넥슨캐시(게임머니)

가 주를 이룬다. 두 회사는 게임업계 1, 2위를 다투며 우리나라 1세대 게임시장을 주도했다. 이후 게임시장은 다국적 게임기업들의 등장과 모바일게임의 상승 등으로 혼전 양상을 보이고 있다.

문체부와 한국콘텐츠진흥원의 '2018년 콘텐츠산업 동향 분석 보고서'에 따르면 2018년 우리나라 게임산업 수출은 약 7조 5,700억 원으로 전체 콘텐츠산업 수출액의 66%를 차지할 만큼 크다.

웹툰 인터넷으로 옮겨온 만화

2014년 하반기에 선풍적 인기를 끌었던 드라마 〈미생〉. 그런데 이 드라마가 막 방송되기 시작했을 때만 해도 웹툰(web toon) 원작이 있다는 사실을 모르는 사람이 많았다. 윤태호(1969~) 만화가가 원래 작가로, 그는 웹툰계의 스타다.

웹툰이란 웹(온라인)을 통해 보여주기 위해 그린 만화다. 웹툰의 탄생은 만화계의 침체와 맥을 같이한다. 한국 만화계는 1997년 IMF를 맞아 극심한 침체기에 빠졌다. 그 많던 만화방이 거의 사라졌다. 그런 가운데 인터넷에 한 편, 두 편 올린 만화들이 인기를 끌며 만화계의 새로운 희망으로 떠올랐다. 사람들은 이 인터넷 만화를 웹툰이라 불렀다.

이후 수많은 웹툰 히트작들이 쏟아져 나왔으며 인기 작가도 탄생했다. 〈바보〉, 〈26년〉 등을 그린 강풀(1974~)은 대표적인 웹툰 작가다. 윤태호 작가의 활약도 그에 못지않다. 대표작인 〈미생〉은 누적 조회수 10억 건을 넘어설 정도로 엄청난 인기를 누렸다.

모바일 애플리케이션 분석 기업 '앱애니'에 따르면 2020년 3월 기준 네이버웹툰(라인망가, 라인웹툰)은 세계 주요 국가의 구글 플레이스토어 만화 매출 부분 1위에 올랐다. 카카오웹툰(카카오페이지, 다음웹툰, 픽코마)도 글로벌 웹툰 시장을 공략하고 있다. 특히 픽코마는 2020년 3월 기준 일본 구글플레이 만화 매출 순위에서 네이버의 라인망가에 이어 2위에 랭크됐다. 네이버웹툰이 미는 인기 웹툰은 〈신의 탑〉을 비롯해 〈갓 오브 하이스쿨〉, 〈노블레스〉 등이 있고 카카오웹툰이 미는 인기 웹툰은 〈이태원 클라쓰〉와 〈메모리스트〉 등이 있다.

웹드라마 인터넷용으로 제작한 드라마

최근 히트상품 중 하나는 '웹작품'이다. 웹툰, 웹소설, 웹드라마까지! 그런데 웹툰, 웹소설과 달리 웹드라마는 조금 생소해 보인다. 웹드라마란 차세대 콘텐츠로 주목받는 분야로 보통 TV로 보던 드라마를 인터넷으로 보는 드라마다.

TV 드라마가 시청률이 중시되는 것과 달리 웹드라마는 조회수와 시청시간에 따라 수입이 결정된다. 스마트폰으로 유튜브나 네이버TV 등을 통해 쉽게 볼 수 있기에 출퇴근길의 직장인들, 등하교길의 학생들이 많이 본다. 이 때문에 회당 시간을 짧게 해서 1회 10~15분 정도로 만든다.

최근 웹드라마는 폭발적인 인기를 끌고 있다. 웹용이라 해도 드라마 제작 특성상 장비와 인력이 많이 들어 방송사들과 대기업들도 참여하고 있다. 그만큼 기대치가 있다는 뜻이다. 인기 스타들도 배우로 나서고 있는 상황이다.

최근 인기를 끈 웹드라마로는 10대 학생들을 사로잡은 〈에이틴〉, 누적 조회수 3억 뷰를 기록한 〈연애 플레이리스트〉, 〈좀 예민해도 괜찮아〉 등이 있다.

캘리그라피 개성이 담긴 독창적 손글씨

스티브 잡스(Steve Jobs, 1955~2011, 애플 창업자)는 원래 대학에서 서체를 공부하던 사람이었다. 그는 서체에 관한 한 최고 대학이라 할 수 있는 리버칼리지에서 공부했으며 훗날 그 서체를 심은 컴퓨터를 개발하기에 이른다.

각종 문서 프로그램에는 아름다운 서체들이 넘쳐난다. 하지만 사람들은 곧 식상해하고 새로운 서체를 찾는다. 아무리 찾아봐도 마음에 드는 서체가 잘 보이지 않는 때도 있다. 그래서인지 언제부턴가 캘리그라피(calligraphy)가 우리에게 다가왔다. 캘리그라피란 아름다운(calli) 기록법(graphy)이란 의미로 '손으로 그린 아름다운 글씨'를 뜻한다.

캘리그라피는 분명 컴퓨터의 서체와는 다른 느낌을 준다. 현대는 개성과 독창성이 중시되는 시대다. 컴퓨터에 있는 서체가 아무리 뛰어나도 매번 새로운 것을 창조해낼 수 있는 캘리그라피를 따라갈 수는 없다. 기계가

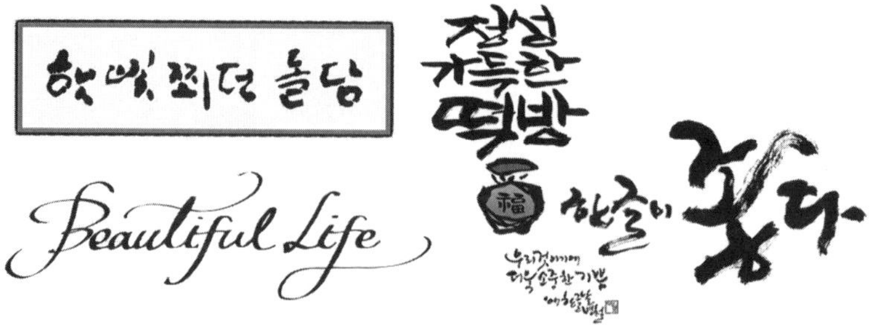

아닌 인간의 손으로 만들어내는 개성이 담긴 서체이기 때문이다. 따라서 캘리그라피는 창의성과 개성이 강조되는 현시대에 딱 맞는 서체임에 틀림없다.

가드닝 열풍 역시 자연이 좋아

가드닝(gardening) 열풍이 식을 줄 모른다. 홈 가드닝, 가드닝 소품, 월간 가드닝, 실내 가드닝, 일본 가드닝, 미니 가드닝, 셀프 가드닝, 영국 가드닝, 욕실 가드닝 등.

가드닝이란 인테리어를 숲속 정원(garden)처럼 꾸미는 것을 말한다. 도심의 탁한 공기와 빡빡한 삶에 지친 사람들이 가드닝을 찾으며 스트레스를 풀려는 심리가 웰빙과 만난 것이다.

이러한 가드닝 열풍은 집에서 시작되어 유통업계로 번졌다. 매장 인테리어를 가드닝으로 꾸미거나 바꾸는 일, 패션숍 인테리어를 옷과 자연이 어우러진 가드닝으로 꾸미는 일, 신발가게마저 가드닝 인테리어로 고객을 끄는 일이 그런 예다. 서울 연남동에는 가드닝 카페가 줄지어 들어서고 있을 정도다. 이제 사람들은 집에서뿐만 아니라 집 밖에서도 가드닝을 찾을 만큼 가드닝 열풍이 거세다.

애슬레저룩 인기 운동 +레저를 동시에!

2016년 패션 트렌드로 애슬레저룩(athleisure look)이 떠올랐다. 애슬레저는 '운동(athlete)'과 '레저(leisure)'의 합성어로 애슬레저룩은 운동복과 일상복의 경계를 무너뜨린 패션을 말한다.

그동안 우리는 운동을 할 때는 운동복을 입어야 한다는 고정관념이 있었다. 그런 면에서 애슬레저룩은 새로운 패션 트렌드다. 활동성을 강조하는 현대인들의 스타일에 딱 맞춰 나온 아이템인 셈.

이른바 운동복 패션의 등장이다. 애슬레저룩이라면 이제 운동복을 입고도 거리를 활보할 수 있게 된다. 레깅스 역시 애슬레저룩의 대표적 패션 유형이다. 애슬레저 레깅스를 입고 거리를 활보하다가 그대로 운동을 하러 갈 수도 있다. 래시가드(rash guard, 수상 운동 셔츠) 역시 애슬레저룩으로 변신할 수 있다.

한편, 애슬레저룩은 비단 옷에만 국한하지 않는다. 운동화도 얼마든지 애슬레저룩으로 변신해 일상에서든 운동할 때든 구분 없이 신을 수 있다. 이에 따라 애슬레저 운동화 상품들도 쏟아져 나오고 있다.

한국의 역대 올림픽 성적 최고 성적은 세계 4위

우리나라가 최초로 참가한 올림픽은 일제시대를 제외하면 1948년 제14회 런던 올림픽이다. 이 대회에서 우리나라는 복싱에서 동메달 2개를 따냈다. 이후 우리나라는 줄곧 올림픽에 참가했으나 한동안 금메달과는 거리가 먼 상태를 지속했다. 그러다가 1976년 제21회 몬트리올 올림픽(캐나다)에서 레슬링의 양정모 선수가 금메달을 따냄으로써 우리나라 선수 최초의 올림픽 금메달 기록을 세웠다.

이후 1984년 미국 LA 올림픽에서 금메달 6개로 종합 10위에 오르면서

스포츠 강국으로 탈바꿈했다. 이어 열린 1988년 제24회 서울 올림픽에서는 금 12, 은 10, 동 11개로 종합 4위를 차지해 세계를 놀라게 했다.

1992년 바르셀로나 올림픽(스페인)에서는 금메달 12개로 종합 7위, 1996년 애틀랜타 올림픽(미국)에서는 금메달 7개로 종합 10위, 2000년 시드니 올림픽(호주)에서는 금메달 8개로 종합 12위, 2004년 아테네 올림픽(그리스)에서는 금메달 9개로 종합 9위, 2008년 베이징 올림픽(중국)에서는 금메달 13개로 종합 7위, 2012년 런던 올림픽(영국)에서는 금메달 13개로 종합 5위에 오르는 성적을 내며 스포츠 강국으로서의 위용을 떨쳤다.

동계 올림픽에서는 1992년 알베르빌 대회(프랑스) 이래 꾸준히 종합 5~13위의 성적을 냈다. 최고 성적으로는 2010년 밴쿠버 대회(캐나다)에서 금메달 6개로 종합 5위에 올랐다. 우리나라가 개최한 2018년 평창 동계올림픽에서는 금메달 5개 등 역대 최다인 17개의 메달을 수확했다.

메이저리그 야구의 아메리칸 드림

야구가 탄생한 나라는 어디일까? 대부분 미국을 떠올리겠지만 기원을 따지면 영국이다. 하지만 현대 야구로 발전시킨 나라는 분명 미국이다. 1860년대가 되었을 때 이미 미국에서는 야구가 대중적인 스포츠로 자리 잡아가고 있었다. 이 분위기가 결국 1875년, 프로야구 내셔널리그 창설을 이끈다. 또 1901년 아메리칸리그까지 창설되어 양대 리그 체제의 메이저리그가 탄생하게 되었다.

1903년에는 처음으로 두 리그 우승팀 간의 월드시리즈가 벌어져 프로야구 열기를 더욱 고조시켰다. 이후 메이저리그는 사이 영(1867~1955,

통산 511승 316패), 베이브 루스(1895~1948, 통산 714 홈런), 행크 아론(1934~ , 통산 755 홈런) 등 불멸의 스타들을 배출하며 미국 최고의 인기 스포츠로 군림하게 된다.

메이저리그 팀 수는 총 30개로 아메리칸리그 15개, 내셔널리그 15개다. 정규 시즌은 각 리그별로 동부, 중부, 서구 지구로 나뉘어 치러지며, 정규 시즌을 마친 뒤에는 각 지구 1위 3팀과 와일드카드 1팀(지구 2위 중 최고 승률 팀), 양 리그 총 8개 팀이 플레이오프에 올라 리그별 우승팀을 가린다. 그리고 양 리그에서 우승한 최후의 두 팀이 그해의 챔피언 자리를 놓고 월드시리즈 7차전 경기를 벌인다.

그렇다면 메이저리그 역대 최다 우승팀(2019년 기준)은 어디일까? 뉴욕 양키스가 27회로 톱을 달린다. 다음으로는 세인트루이스 카디널스 11회, 오클랜드 애슬레틱스와 보스턴 레드삭스 9회, 샌프란시스코 자이언츠 8회, LA 다저스 6회 등이다. 2010년 이후로는 샌프란시스코가 3회나 우승해 새로운 명문 구단으로 떠오르고 있다.

메이저리그를 빛낸 스타들 베이브 루스에서 칼 립켄 주니어까지

먼저 투수 쪽. 샌디 쿠팩스(1935~)는 방어율 5년 연속 1위(1962~1966), 같은 기간 연평균 22승 7패, 노히트 게임 4회(퍼펙트 1회), 사이 영상 3회 등 전인미답의 기록을 남겼다. 그는 역대 최연소(36세)로 명예의 전당(Hall of Fame)에 헌액 되었다.

시속 160km대의 광속구 시대를 연 놀란 라이언(1947~)은 한 시즌 최다 탈삼진(1973년 383개) 기록의 주인공이며, 키 208cm의 거인 투수였던 랜디 존슨(1963~)은 4년 연속 사이 영상(1999~2002), 평균 자책점 1위(최소) 4회 등 타자들에겐 그야말로 철벽이었다.

현역 최고 강속구 투수는 쿠바 출신의 아롤디스 채프먼(1988~)으로 2015년 106마일(170.6km)을 찍었다. 지구상에서 제일 빠르게 공을 던지는 사나이인 것이다.

타자로는 베이브 루스와 행크 아론에 더해 베리 본즈(1964~)를 언급하지 않을 수 없다. 그는 1986년부터 2007년까지 762개의 홈런을 때려내 최다 홈런 기록을 다시 썼고, 2001년엔 단일 시즌 최다인 73개의 홈런을 날렸다. 하지만 본즈는 금지약물 복용 논란에 휩싸여 기록을 제대로 인정받지 못하고 있다.

역대 가장 정확했던 타자로는 테드 윌리엄스(1918~2002)로 1941년 타율 0.406을 기록했다. 이후 지금까지 더 이상 4할 타율 선수는 나오지 않고 있다. 통산 최고 타율은 0.366을 기록한 타이 콥(1886~1961), 역대 최다 안타 선수는 24시즌 동안 통산 4,256안타를 남긴 피트 로즈(1941~)다.

칼 립켄 주니어(1960~)의 연속 출장 기록도 의미 있다. 1982~1998년 사이 무려 2,632경기에 한 번도 쉬지 않고 나와 '철인'으로 불린다. 그리고 알렉스 로드리게스(1975~)는 6년 연속 40홈런 이상을 치며 최연소 300, 400, 500 홈런 신기록의 주인공이 되었다.

한편, 메이저리그에는 빛나는 업적을 세운 선수들을 기념하는 명예의 전당이라는 제도가 있다. 현역 10년 이상, 은퇴 5년 후가 되어야 자격이 생기며, 미국 야구기자단 투표에서 75% 이상의 찬성을 얻어야 헌액 된다. 베이브 루스, 루 게릭(1903~1941, 루게릭병은 그의 이름은 딴 것이다) 등 수많은 스타들이 그 영광의 선수들이다. 우리나라의 박찬호 선수도 후보 대상 중 한 명이다.

사이 영상 역대 다승 1위 사이 영을 기념

사이 영상의 유래를 낳은 전설적 투수 사이 영.

메이저리그 투수들이 가장 받고 싶어 하는 상은 사이 영상(Cy Young Award)이다. 사이 영(1867~1955)은 1890년부터 1911년까지 22년 동안 투수로 활약하면서 무려 511승(역대 최다승)을 거두었다. 더욱 놀라운 것은 통산 방어율이 2.63이라는 사실이다. 한 선수가 22년 동안 이처럼 꾸준한 기록을 내기란 거의 불가능하다.

사이 영이 세상을 떠난 이듬해인 1956년 메이저리그에서는 그를 기념하는 상을 제정한다. 한 시즌 가장 뛰어난 활약을 펼친 선수에게 수여하는 사이 영상은 그렇게 만들어졌다.

2019년 시즌까지 사이 영상을 가장 많이 받은 투수는 로저 클레멘스(1962~) 7회, 랜디 존슨(1963~) 5회 등이다. 류현진(1987~)의 LA 시절 동료인 클레이튼 커쇼(1988~)는 사이 영상을 3회 수상했다. 류현진은 2019년 내셔널리그 사이 영상 2위에 올라 팬들을 놀라게 했다.

일본 프로야구 센트럴리그와 퍼시픽리그

1930년대 일본에서 가장 인기 있는 스포츠는 야구와 스모였다. 이런 기반을 바탕으로 1936년 일본 프로야구가 공식 출범했다. 초기에는 하나의 리그였으나 1950년부터는 센트럴리그와 퍼시픽리그 양대 리그 체제로 발전했다.

총 12개 팀이 있으며 센트럴리그 6개 팀(도쿄 야쿠르트 스왈로스, 요코하마 DeNA 베이스타스, 히로시마 도요 카프, 요미우리 자이언츠, 한신 타이거스, 주니치 드래건스), 퍼시픽리그 6개 팀(홋카이도 니혼햄 파이터스, 오릭스 버팔로스, 지바 롯데 마린스, 사이타마 세이부 라이온스, 후쿠오카 소프트뱅크 호크스, 도호쿠 라쿠텐 골든이글스)으로 나뉜다.

양 리그 모두 팀당 정규 리그 120경기와 교류전(상대 리그와의 교차 경기) 24경기를 합해 144경기를 치른다. 리그 간 다른 것은 센트럴리그는 지명타자 제도가 없어 투수도 타격을 하며, 퍼시픽리그는 지명타자 제도가 있어 투수가 타격에서 제외된다는 점이다.

그렇다면 일본 프로야구의 인기는 어느 정도일까? 한 해 평균 관객 수가 약 2,500만 명. 이는 우리나라의 3배가 넘는 수치로 경기당 평균 2만 6,000명이다. 특히 요미우리 자이언츠는 우승 횟수와 인기 면에서 타 구단의 추종을 불허한다. 프로야구 팬의 3분의 2가 자이언츠 팬이라고 할 정도로 절대적인 인기를 얻고 있다.

장훈, 백인천, 선동열, 이승엽, 이대호 일본에서 뛴 한국 야구 스타들

우리나라 프로야구 선수가 첫 번째 꿈꾸는 곳이 미국 메이저리그라면 두 번째 관심을 갖는 무대는 일본 프로야구다.

장훈(1940~) 전 선수는 한국 국적의 재일교포로 일본 프로야구 명예의 전당에 헌액 된 인물이다. 그는 통산 3,085안타(일본 프로야구 역대 1위)라는 불멸의 기록을 세우며 일본 프로야구를 평정했다.

백인천(1943~) 전 선수는 경동고등학교를 졸업하고 일본 프로야구에 진출해 다이헤이요 소속이던 1975년 수위타자(타율 0.319)에 올랐다. 이후 1982년 한국에 프로야구가 출범하자 40세 나이에 MBC 청룡의 감독 겸 선수로 뛰며 그해 0.412의 타율이라는 믿지 못할 기록을 남겼다.

한국 프로야구가 성장하면서부터는 국내에서 두각을 나타낸 선수들이 일본에 스카우트되는 일이 많아졌다. 그중 눈에 띄는 활약을 펼친 선수로는 선동열(1963~), 이승엽(1976~), 이대호(1982~) 등을 들 수 있다.

선동열 전 선수는 1997년 주니치에서 마무리 투수로 활약하며 1승 1패 38세이브, 방어율 1.28이라는 탁월한 기록을 남겼다. 이승엽 선수는 2003년 일본 프로야구에 진출해 롯데와 요미우리 등에서 8시즌 동안 159개의 홈런을 친 것을 비롯해 연봉 6억 엔의 특급 대우를 받았다. 이대호 선수는 소프트뱅크에서 뛰던 2015년 31개의 홈런을 때려낸 뒤 그해 일본시리즈 MVP에 뽑혔다.

배트 플립 배트를 던지는 세리머니

2015년 11월 19일, 도쿄돔에서 열린 '프리미어12(일본이 주최한 세계야구대회)' 한국과 일본의 준결승전. 우리나라가 3 대 0으로 뒤지다가 9회 극적 역전승을 거두는 일이 벌어진다. 일본 열도는 침통에 빠졌고, 사람들은 이를 두고 '11 · 19 도쿄대첩'이라 불렀다.

그런데 이 경기에서 또 하나 화제가 된 것은 9회 오재원(1985~ , 두산 베이스) 선수가 보여준 '빠던'이었다. 빠던이란 '빠따(배트의 콩글리시) 던지기'의 준말로 영어로는 배트 플립(bat flip)이다. 배트 플립은 주로 타자들이 홈런이나 장타를 쳤을 때 기분을 만끽하기 위한 세리머니 차원에서 이루어진다.

이런 기준으로 볼 때 끌려가던 경기를 9회에 4 대 3으로 뒤집은 상황에서 오재원 선수가 보여준 빠던(타구는 홈런성이었지만 외야 플라이로 잡혔다)은 우리 국민의 속을 시원하게 해주기에 충분했다. 하지만 일본 입장에서 보자면 불쾌할 수 있는 상황이 된다.

사실 미국에서는 투수를 자극한다고 하여 배트 플립을 꺼리는 행동으로 인식하고 있다. 그런 문화를 잘 모르던 우리나라 메이저리거 강정호(1987~ , 당시 피츠버그 파이어리츠) 선수가 2015년 경기 도중 배트 플립을 했다가 논란에 휩싸이기도 했었다.

사이클 히트 1루타, 2루타, 3루타, 홈런

2015년 7월 22일, 미국 메이저리그 텍사스 레인저스의 추신수(1982~) 선수가 콜로라도 로키스와의 경기에서 사이클 히트(cycle hit)를 기록했다. 야구팬들은 "우리나라 선수가 메이저리그에서 사이클 히트를!" 하며 놀라워했다. 왜냐하면 사이클 히트는 선수 생활 동안 한 번 나올까 말까

하는 일이기 때문이다.

사이클 히트란 한 선수가 한 경기에서 1루타, 2루타, 3루타, 홈런을 모두(순서에는 상관없이) 치는 것이다. 이 기록이 힘든 이유는 3루타 때문이다. 3루타는 상대 수비가 처리하기 어려운 절묘한 코스로 공이 가지 않으면 나오기 어렵다.

이날 추신수 선수가 쓴 드라마를 따라가보자. 첫 타석에서 2루타를 쳐 쾌조의 스타트를 끊었다. 두 번째 타석은 솔로 홈런. 그리고 세 번째 타석에서는 1루타를 기록했다. 경기 진행상 한 타석이 더 남았지만 그렇다고 기대가 크지는 않았다. 가장 어렵다는 3루타를 쳐야만 했고, 실제 이런 상황에 오히려 홈런이나 2루타가 나와 기록이 무산되는 경우도 많았다.

드디어 9회 마지막 타석. 그런데 혹시나가 진짜로 확인되는 드라마가 완성되었다. 추신수가 친 타구는 홈런에 조금 못 미쳐 담장을 때렸고, 중견수가 자신의 옆으로 튕겨 나간 공을 쫓는 사이 추신수는 단숨에 3루까지 내달렸다. 이날 추신수는 메이저리그 사상 아시아 선수 최초로 사이클 히트를 기록했다.

세이브, 블론 세이브 마무리 투수의 숙명

메이저리그에서도 '끝판 대장'의 실력을 과시했던 오승환(1982~) 선수는 〈라디오 스타〉라는 프로그램에 출연해 다음과 같은 말을 남겼다. "블론 세이브(blown save)를 하면 밖에 나가서 밥을 못 먹어요. 그런 날은 집에 들어가면서 소주병을 까죠."

블론 세이브에 대한 스트레스가 여간 아닌 모양이다. 오승환은 일본과 미국에 가기 전 연간 1~4개 정도의 블론 세이브를 기록했는데 일본으로 건너가서는 더 많은 블론 세이브를 기록했다.

블론 세이브를 알기 위해서는 먼저 세이브(save)를 알아야 한다. 야구에서 세이브란 이기고 있는 상황에서 마무리 투수가 등판해 역전을 허용하지 않고 게임을 종료시키는 경우에 주어지는 기록이다. 물론 조건이 있다. 자기 팀이 3점 이하의 리드를 하고 있을 때 출장해 최저 1이닝 이상 투구했을 때 세이브가 인정된다. 또 3점 이상의 점수 차라 해도 3이닝 이상을 역전 없이 막아내면 세이브로 인정된다.

블론 세이브는 날려버리는(blown) 세이브(save)를 뜻한다. 즉, 세이브 상황에서 등판한 투수가 동점이나 역전을 허용했을 때 블론 세이브가 된다. 이제 오승환이 블론 세이브를 기록했을 때 소주를 마시는 이유를 알겠는지. 다 이긴 게임을 자신 때문에 망쳤으니 가슴이 쓰릴 수밖에 없다.

포심, 투심 패스트볼 야구 투수의 직구 종류

야구에서 투수가 던지는 공은 크게 직구와 변화구로 구분된다. 직구는 변화구에 비해 속도가 빠르기 때문에 속구 또는 영어로 패스트볼(fastball)이라 한다. 이런 패스트볼에는 크게 포심 패스트볼(four-seam fastball)과 투심 패스트볼(two-seam fastball)이 있다.

포심 패스트볼은 야구공의 실밥에 손가락이 90도 방향으로 놓이도록 공을 잡아 실밥과 손가락이 닿는 부분이 네 군데 생긴다고 해서 붙여진 이름이다. 가장 빠른 속도를 내는 직구로, 손가락이 실밥에 닿는 부분이 많기 때문에 회전도 많이 생긴다. 이때 회전수가 아주 많아지면 마치 공이

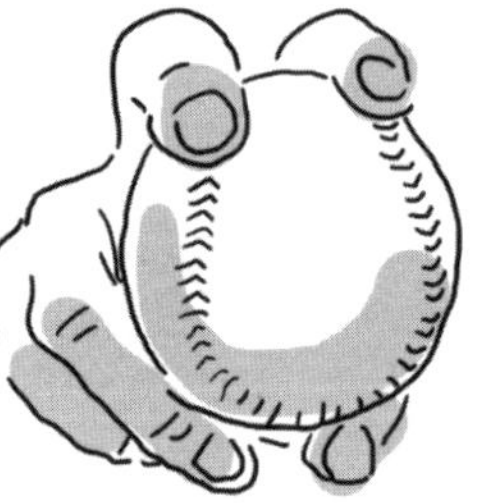
투심 패스트볼.

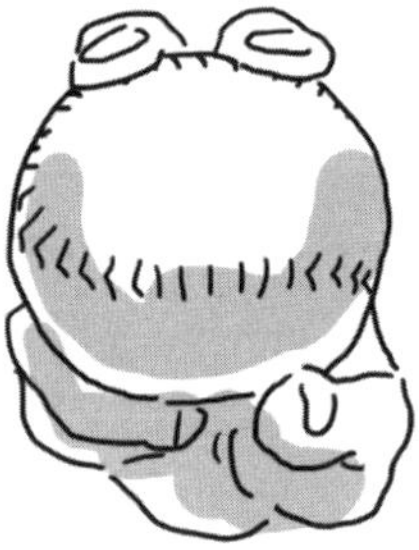
포심 패스트볼.

떠오르는 것처럼 보이는데 이를 라이징 패스트볼이라 한다.

투심 패스트볼은 검지와 중지를 공의 실밥 방향과 같게 잡아 손가락이 두 개의 실밥에 닿는다고 해서 붙여진 이름이다. 포심보다는 조금 느리지만 타자 앞에서 공이 약간 떨어지며 좌우 변화를 일으켜 까다로운 직구가 된다. 박찬호 선수가 메이저리그 시절 즐겨 썼던 패스트볼이다.

슬라이더, 포크볼, 체인지업 야구 투수의 변화구

야구에서 투수가 던지는 변화구는 슬라이더(slider), 포크볼(fork ball), 체인지업(change-up) 등이 대표적이다.

슬라이더는 야구공의 실밥 한쪽에 손가락을 몰아서 잡아 던지며, 처음에는 직구처럼 날아가다가 마지막에 미끄러지듯 대각선으로 휘는 성질을 가지고 있다. 이 때문에 타자들은 직구인 줄 알고 쳤다가 속는 경우가 허다하다. 류현진의 동료인 클레이튼 커쇼의 주무기다.

포크볼은 검지와 중지를 최대한 벌리고 사이에 공을 끼우듯 잡아서 던지는데, 속도는 느리지만 직구처럼 날아가다가 타자 앞에서 마치 포크로

찍듯이 떨어진다. 이 때문에 타자가 느린 직구로 오인해 헛스윙 하기 십상이다. 일본 프로야구에서 특히 유행하는 구종이다.

마지막으로 체인지업은 엄지와 검지를 동그랗게 말고 나머지 손가락을 까치발처럼 벌린 모양으로 공을 잡아 직구와 똑같은 폼으로 던진다. 그래서 패스트볼로 오인하기 쉽지만 속도가 현격히 느려서 타이밍을 뺏긴 타자가 공을 빗맞히거나 헛스윙 할 때가 많다.

슬라이더.

포크볼.

체인지 업.

FA(자유계약선수) 황금알을 낳는 거위

2020년 시즌을 앞두고 메이저리거 류현진(1987~) 선수는 토론토 블루제이스와 4년간 8,000만 달러라는 어마어마한 금액으로 FA(Free Agent) 계약을 맺었다. 연봉으로 230억 원이 넘는 액수다. 류현진 선수는 어떻게 이런 대형 계약을 맺을 수 있었을까?

그것은 FA 계약에 비밀이 숨어 있다. FA란 소속팀과의 계약 조건에서 자유로워져 다른 팀과 계약을 맺을 수 있는 선수를 뜻한다. 메이저리그에서는 소속팀에서 페넌트레이스 전체 일정의 3분의 2 이상 25인 로스터에 포함되어 6시즌을 보낸 선수에게 FA 자격이 주어진다(한국프로야구 경우는 소속팀에서 고졸 8시즌, 대졸 7시즌을 보낸 뒤 FA 자격을 얻는다).

만약 뛰어난 활약을 보인 선수가 FA로 풀린다면 당연히 다른 팀에서 탐을 낼 것이다. 이때 팀 간에 경쟁이 붙게 되고 몸값이 올라간다. 류현진의 경우 LA와의 계약 마지막 해, 평균방어율 1위(2.32), 사이 영상 2위라는 놀라운 성적을 거두어 대박을 터뜨릴 수 있었다.

한국 프로야구 역사 프로스포츠 최고 인기 종목

군사정권 시절이던 1982년, 우리나라에서 프로야구가 출범했다. 그때 추억의 야구단을 살펴보면 MBC 청룡(서울), 롯데 자이언츠(부산), 삼성 라이온즈(대구), OB 베어스(대전), 해태 타이거즈(광주), 삼미 슈퍼스타즈(인천) 등 6개 팀이다.

당시 미국 프로야구(마이너리그)의 물을 먹은 OB 베어스의 투수 박철순은 22연승, MBC 청룡의 감독 겸 선수로 뛰었던 일본 프로야구 출신의 백인천은 타율 0.412라는 전무후무한 기록을 남겼다. 대단한 성적이었다. 하지만 22연승 투수와 4할 타자는 미국과 일본을 봐도 매우 이례적인 경우이기도 해서 두 선수에게 휘둘렸던(?) 초창기 프로야구의 수준을 대변하는 기록이기도 하다.

이후 프로야구 팀들은 이름을 바꾸며 변천사를 겪는다. 모체가 기업이다 보니 기업의 입장에 따라 야구단도 운명을 같이할 수밖에 없었기 때문이다. 현재의 10구단 체제에서 창단 모기업이 그대로 지속되고 있는 구단은 롯데, 삼성, OB(같은 모기업에서 두산으로 이름만 변경) 3개뿐이다. 2017년 시즌 기준으로 전체 10개 구단은 삼성 라이온즈, 기아 타이거즈, LG 트윈스, SK 와이번스, 롯데 자이언츠, 두산 베어스, 한화 이글스, NC

다이노스, 키움 히어로즈, KT 위즈 등이다.

연봉 수준에도 많은 변화가 있었다. 원년 리그 선수 141명의 평균 연봉은 1,215만 원이고, 최고 연봉 선수는 2,400만 원을 받은 박철순이었다. 박철순의 연봉은 당시 서울 강남의 30평형대 아파트를 살 수 있는 돈이었다. 이후 1995년 해태의 선동열 투수가 1억 3,000만원을 받아 첫 억대 연봉 테이프를 끊었다.

2020년 프로야구 평균 연봉은 1억 4,448만 원(외국인 선수와 신인 제외)이며, 1억 원 이상 선수는 같은 기준 512명 중 31.4%인 161명이다. 최고 연봉은 롯데 이대호의 25억 원으로 숫자상 원년 박철순의 104배다.

프로야구 관객 수는 원년에 약 140만 명 수준이던 것이 2009년 600만 명 시대를 열었고, 현재는 700~800만 명에서 등락하고 있다.

이승엽, 송진우 프로야구 홈런 1위, 다승 1위

2016년 미국 메이저리그에 진출했던 박병호(1986~ , 당시 미네소타 트윈스) 선수는 한국프로야구 소속이던 2014년 52개, 2015년 53개의 홈런을 기록했다. 엄청난 파워를 과시한 그였으나 삼성의 이승엽(1976~) 선수가 2003년에 세운 시즌 최다 홈런 기록인 56개를 넘어서지는 못했다. 2003년 이승엽은 아시아 홈런 신기록을 세웠다.

이승엽은 2017년 은퇴하기까지 통산 467개로 한국 프로야구 역대 최다 홈런 기록도 갖고 있다. 그것도 그가 일본 프로야구에 진출해 활동한 2004~2011년의 기간이 빠진 상태에서의 성적이다(한 · 일 통산으로는 626개). 이승엽의 최다 홈런 기록은 역대 홈런 2~20위까지의 선수들이 모두 은퇴한 상태라 당분간 깨지지 않을 듯하다.

한편, 투수 다승 부분에서 역대 최고 기록은 한화에서 뛰었던 송진우(1965~) 전 선수가 가지고 있다. 그는 21년 동안 한화에서만 선수 생활을 하며 통산 210승을 기록했다. 송진우는 역대 최다 이닝(3,003이닝), 최다 삼진(2,048개) 기록도 보유하고 있다.

최고 투수 계보로 치면 롯데의 우승을 이끌었던 고(故) 최동원(1958~2011), 몸을 푸는 것만으로도 상대 타자들을 겁먹게 했던 선동열(1963~), 메이저리거가 된 류현진(1987~) 선수에게 밀릴지 몰라도 '철인'급 선수로는 송진우가 단연 최고다.

최동원과 선동열 두 최고 투수의 맞대결

2011년 〈퍼펙트 게임〉이라는 영화가 나왔다. 사람들이 이 영화에 관심을 보인 이유는 프로야구 최고의 라이벌이었던 전 롯데 자이언츠 투수 최동원과 전 해태 타이거즈 투수 선동열의 이야기를 담고 있기 때문이었다. 게다가 그해 최동원은 암 투병 끝에 세상을 떠났다. 두 사람은 한국 프로야구 최고의 레전드로 기록되고 있다.

먼저 최동원. 투수로서는 179cm의 크지 않은 키임에도 불같은 강속구를 뿌렸던 최동원에 대한 기억은 1984년이 정점이다. 그해 최동원은 시즌 27승이란 믿지 못할 성적을 내며 롯데를 코리안 시리즈로 이끌었다. 상대는 삼성 라이온즈. 코리안 시리즈는 먼저 4승을 거두는 팀이 우승을 차지한다. 7차전까지 이어진 시리즈에서 최동원은 혼자 4승을 거두는 괴력을 발휘하며 롯데에 첫 우승의 감격을 안겼다.

다음은 선동열. 그는 세 번의 시즌 MVP, 7년 연속 방어율 1위, 네 번의 다승왕 등을 기록하며 해태 타이거즈 전성시대를 이끌었다. 특히 그가 남긴 세 차례의 정규 시즌 0점대 방어율은 향후 100년간 깨지지 않을 기록으로 평가되고 있다. 최고 시즌은 1986년. 이해 선동열은 19완투승(8완봉승)을 포함해 24승 6패 6세이브, 214탈삼진, 평균 자책점 0.99을 기록했다. 야구를 좀 아는 사람이라면 거의 엽기적인 기록으로 받아들일 1986년의 선동열 성적이었다.

5년의 나이 차가 있었던 최동원, 선동열은 총 세 차례 맞대결을 가졌다. 첫 번째는 1 대 0 선동열 승리, 두 번째는 2 대 0 최동원 승리였다. 그리고 맞은 1987년의 마지막 대결. 두 선수는 연장 15회까지 무려 4시간 56분 동안 완투 대결을 펼쳤다. 결과는 2 대 2 무승부. 이후 두 선수는 다시 맞설 기회가 없었지만 이날의 대결은 프로야구 최고의 명승부로 지금도 팬들 사이에 회자된다.

월드컵을 빛낸 스타들 펠레에서 호나우두까지

선정하는 사람에 따라 다르겠으나 시대순으로 5명만 꼽아보기로 한다.

'축구 황제'로 불리는 브라질의 펠레. 17세 나이로 첫 참가한 1958년 스웨덴 월드컵에서 최연소 해트트릭(한 경기 3골 득점)을 기록, 세계에 축구 천재의 등장을 알렸다. 1970년 멕시코 월드컵까지 브라질의 3연패를 일궈내며 '줄 리메컵'을 조국에 영구히 바쳤다. 키 177.9㎝의 펠레는 탁월한 개인기로 어떤 각도, 위치, 자세에서도 골을 뽑았다. 현역 21년간 통산 1,362경기에 출전해 1,283골(해트트릭 92회)을 기록했다.

1970년대가 베켄바우어(독일)의 시대였다면, 마라도나(아르헨티나)는 1980년대의 축구계를 지배했다.

1970년대에는 네덜란드의 요한 크루이프, 독일의 프란츠 베켄바우어를 잊을 수 없다. 크루이프에게 월드컵 우승이 없다는 것이 아쉬우나(네덜란드 준우승만 3회) 오늘날 축구계에서 큰 조류가 되고 있는 네덜란드 식 '토털 사커'의 지휘관이었다. 드리블과 센스가 뛰어났으며 공격수에서부터 수비수까지 전 포지션에서 활약했다.

베켄바우어는 월드컵 등 국제대회 때마다 놀라운 위력을 발휘하는 독일 축구를 상징하는 선수다. 수비수이면서 플레이 메이커로 뛰었으며, '수비계의 펠레'로 불렸다. 통일 전 서독 대표팀에 소속되어 3회의 월드컵에 출전했고 1974년 서독 월드컵에서 우승했다. 1990년 이탈리아 월드컵에서는 감독으로 독일의 우승을 이끌었다

그다음 스타는 아르헨티나의 디에고 마라도나. 1986년 멕시코 월드컵에서 7경기 5골을 터뜨리며 우승컵을 들어 올렸다. 특히 잉글랜드전에서 하프라인에서부터 치고 들어가며 수비수 5~6명과 골키퍼까지 제치고 터뜨린 골은 지금도 회자되는 명장면이다. 펠레가 축구 황제라면 마라도나는 '축구의 신'으로 불린다.

2002년 한·일 월드컵에서 브라질을 우승시킨 호나우두도 뺄 수 없다. 그의 부드럽고 화려한 기술은 축구팬들을 매료시켰으며, 특히 골 결정력

면에서 가장 완벽한 공격수로 언급된다. 1998~2006년의 세 차례 월드컵에 참가해 역대 2위인 15골을 기록했다(1위는 독일의 미로슬라프 클로제, 16골).

한국의 월드컵 성적 눈물과 영광의 기록

월드컵은 참가하고 싶다고 해서 나갈 수 있는 대회가 아니다. 대륙별 예선을 통과해야 본선 그라운드에 설 수 있다. 우리나라가 지역 예선을 뚫고 처음 본선에 나간 대회는 1954년 스위스 월드컵이었다. 당시의 성적은 헝가리에 9 대 0, 터키에 7 대 0이라는 참담한 패배! 세계 수준과의 차이를 뼈저리게 느낀 순간이었다.

이후 우리나라는 번번이 예선의 벽을 넘지 못했다. 과거 아시아 예선에서 겨뤘던 이스라엘, 호주는 늘 한국의 앞길을 막는 장벽이었다. 그러다가 1986년 멕시코 월드컵 때 32년 만에 본선 무대를 밟았다. 이스라엘이 유럽으로 편성되고 아시아에 배정된 티켓이 늘어 이때부터는 예선 통과가 한결 수월해졌다.

그러나 이제는 본선이 눈물 마당이었다. 1986년 1무 2패, 1990년 이탈리아 월드컵 3패, 1994년 미국 월드컵 2무 1패, 1998년 프랑스 월드컵 1무 2패로 단 1승도 거두지 못하고 조별 라운드에서 탈락했다.

그리고 맞이한 2002년 한 · 일 월드컵에서 대반전을 이뤄냈다. 폴란드를 2 대 0으로 누르며 감격의 월드컵 첫 승을 기록하더니 우승 후보이던 포르투갈, 이탈리아, 스페인을 연파하고 아무도 예상 못한 4강까지 내달렸다. 이에 외국 언론에서는 홈 텃세로 4강을 먹었다며 시샘의 말을 던지기도 했다.

이후엔 2006년 독일 월드컵 16강 실패(1승 1무 1패), 2010년 남아공 월드컵 첫 원정 16강 성공(1승 1무 1패)을 거두었다. 8년 후인 2018년 러시아 월드컵에서는 16강에 실패했지만 전 대회 우승팀 독일을 2 대 0으로 누르는 이변을 일으켰다.

유럽 프로축구 4대 빅 리그 축구로 해가 뜨고 진다

미국에서 풋볼, 농구, 야구, 아이스하키가 4대 프로스포츠로 인기를 다툰다면 유럽은 전혀 다른 분위기다. 오직 축구(soccer)에만 열광적이기 때문이다.

유럽의 축구 열기는 미국에서 벌어지는 4대 프로스포츠의 인기를 합친 것 못지않다. 유럽 대부분의 나라가 프로축구 리그를 운영하고 있으며, 국경을 넘어 벌어지는 클럽 대항전을 포함해 온통 축구 얘기다.

유럽 축구에는 시장 규모, 실력을 따져 한 등급 더 높게 쳐주는 4대 빅 리그가 있다. 잉글랜드의 프리미어리그(Premier League, 약칭 EPL), 스페인의 프리메라리가(Primera Liga), 독일의 분데스리가(Bundesliga), 이탈리아의 세리에 A(Serie A)가 그것이다. 그 뒤를 이어 프랑스의 리그 앙(Ligue Un), 네덜란드의 에레디비지에(Eredivisie)가 유명하다.

우리와는 달리 가을부터 이듬해 봄까지 시즌을 운영하며, 정점인 1부 리그는 나라별로 약간 다르나 18~20팀으로 구성되어 있다. 1부 리그 팀 소속 선수에게는 파격적인 연봉이 지급되어 지구촌의 우수 선수들이 다 모여든다. 그러다 보니 잉글랜드의 경우 외국인 선수 비중이 너무 높아 자국 선수가 자라지 못하고, 그래서 국가대표팀이 강하지 못하다는 볼멘소리도 나온다.

유럽축구연맹(UEFA)의 주최로 각 나라의 상위권 팀들이 참가하는 챔피언스리그, 유로파리그 열기도 상당하다. 그러다 보니 상위권 팀들은 자국 리그 경기를 포함해 연간 50경기 이상을 치르기도 한다.

런던 더비, 엘 클라시코 펄펄 끓는 축구 라이벌전

유럽 프로축구에는 다양한 흥행 요소가 있다. 그중에서도 더비(derby, 동일 지역 내 경쟁 팀끼리 붙는 경기) 경기는 라이벌전의 백미다.

잉글랜드 프리미어리그의 경우 첼시와 아스날과 토트넘(이상 런던 소재), 맨체스터 유나이티드와 맨체스터 시티 간의 대결은 용광로처럼 달아오르기로 유명하다. 더비전이 열리면 그라운드도 과열되지만 팬들의 응원전 역시 극성스러워 더러 폭력 대결로 번지기도 한다.

스페인의 프리메라리가는 레알 마드리드와 FC 바르셀로나가 맞붙는 엘 클라시코(el clasico)가 앙숙 대결로 잘 알려져 있다. 두 팀이 프리메라리가 최고의 빅 클럽이란 점, 마드리드와 바르셀로나의 역사적인 갈등 관계(우리나라 영호남 갈등 이상이다) 등 으르렁거릴 요소를 여럿 갖췄다. 두 팀의 팬들에게 엘 클라시코는 월드컵 결승전보다 더 큰 관심이라고 한다.

이탈리아 리그는 인터 밀란과 AC 밀란이 맞붙는 밀란 더비가 화끈하다. 양 팀은 태생부터 달라서 AC 밀란이 노동자 계급을 중심으로 발달해 왔다면 인터 밀란은 부르주아 계급을 중심으로 발달해 왔다. 그 하나만으로도 투지를 자극하는 것 같다.

스코틀랜드에도 역사가 오랜 더비가 있다. 기성용(1989~), 차두리(1980~)의 소속팀이었던 글래스고의 셀틱 FC와 같은 도시의 레인저스 FC의 대결이 유명하다. 두 팀의 경기는 셀틱이 구교(천주교), 레인저스가 신교(기독교)를 기반으로 하고 실력도 리그 1, 2위권이어서 패하면 우승을 내줘야 한다는 것 때문에 경쟁이 아니라 거의 전쟁이다.

챔피언스리그와 유로컵 유럽 축구 메이저 대회

챔피언스리스 엠블럼과 우승컵.

유럽 축구는 각 나라의 리그 열기도 뜨겁지만, 유럽 전체의 챔피언을 향한 투쟁심도 상당하다. 그래서 생긴 것이 챔피언스리그와 UEFA 유럽축구선수권대회(일명 유로컵)다.

챔피언스리그는 유럽의 클럽 챔피언을 뽑는 것이고, 유로컵은 국가대표팀 간의 경기로 브라질과 아르헨티나가 빠진 월드컵이라 할 만하다. 두 대회는 유럽 최고의 축구대회로 꼽혀 축구선수라면 참가 자체가 영광일 정도로 가치가 높게 평가된다.

챔피언스리그는 1955년에 시작되었으며 1992-93 시즌부터 지금 명칭으로 경기가 진행되고 있다. 각 리그 규모와 실력 정도에 따라 참가 클럽 수가 정해진다.

리그 세계 랭킹 1~3위 협회 : 각 4팀, 4~6위 협회 : 각 3팀, 7~15위 협회 : 각 2팀, 그 외 1팀.

각국 리그가 진행되는 사이사이에 경기를 편성해 홈&어웨이 방식으로 매년 우승팀을 가린다. 2019-20 시즌은 65회째 대회이며 최다 우승은 레알 마드리드 13회, AC 밀란 7회, 바르셀로나 6회를 기록했다.

한편, 유로컵은 4년마다 열리며 1968년부터 현재의 이름으로 개최되고 있다. 최다 우승국은 독일과 스페인으로 각각 3회의 우승 기록을 갖고 있다. 지역별 예선에서 선발된 16개국이 모여 우승국을 가렸으나 2016년 대회(우승 포르투갈)부터는 참가국을 24개국으로 확대했다.

차범근, 박지성 우리가 아는 것 이상의 별

2005년 잉글랜드의 맨체스터 유나이티드(맨유)에 입단했던 박지성(1981~) 전 선수. 사람들은 최고 리그, 최고 팀에서 그가 과연 살아남을 수 있을지 걱정했다. 하지만 박지성은 2005~2012년 맨유에서 꾸준히 활동하며 팀과 함께 전성기를 누렸다.

맨유 통산 205경기 출전, 27골 29도움으로 공격 포인트는 많지 않았으나 박지성은 소리 없는 장기로 팀의 핵심 선수가 되었다. 헌신적인 활동량, 빈 공간을 파고드는 영리한 포지셔닝, 상대의 공격 의지를 꺾는 강력한 수비력은 그만의 특출함이었다. 이런 그를 감독과 동료, 팬들은 사랑했다.

그런 가운데 인상적인 득점도 적지 않았다. 아스날, 첼시, 리버풀, AC 밀란 등 강팀을 상대로 골을 넣어 '강팀 킬러'라는 별명을 얻었다. 그런 시간 속에 리그, FA컵, 챔피언스리그 등에서 모두 18회나 우승컵을 들어 올렸다.

차범근(1953~) 전 선수는 분데스리가의 전설로 통한다. 애칭 '차붐'은 많은 독일인들이 지금도 기억한다. 손흥민(1992~)이 나오기 전까지 아시아 출신으로 유럽 리그 최다 골인 98골을 기록했다(1978~1989년). 또, 전 유럽 대항전인 UEFA컵에서도 두 번이나 팀을 우승시켰다.

차범근에게는 우리가 '설마' 할 만한 기록도 있다. 프랑크푸르트 소속이던 1979~80년 시즌 세계 상승세 베스트 4위, 세계 축구 베스트 11에 뽑혔으며, 연봉은 분데스리가 전체 3위였다. 당시 상승세 베스트 4인은 마라도나, 펠레, 베켄바우어, 차범근이었다.

이런 어록도 있다. "당신에게 사인을 받고 싶었습니다. 이 자리는 제게 정말 큰 영광입니다."(2002년 독일 팀 골키퍼 올리버 칸), "나 자신 어느 정도 성공한 공격수로 평가받지만 차붐 정도는 아니다."(독일의 공격수 클린스만).

차범근에 대한 독일인들의 인식을 상징하는 장면이 있다. 2002년 한 · 일 월드컵 당시 차범근이 독일 팀의 경기력을 지적하자 감독이던 펠러가 "차범근이 레버쿠젠 시절 아스피린을 너무 많이 먹었나 보다."라며 빈정댔다. 다음 날 독일 언론은 차붐에게 대든 펠러 감독을 비판했고, 펠러는 사과했다.

K리그(한국 프로축구) 1983년 2개 팀으로 출발

2014년 브라질 월드컵에서 한국 축구대표팀이 1무 2패의 초라한 성적을 거두었을 때, 화두가 된 것이 K리그의 활성화였다.

1982년 야구가 먼저 프로화에 나서자 가장 자극받은 종목은 축구였다. 국민적 관심 면에서나 대중적 보급 면에서 축구가 야구에 뒤져야 할 이유가 없었기 때문이다. 이에 대한축구협회는 1983년 프로축구단 2팀(할렐루야, 유공)의 창단을 이끌어내고 여기에 3개 실업팀(국민은행, 포항제철, 대우)을 더해서 '슈퍼리그'라는 이름으로 세미프로 리그를 출범시켰다.

1984년에는 현대와 럭키금성이 참가했고, 1987년부터는 순수 프로팀인 대우, 포항제철, 유공, 현대, 럭키금성의 5개 프로팀만으로 경기를 치렀다. 이어 1989년 일화 천마, 1995년 전북과 전남, 1996년 수원, 1997년 대전이 참가하며 프로 리그로서의 모습을 갖춰갔다.

2013년부터는 다른 나라처럼 1부와 2부 리그로 나누어 승강제를 도입했다. 2020년 현재 1부 리그인 K리그1에는 12개 팀, K리그2에는 11개 팀이 있다. 시즌을 마친 뒤 1부 12위와 2부 1위가 자리를 맞바꾸며 1부 11위와 2부 2위는 승강 플레이오프 경기를 벌여 승자가 1부 리그의 남은 한 자리를 차지한다.

한국 프로축구는 아직 가야 할 길이 멀다. 국제적으로 인정받는 리그(1부)가 되자면 16개 팀은 되어야 한다는 규모 문제, 돈으로 무장한 중국 리그의 급성장에 따른 스타 유출, 부진한 흥행(현재 경기당 평균 관중 8,000명대) 등에 대한 제고 방안이 필요한 K리그다. 그래야 내실이 강화되고 국가대표팀의 전력 향상도 그 연장선상에 있을 것이다.

K리그 최다 우승팀, 최다 골 선수 전북 현대, 이동국

2020년 기준 K리그1에 참가하고 있는 팀은 포항 스틸러스, 울산 현대, FC 서울, 전북 현대, 강원 FC, 대구 FC, 인천 유나이티드, 수원 삼성, 성남 FC, 제주 유나이티드, 경남 FC, 상주 상무 등 12개 팀이다.

이 중 전북 현대가 2019년 우승함으로써 K리그1 우승 7회로 최다 우승팀에 이름을 올리고 있다. 전북 현대는 2000년대 이후 가장 성공한 클럽 중 하나로 꼽힌다.

다음으로 성남 FC 역시 7회로 최다 우승팀에 이름을 올리고 있다. 그러나 이 우승 기록은 모두 과거 성남 일화 시절에 거둔 업적이다. 더구나 현재의 성남 FC는 성남 일화와 연속선상에 있는 팀이 아니라 시민구단으로 다시 태어난 팀이다. 따라서 엄격히 말해 성남 FC가 최다 우승팀이라고 볼 수 없다.

최다 골 선수는 이동국(1979~ , 전북 현대모터스)이다. 1998년 포항 스틸러스에 입단하면서 프로 생활을 시작한 그는 2012년 3월 3일 K리그 개막전에서 2골을 터뜨리며 통산 117골을 기록, 처음으로 역대 최다 골 기록을 세웠다. 이후 그가 넣는 골은 K리그 최다 골 신기록으로 쌓여갔으며, 2019년 시즌 말 기준 224골을 기록하고 있다.

농구 주요 룰 3초룰, 8초룰, 24초룰

농구를 즐기려면 룰을 잘 알아야 한다. 농구는 넓지 않은 플로어에서 양 팀 10명의 선수들이 격하게 부딪치며 경기를 벌이기 때문에 심판이 개입하는 일이 유난히 잦다. 때문에 룰을 모르면 경기를 제대로 즐길 수 없다. 다음은 경기에서 자주 나오는 주요 파울 규정이다. 파울을 범하면 공격권을 상대에게 넘겨주게 된다.

3초룰	공격자가 공격 시 상대의 골대 밑 네모 박스 안에서 3초 이상 머물면 파울.
8초룰	공격 시작 시 8초 이내에 반대쪽 코트(하프라인 기준)로 넘어가지 않으면 파울.
24초룰	공격하는 팀이 24초 이내에 슛을 하지 않으면 파울. 슛을 인정받으려면 노골이더라도 공이 골대의 림에는 닿아야 한다.
워킹	공을 바닥에 튕기지 않고 손에 든 채 세 걸음 이상 가면 파울.
팀파울	한 쿼터(12분)에 한 팀에서 파울이 5개가 되면 다음 파울 시부터 무조건 자유투 2개가 주어짐.
테크니컬 파울	비신사적인 행위를 했을 때 주어지는 파울.

농구 포지션 포인트가드? 스몰포워드?

농구 중계방송을 보다 보면 센터, 가드, 포워드 등 포지션 이름이 자주 등장한다. 각 포지션들의 역할에 대해 숙지하면 농구를 더 재미있게 즐길 수 있다. 농구는 5명이 한 팀으로 구성되며, 포지션은 주로 공격 전술을 위한 편성이다.

센터(center)는 대개 팀에서 가장 키가 큰 선수가 담당하며 공격 때든 수비 때든 골 밑 가까이 위치한다. 높이를 이용한 근접 슛과 리바운드(실패한 슛을 잡아 공격권을 확보함)를 주된 임무로 한다.

포워드는 센터 다음으로 키가 큰 선수로 스몰포워드(small

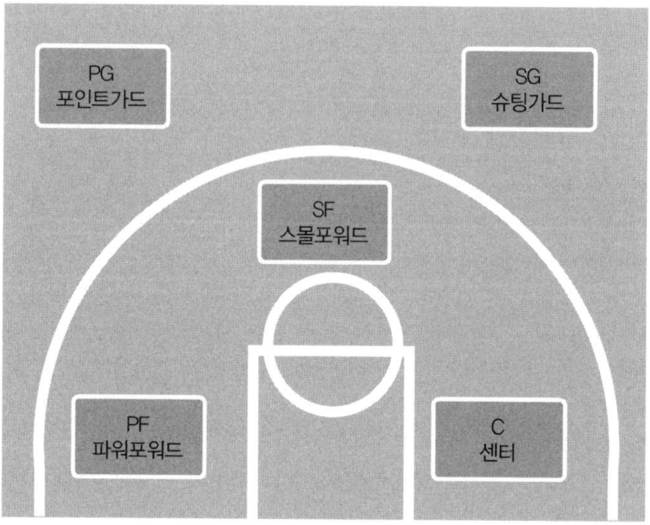

농구 포지션.

forward)와 파워포워드(power forward)로 나뉜다. 스몰포워드는 슛이 좋은 선수가 맡아 득점에 주력하며, 파워포워드는 힘이 뛰어난 선수가 맡아 상대와의 몸싸움과 리바운드를 담당한다.

가드는 상대적으로 키가 작은 선수로 포인트가드(point guard)와 슈팅가드(sooting guard)로 나뉜다. 포인트가드는 드리블과 센스를 특기로 팀 전술을 조율하는 역할을 하는데 그래서 '코트의 사령관'으로 불리기도 한다. 슈팅가드는 외곽 슛과 드리블 돌파에 의한 슛 등 슈팅력이 좋은 선수가 맡아 득점 위주의 경기를 벌인다.

농구 등번호의 비밀 1, 2, 3번이 없다

농구의 선수 등번호 규정에 의하면 00번부터 100번까지 쓸 수 있도록 되어 있다. 그런데 희한한 것은 1~3번은 달 수 없도록 하고 있다. 왜 이런 규정을 만들었을까?

심판은 자신의 판정을 손가락 수신호를 통해 기록원에게 알리는데, 이때 선수 등번호가 1~3번일 경우 룰 숫자와 혼선이 생길 수 있다. 예를 들어, 2번 선수에게 자유투 2회를 주는 신호를 해야 할 경우 같은 2를 두 번 수신호 해야 할 텐데 이런 일을 방지하기 위해 등번호 1~3번을 아예 쓰지 못하게 하는 것이다.

농구 룰의 경우 1점, 2점, 3점 슛, 3초룰 등 1, 2, 3을 수신호 해야 할 경우가 유난히 많기 때문이다. 자유를 중시하는 NBA 농구선수들 경우엔 이 규정에 구속받지 않고 쓰기도 한다.

한국 농구를 빛낸 스타들 허동택 트리오, 이상민, 서장훈

1980~90년대 대한농구협회(KBA) 주관으로 '농구대잔치'라는 타이틀을 걸고 챔피언을 겨루던 시절이 있었다. 그때 실업팀과 대학 농구팀이 같이 대회에 참가했다. 설마 대학팀이 실업팀을 이길 수 있을까 하겠지만 당시 대학팀에는 걸출한 스타들이 즐비했다.

연세대의 문경은(1971~), 이상민(1972~), 우지원(1973~), 서장훈(1974~), 고려대의 전희철(1973~), 김병철(1973~), 현주엽(1975~) 등이 그들이었다. 파란 유니폼의 연세대는 1993~94 시즌 농구대잔치 사상 처음으로 대학팀 우승을 이룩했다. 이후 연세대는 프로농구 출범 이전 마지막 대회였던 1996~97 시즌에도 정상에 올랐다. 연세대 전성시대와 함께 '오빠부대'라 불리던 소녀 팬들이 농구장을 가득 메운 풍경은 지금도 잊

히지 않는 장면이다.

농구대잔치 시절의 최강은 '허동택 트리오'로 불린 허재(1965~), 강동희(1966~), 김유택(1963~)을 보유한 기아자동차였다. 중앙대 선후배인 이들은 대학 때부터 국가대표로 활약할 정도로 월등한 기량을 과시했다. 허동택 트리오를 앞세운 기아는 농구대잔치에서 무려 7회나 우승했다.

이들은 1997년에 개막된 프로농구(KBL)로 넘어와서도 프로 시대의 안착에 크게 기여했다. 1997년 MVP 강동희(기아 엔터프라이즈), 1998년 MVP 이상민(현대 다이냇), ※챔피언전 MVP 허재(기아, 준우승팀에서 배출), 1999년 MVP 서장훈(SK 나이츠) 등의 활약이 두드러졌다. 하지만 이후는 전국구적인 스타 배출이 좀 아쉬운 한국 농구다.

NBA 세계 최고의 농구 리그

세계 최고의 농구 무대는 NBA(National Basketball Association, 미국농구협회)다. 우리나라 선수들이 축구, 야구는 유럽과 미국의 최고 무대를 밟고 있지만, NBA 아성만은 넘사벽(넘을 수 없는 4차원의 벽)으로 남아 있다. 하승진(1985~) 선수가 2005년 최초로 NBA에 진출했지만 2년간 평균 출전시간 6.8분, 평균 득점 1.5점, 평균 리바운드 1.5, 총 4회 선발 출전이라는 초라한 성적을 남기고 돌아왔다.

NBA는 1949~50년 시즌에 그때까지 운영되던 개별적인 프로농구 리그들이 통합되어 지금의 이름을 갖게 되었다. 전체 30개 팀이 있으며 동부(15개 팀)와 서부(15개 팀) 양대 콘퍼런스(conference, 연맹)에서 각 3개씩의 디비전(division, 지역별 나눔)으로 나뉘어 경합을 벌인다. 정규 리그

80여 경기를 치르며, 플레이오프를 거쳐 동부와 서부 콘퍼런스에서 우승한 두 팀이 만나 NBA 챔피언을 결정한다.

농구는 탄력과 유연성을 필요로 하기에 흑인들에게 최적화된 경기다. 실제 NBA 선수들 대부분이 흑인이며 가끔 백인이 끼어 있는 식이다. 신체적 특성이 기술 습득마저 좌우하는 것 같다. 그래서 또 우리나라 선수들은 NBA의 실력에 다가가기 힘든 것인지도 모른다.

마이클 조던 역사상 가장 위대한 농구 황제

NBA는 최고의 농구 리그답게 수많은 스타들을 배출했다. 1960년대 윌트 체임벌린(1936~1999)을 비롯해 1970년대 카림 압둘자바(1947~), 1980년대 매직 존슨(1959~), 1990년대 마이클 조던(1963~), 2000년대 코비 브라이언트(1978~2020) 등.

엄청난 체공력으로 '에어 조던'이라고 불린 마이클 조던.

이 중 한 명을 꼽으라면 농구팬들은 주저 없이 마이클 조던(Michael Jordan, 198cm)을 지명한다. 시카고 불스의 슈팅가드였던 조던은 '농구 황제', '에어(air) 조던'(워낙 체공력이 좋아 붙은 별명)

등으로 불리며 미국은 물론 전 세계인들에게 NBA를 각인시켰다. 조던의 경기가 있을 때면 세계 팬들이 TV 앞에 앉아 그의 플레이를 감상했을 정도다.

한마디로 조던은 농구를 예술의 경지로 끌어올렸으며, "보지 않았으면 말을 마라."라는 말이 농담 아닌 사실로 어울리는 선수다. NBA 정규 시즌 통산 32,292득점(역대 5위), 플레이오프 통산 5,987득점(역대 1위)을 기록했으며, 선수 생활 동안 6회의 우승을 차지했다.

그의 위대성은 기록 이상이다. 허공을 유영하듯 공중에서 동작을 바꾸며 수비를 피하는 동작, 50득점도 손쉽게 올리는 다양한 방식의 득점력, 예술로 승화시킨 덩크 슛 등 농구팬들은 지금도 그에 대한 추억을 이야기한다.

미식축구, 슈퍼볼 미국인이 가장 사랑하는 스포츠

미국에서 가장 인기 있는 스포츠는 야구도 농구도 아닌 미식축구(american football)다. 챔피언전인 '슈퍼볼(Super Bowl)' 게임이 열리는 날에는 학교도 빼먹고, 직장도 빼먹는 사람이 즐비하다. 뉴욕에서 경기가 열리면 캘리포니아에서 날아가 볼 정도로.

돈잔치도 엄청나다. 슈퍼볼의 입장료가 럭셔리 스위트석 20만 달러, 프리미엄석 9,000달러다. 평균 입장권 가격이 5,000달러로 약 600만 원이다. 이런 티켓이 다시 3배 이상 가격의 암표로 팔리기도 한다.

보는 값이 이렇게 비싼데도 불구하고 경기장에는 10만 명이 넘는 관중이 들어찬다. TV 중계에 붙는 광고비도 화끈해(?) 30초 기준으로 500만

슈퍼볼의 상징 포스터.

달러를 호가한다. 관중, 선수 연봉, 광고, 구단 가치 등 어느 것 하나 미식축구를 따라올 게 없다.

미식축구는 경기 방식이 유사한 럭비를 미국에서 재해석해 창설한 종목이다. 1920년 미국 프로미식축구협회가 결성되었고, 1922년 북아메리카 프로미식축구리그(NFL)로 명칭을 바꾸어 오늘에 이른다.

전체 32개 팀이 아메리칸 콘퍼런스와 내셔널 콘퍼런스로 나뉘어 9~12월 사이에 각 팀당 정규 리그 16게임을 치른다. 생각보다 게임 수는 많지 않은데, 1주일에 1게임씩 편성해 축제처럼 경기를 벌인다.

경기는 1팀 11명씩이 나서 60분을 4쿼터로 나누어 치른다(멈춤 시간이 많아 실제는 2시간 이상 걸린다). '땅 따먹기' 경기라는 말이 있듯 독특한 타원형의 공을 가지고 뛰거나 차거나 던져서 상대편 진영을 공략하고 그것을 점수로 표시해 승패를 가린다. 생각보다 분석적인 조직력, 협력 플레이, 강인한 체력이 요구되는 가장 남성적인 스포츠로 인식되며, 전 시대 미국의 개척 정신을 연상시켜 미국인들이 유난히 좋아한다고 말하기도 한다.

챔피언전인 슈퍼볼 참가 팀은 각 콘퍼런스 우승팀끼리 단판 승부로 결정하며, 경기장이 사발(bowl) 모양과 비슷하다고 하여 슈퍼볼이라는 명칭이 붙었다. 슈퍼볼에서 가장 우승을 많이 차지한 피츠버그 스틸러스, 댈러스 카우보이스 등이 명문 구단으로 꼽힌다.

하인스 워드 슈퍼볼의 한국계 최고 스타

2006년 2월 5일 열린 미국 프로미식축구리그 챔피언전(슈퍼볼)에서 MVP로 선정된 하인스 워드(Hines Ward, 1976~) 선수가 한국계 혼혈이라는 뉴스에 국내 언론이 화들짝 놀랐다. 터프하기로 유명한 아메리칸 풋볼 팀에 한국계 선수가 있고, 그것도 챔피언전 MVP라니.

사실이었다. 이날 슈퍼볼 결승에 오른 팀은 피츠버그 스틸러스와 시애틀 시호크스였고, 워드는 승리 팀인 스틸러스의 와이드 리시버(wide receiver, 공간을 파고들거나 쿼터백이 주는 패스를 캐치하는 역할)였다. 경기는 그의 미친 듯한 활약 덕분에 스틸러스가 21 대 0이라는 큰 스코어 차로 우승하며 막을 내렸다. 당연히 MVP는 워드였다.

미식축구에서 그의 위상이 얼마나 대단한지는 미식축구 올스타전이라 할 수 있는 프로볼(pro bowl)에 네 번이나 출전한 것이 방증한다.

그런 하인스 워드의 어머니가 한국인이라는 사실은 우리의 가슴을 뭉클하게 만들었다. 하인스 워드는 곧 한국에서도 유명해졌고, 2006년 4월에는 어머니와 함께 우리나라를 방문했다. 두 살 때인 1977년 미국으로 건너간 뒤 29년 만의 방문이었다. 그는 어머니에 대한 효성과 뜻밖에 보여준 매우 한국적인 정서로 더욱 따뜻한 환대를 받았다.

14년간의 선수 생활 동안 두 번 우승한 워드는 현재는 은퇴해 미식축구 방송해설자로 일한다.

박인비 LPGA 평정, 커리어 그랜드슬램

여자 프로골프를 이야기할 때 많은 사람들이 박세리(1977~)를 떠올리지만 그보다 더 위대한 업적을 쌓은 선수가 나타났다. 바로 박인비(1988~) 선수다. 그녀는 2015년 미국여자프로골프(LPGA) 투어에서 커리어 그랜드슬램을 달성한 선수로 세계에 이름을 떨쳤다.

커리어 그랜드슬램이란 한 선수가 프로로 활동하는 동안 4대 메이저 대회(크래프트나비스코챔피언십, 맥도날드LPGA챔피언십, US여자오픈, 위타빅스여자브리티시오픈)에서 모두 우승하는 것을 뜻한다. 이 기록이 얼마나 대단한 성과인지는 LPGA 역사상 커리어 그랜드슬램을 달성한 선수가 7명밖에 없다는 것으로 증명된다. 그 7명 중의 한 명으로 박인비 선수가 당당히 이름을 올린 것이다.

박인비 선수는 박세리 선수를 롤모델로 삼아 골프를 시작했다고 한다. LPGA 무대에는 2007년 데뷔했으나 처음 수년간은 주목받지 못했다. 그러다 2012년 LPGA 에비앙마스터스에서 우승을 차지하며 재능을 알린 뒤 2013년에는 시즌 6승(메이저대회 3승 포함)을 따냄으로써 박세리 선수도 받지 못한 'LPGA 올해의 선수상'을 수상했다.

그리고 2015년, 드디어 커리어 그랜드슬램을 달성함으로써 지존급의 여자 프로골퍼로 우뚝 섰다. 참고로, 동일 시즌 그랜드슬램을 달성한 선수는 아직 없다. 이에 더해 박인비는 2016년 브라질 올림픽에서 116년 만에 부활한 골프 종목 금메달을 따냄으로써 또 하나의 영광을 더했다. 마침 감독은 원조 우승 청부사 박세리였다.

보스턴 마라톤 가장 유서 깊은 마라톤 대회

1947년, 해방 후의 어수선한 분위기 속에서 한국에 놀라운 뉴스 하나가 전해졌다. 제51회 보스턴 마라톤(Boston Marathon) 대회에 참가한 서윤복(1923~) 선수가 대회 우승을 차지했다는 것.

독립국이 되었다고는 하나 그저 그런 나날을 보내고 있던 고국의 국민들에게 하면 된다는 희망을 안긴 기쁜 소식이 아닐 수 없었다. 서윤복의 우승 기록은 2시간 25분 39초로 당시 세계 신기록이었다.

보스턴 마라톤 대회와 한국 선수의 인연은 이후에도 두 번 더 이어졌다. 1950년 함기용(1930~) 선수가 2시간 32분 39초로 우승했고, 더불어

1947년 보스턴 마라톤 대회에서 우승한 서윤복(당시 24세).

송길윤, 최윤칠 선수가 2, 3위로 들어와 한국이 입상을 휩쓸었다. 그리고 51년 후인 2001년에는 이봉주(1970~) 선수가 2시간 9분 42초로 우승하며 영광을 재현했다.

보스턴 마라톤 대회는 올림픽 마라톤과 쌍벽을 이루는 가장 전통 있는 대회다. 1896년 제1회 올림픽이 열린 이듬해인 1897년 첫 대회가 개최되었을 정도로 오랜 역사를 자랑한다. 거의 올림픽 마라톤과 맥락을 같이한다고 봐도 무방한 대회인 것이다.

그런 유서 깊은 대회에 우리나라 서윤복 선수가, 그것도 가난한 나라 선수여서 변변한 훈련 지원도 받지 못한 채 참가해 우승했다는 것은 일대 사건임이 분명하다.

한편, 현재 마라톤 세계 최고 기록은 2018년 9월 제45회 독일 베를린 마라톤 대회에서 케냐의 엘리우드 킵초게(1984~)가 세운 2시간 1분 39초다.

말 에너지에 숨은 비밀! | 대화의 무기, 지식 | 내 수준이 상대보다 달릴 때의 대화법 | 내 수준이 상대보다 높을 때의 대화법 | 비슷한 수준의 사람 간의 평형 대화 | 뒷담화 좋아하는 사람에 대한 대응 | 상대가 나에게 싫은 말할 때의 대응 | 자기 말만 하는 사람과의 대화법 | 내가 아는 것을 상대에게 효과적으로 전하려면 | 상대의 마음을 읽기 위한 대화법 | 상대와 언쟁이 생겼을 때 | 부부 사이 소통 대화법 | 대화의 신, 래리 킹 | 열등감을 역이용하는 아들러식 대화법 | 인터넷 공간에서의 대화법

Plus장

대화 리더의 대화법편

말 에너지에 숨은 비밀!

사람은 혼자 살 수 없고 누구나 관계 속에서 살고 있기에 다른 사람과 대화를 잘하기 원한다. 하지만 소원처럼 잘할 수 있다면 좋으련만 뜻대로 되지 않을 때가 많다.

능수능란하게 대화를 잘하는 이가 있는가 하면 그렇지 못한 사람도 있다. 왜 이런 차이가 생기는 걸까? 답은 두 가지 중 하나다. 타고났거나 준비되었거나!

타고났다는 것은, 대화의 도구는 결국 '말'인데 말을 잘하는 재능을 타고난 사람이 있다는 뜻이다. 부럽지만 인정할 수밖에 없다. 그래도 후자의 경우가 있기에 우리에게 위안을 준다. 말을 잘하기 위해 부단히 노력하는 사람이다. 즉, 노력을 통해 말을 잘할 수 있다는 얘기다.

말을 잘하기 위해서는 어떤 노력을 해야 할까? 이를 위해 말의 본질부터 아는 게 중요하다. 생소한 얘기일 수 있겠으나 말은 에너지의 작용임을 깨달아야 한다.

초등학교 과학교과서에 말 에너지를 실험하는 장면이 나온다. 물컵에 담긴 두 개의 양파를 대상으로 한쪽에는 "사랑해"라는 말을, 다른 쪽에는 "미워"라는 말을 지속적으로 하는 실험이다. 과연 어떤 결과가 나왔을까? "사랑해"라는 말을 들은 양파는 뿌리를 내리고 잘 자랐으나 "미워"라는 말을 들은 양파는 시커멓게 변해버렸다. 이것은 말에 에너지가 있음을 보여주는 대표적인 실험이다.

말이 에너지의 작용이라 했을 때, 어떤 에너지의 작용인가가 궁금해질 것이다. 말 에너지는 빛이나 열 같은 자연 에너지와 달리 내용을 담고 있다.

그 첫째는 '지식'이다. 즉, 그 사람이 습득해 온 것들이 마음속에서 버무려진 뒤 바깥으로 표현되어 나오는 것이 '말'을 통한 지식이다. 실제 우리는 많이 배운 사람이 고상하고 지적인 말을 하는 모습을 어렵지 않게 볼 수 있다. 말 에너지가 지식과 연관되어 있음을 단적으로 보여주는 예라 하겠다.

물론 지식이 많다고 다 훌륭한 말을 하는 것은 아니다. 식자층 중에는 남에게 상처를 주는 말을 아무렇지 않게 던지는 사람도 적지 않다. 그래서 한 가지 더 필요한 게 있다.

말 에너지의 또 하나 바탕이 되는 것은 '선의의 마음'이다. 선의의 마음은 상대에 대한 겸양과 배려다. 앞의 양파 실험에서 보듯 말에는 양의 에너지와 음의 에너지가 있다. 양의 에너지는 선의의 마음에서 나오고 음의 에너지는 악의의 마음에서 나온다. 그것이 양파의 성장에 영향을 미쳤다. 따라서 지식에 선의의 마음이 더해질 때 최고의 말 에너지가 완성될 수 있는 것이다.

대화의 무기, 지식

대화의 사전적 의미는 '서로 이야기를 주고받는 것'이다. 말 자체는 혼잣말도 가능하지만 대화는 반드시 상대가 있어야 성립되기 때문이다. 그럼에도 불구하고 사람들은 대화할 때 자기 위주로만 생각하고 말을 내뱉는 경우가 의외로 많다. 이로 인해 오해나 갈등이 생기기도 한다. 상대가 있긴 하되 대화를 한 것이 아니라 혼자만의 말을 했기 때문에 생긴 결과다.

지인 중에 대화가 시작되면 주야장천 자기 이야기만 늘어놓는 사람이 있다. 상대가 말할 틈조차 주지 않고 자기 이야기를 떠들어댈 정도로. 이쯤 되면 상대는 짜증이 나기 시작한다. 이는 대화가 아니라 상대에게 해를 끼치는 말폭탄이다.

앞에서 말은 총체적 지식 에너지의 표출이라 했다. 그렇다면 대화는 서로의 지식 에너지가 충돌하는 순간이라고 할 수 있다. 그런데 주목해야 할 사실이 있다. 어떤 대화는 마치 뻥 뚫린 도로처럼 원활한 반면 어떤 대화는 꽉 막힌 도로처럼 답답하게 흐른다.

원활한 대화는 상대에게 인상을 좋게 남길뿐더러 관계도 좋은 인연으로 이어질 수 있다. 하지만 답답한 대화는 그 반대의 결과를 낼 것이다. 그렇다면 어떻게 해야 원활한 대화를 할 수 있을까?

내 지식의 실력을 높여야 한다. 지식의 실력을 높인다고 하니 막연할 수 있는데, 이는 지식의 속성으로 해결할 수 있다. 지식에는 넓이와 깊이가 있다. 넓이가 표면 지식이라면 깊이는 그 안에 담겨 있는 속지식이다. 그리고 진짜 지식의 실력은 속지식까지 뚫고 들어갈 때 향상된다.

재미있는 것은 넓이의 지식이 서로 영향을 주며 자연스레 속지식까지 깊어져간다는 사실이다. 예를 들면, 경제 분야의 속지식은 이와 관련된 넓은 지식들이 서로 영향을 주고받을 때 비로소 깊이가 더해진다.

이렇게 지식의 실력을 갖춘 사람은 상대의 수준에 맞는 말도 쉽게 찾아내게 된다. 상대가 수준 높은 사람이라면 수준 높은 말을, 수준 낮은 사람이라면 거기에 맞는 적당한 말을 하게 된다. 그래서 대화 시 상대와 원활하게 지식 에너지를 교류하며 인간적 관계까지 좋은 쪽으로 흐르게 한다.

내 수준이 상대보다 달릴 때의 대화법

대화는 상대와의 관계 속에서 이루어지는 말이라 했다. 대화 시 나와 상대의 관계는 크게 다음 세 가지로 나눌 수 있다.

1. 나보다 지식수준이 높은 사람
2. 나와 지식수준이 비슷한 사람
3. 나보다 지식수준이 낮은 사람

이 중 첫 번째 경우, 대개 기가 눌리며 약간의 열등감 속에 대화를 진행하게 마련이다. 나는 나이에 비해 해외여행 경험이 일천하다. 그런데 많은 해외여행을 하여 외국에 대한 지식이 풍부한 사람과 대화한 적이 있다. 상대는 자신의 해외여행 경험을 마음껏 펼치며 심지어 마카오의 어느 거리, 어느 호텔을 가면 이러쿵저러쿵하다는 이야기까지 늘어놓았다. 나는 겉으로는 그렇구나, 하며 맞장구쳐주는 척했으나 속으로는 마음이 편치 못했다. 그 대화에 내가 낄 틈이 없었기 때문이다.

나보다 아는 게 많은 사람은 자신의 지식을 마음껏 늘어놓게 마련이다. 이때 나는 대응할 게 별로 없으니 주로 듣고만 있는 경우가 많다. 더구나 여러 사람이 동석해 있고 대화 내용에 대해 나만 잘 모를 때는 자존심이 상할 수도 있다. 그래서 대화가 끝나면 불편한 기분으로 자리를 뜨기도 한다.

하지만 이런 태도는 좋지 않다. 나의 열등감을 부추길 뿐 아니라 아까운 시간만 낭비하고 상대와의 관계에도 나쁜 영향을 미치기 때문이다. 따라서 이런 경우 현재의 상황을 받아들이고 대화에 임하는 자세가 중요하다.

사람은 불편한 상황에 맞닥뜨렸을 때 대개 두 가지로 반응한다. 하나는 참는 것이고 다른 하나는 불만을 표출하는 것이다. 하지만 두 장면 모두 좋은 결과를 기대하기 힘들다. 참는 것은 스트레스를 축적하는 행위이므로 미련한 행동이다. 불만을 표출하는 것은 상대와의 갈등을 유발할 수 있으므로 바람직하지 못하다.

이때 가장 좋은 방법은 순응하는 것이다. 여기서 순응이란 그 상황을 받아들이고 반응해 나가는 것을 뜻한다. 이런 순응이 중요한 이유는 나와 상대를 발전시키는 최고의 방법이 되기 때문이다. 불편한 상황은 뭔가 문제가 있기에 생기는 현상이다. 이때 순응은 그 문제를 나의 것으로 받아들이는 행동이다.

예를 들어, 앞에서의 해외여행 대화 장면이라면, 상대의 풍부한 경험담을 들을 때 경청해주는 것이 순응하는 자세다. "아하 그렇구나, 와! 멋지다!" 등의 추임새를 넣어준다면 더욱 좋다. 그러면서 나는 상대의 여행 지식을 흡수하는 것이다. 그 과정에 나의 지식수준은 성장할 수 있으며 상대도 나의 태도에 고무되어 원활한 대화를 지속할 수 있게 된다.

이 상황에서 주의할 것이 하나 있다. 별로 아는 것도 없으면서 괜한 자존심에 자신의 주장을 펼치거나 가타부타 하지 말라는 것이다. 상대가 물어오는 말에도 "나는 이럴 거 같은데 어떻게 생각해요?" 하며 완곡하게 자신의 생각을 전하는 게 좋다. 그러면 상대를 건드리지 않으면서 상대의 지식을 고스란히 흡수할 수 있게 된다.

내 수준이 상대보다 높을 때의 대화법

이 경우 대부분 앞과 반대 현상에 직면하게 된다. 내가 잘났다고 떠들어대는 것이다. 이것은 인간이 가진 본능이므로 내공을 키우지 않는 한 어쩔 수 없는 부분이기도 하다. 하지만 그런 행동으로 인해 상대의 마음을 다치게 할 수 있음을 잊지 말아야 한다.

가끔 나를 찾는 동네 동생이 있다. 그는 약간의 지적장애가 있어 덜떨어진 행동을 한다. 그러면 나는 그를 가르치려 마구 말을 쏟아내곤 했다. 하지만 내 노력과는 달리 그는 조금의 변화 기미도 보이지 않았다. 어느 날 나는 그가 변화되지 않는 이유에 대해 곰곰 생각하다가 먼저 나에게 문제가 있음을 발견했다. 동생을 위해 조언해준다고 했으나 사실 그것은 내 불만의 표출에 가까운 행동이었다는 사실이다.

상대가 나보다 수준이 낮다 싶으면 마음에 교만이 도사린다. 하지만 교만의 말은 상대에게 도움이 못 될뿐더러 오히려 상대를 때리는 특성이 있다. 문제는 여기에서 그치지 않는다. 말에는 에너지가 있다고 했는데 상대를 때린 말 에너지는 고스란히 반사되어 돌아와 나를 친다. 결국 나에게도 해를 가하게 되는 것이다.

나보다 수준이 낮은 사람과의 대화를 좋은 흐름으로 이어가기 위해서는 무엇보다 상대를 배려하는 자세가 필요하다. 그러다 보면 어느새 상대의 수준에 맞는 말을 골라서 할 수 있게 될 것이다. 진짜 대화 수준이 높은 고수는 박사급의 지식을 가진 사람이 아니라 상대의 눈높이에 맞춰서 대화할 수 있는 사람이다. 이런 사람은 상대 앞에서 일방적이거나 가르치려는 것처럼 들리지 않도록 배려하는 대화를 한다.

예를 들어, 앞에서의 지적장애 동생과의 대화를 다시 생각해보자. 먼저 동생의 말을 유도해 충분히 들어준 뒤 "그랬구나, 그렇다면 이렇게 해보는 건 어떻겠니?"라고 조언해주는 방식이었다면 훨씬 좋은 결과를 냈을 것이다.

비슷한 수준의 사람 간의 평형 대화

'끼리끼리'라는 말이 있듯 대개 우리는 비슷한 수준의 사람끼리 대화를 가장 많이 하며 살아간다. 하지만 이런 대화에도 무수한 갈등 현상이 일어난다. 경우에 따라서는 오히려 수준 차이가 있는 사람과의 대화보다 부딪힘이 더 빈번히 일어난다. 왜 그런 것일까?

이에 대한 분석은 간단하다. 서로 간에 팽팽한 경쟁 관계가 존재하기 때문이다. 그러므로 대화도 평형 대화다. 부부 간 대화 역시 평형 대화의 한 종류라 할 수 있다. 그래서 상대가 조금이라도 잘난 척하면 자존심이 발칵 들고 일어나 갈등 상황을 만들고 마는 것이다.

평형 대화를 원활히 하기 위해서는 먼저 상대가 나와 다름을 인식하는 게 필요하다. 비록 내 마음에 들지 않더라도 상대의 상황을 인정해주는 것이다. 그렇게 되면 상대의 말을 경청할 수 있게 된다.

평형 대화에서 흔히 사람들은 주장에 익숙해 있다. 자신의 생각을 관철시키려 드는 경우가 많다. 그런데 조금 더 깊이 살펴보면 주장에는 내 고집이 반영되어 있음을 알 수 있다. 경쟁 관계인 상대 앞에서 고집, 관철과 같은 태도를 보이면 갈등 상황이 일어날 수밖에 없다.

나는 아내와의 대화 중에 갈등이 일어나는 경험을 무수히 했다. 처음에는 그 원인을 잘 모른 채 부부싸움의 굴레에서 빠져나오지 못했다. 그러던 어느 날 서로가 자기 고집만 부리며 조금도 양보하지 않는 모습을 발견하고는 깜짝 놀랐다.

아마도 이런 상황은 나만이 아니라 많은 부부들이 겪고 있는 문제이기도 할 것이다. 오죽하면 입에 "이렇게 해, 저렇게 해." 같은 말이 껌딱지처럼 착 붙어 있을까.

평형 대화에서는 주장보다는 의논적 태도를 취하는 것이 최소한 결과가 좋다. 의논적 태도란 나의 일방적인 주장이 아니라 상대의 의견도 존중하겠다는 자세다. 의논하는 형태의 대화는 "~해!" 대신 "어떨까?"라는 종결어미를 사용한다. 그러면 상대도 존중받는 마음이 들어 대화 에너지의 흐름이 부드럽게 흐르는 강물처럼 원활하게 된다. 이런 자세가 상대와의 관계도 더 좋아지게 할 것이다.

뒷담화 좋아하는 사람에 대한 대응

부끄러운 말이지만 내가 그런 사람이었다. 이상하게 내 눈에는 남의 티가 잘 보였다. 그렇지만 당사자 앞에서는 말하지 못하고 나와 죽이 잘 맞는 사람과 만났을 때 주야장천 뒷담화를 쏟아놓곤 했다. 돌이켜보면 비겁한 행동이었다. 남의 뒤통수를 치는 행동이었으니까.

그런데 왜 사람들은 남 지적하기를 좋아할까? 뒷담화 대화가 시작되면 누가 막지 않는 한 고삐 풀린 망아지처럼 이야기가 점프되던 경험이 조금씩은 있을 것이다. 사실 자리에 없는 사람을 지적하는 것은 올바른 대화법이 아니다. 말이 돌고 돌아 당사자에게 상처가 될 수 있기 때문이다. 그럼에도 불구하고 그런 대화가 반복되는 것은 '지적'에 대한 정확한 의미를 깨닫지 못했기 때문이다.

남을 지적한다는 것은 자기 고집의 상대적 표출일 수 있다. 인간은 불완전한 존재이기에 누구나 하나 이상의 모순을 갖고 있다. 그런 상황에서 남을 지적한다는 것은 자신은 잘났다는 반어적 표현이라고 할 수 있다.

즉, 자신은 옳은데 상대는 틀렸다는 것이다. 그런데 과연 이 세상에 절대의 선을 가진 사람이 존재할 수 있을까? 그럼에도 불구하고 자신만 옳다는 건 자기주장, 자기 고집에 불과하다.

따라서 뒷담화 하기 좋아하는 사람이란 자기 고집이 강한 사람이라고 할 수 있다.

이런 사람과의 대화를 지혜롭게 이끌어가기란 쉽지 않다. 반박하다 보면 싸움이 되고, 동의하자니 왠지 공범이 되는 기분이다. 그럼에도 불구하고 피하기 어려운 자리라면 일단은 그 사람의 뒷담화를 잘 들어주자. 상대의 말 에너지를 다 흡수해버리겠다는 자세로!

이때 주의해야 할 것은 절대 "맞아."라는 말로 동의해주어서는 안 된다는 사실이다. 그러면 상대는 자기 뒷담화가 옳은 줄 알고 더 기가 오를 수 있다. 대신 "그렇구나."라는 식의 반응이 적절하다. 그러다 보면 그는 지적하는 말, 즉, 고집 에너지를 다 방출해 더 이상 뒷담화를 이어갈 힘을 잃어버리는 때에 이르게 된다. 이 정도만으로도 다음에 만났을 때 그의 뒷담화는 현저히 줄어들게 될 것이다.

상대의 뒷담화가 너무 심해 끊어줄 필요가 있다면 이렇게 해보자. "사실 나도 그런 부분이 좀 있는데." 하면서 뒷담화의 대상이 되고 있는 제3자의 일이 나에게도 해당된 적이 있음을 은근히 비치는 것이다(물론 소재에 따라 동일시하기 곤란한 때도 있겠지만). 그러면 상대는 "그래?" 하면서 머쓱해진 채 더 이상 뒷담화 할 힘을 잃게 될 것이다.

상대가 나에게 싫은 말을 할 때의 대응

나는 글 쓰는 일을 업으로 하고 있기에 매번 평가받는 일을 당한다. 여기서 '당한다'는 표현을 쓴 이유는 평가받는 일을 꽤 많이 겪었음에도 나쁜 평가에는 여전히 언짢고 두려운 마음이 들기 때문이다.

세상에 자신에게 싫은 말을 하는데 좋아할 사람은 없을 것이다. 하지만 안타깝게도 살아가면서 이런 일은 흔히 겪는다. 그렇다면 자신에게 싫은 말을 하는 사람과의 대화에는 어떻게 대처해야 할까?

인간은 불완전한 개체이며 모순을 안고 살아가는 존재다. 그런데 좋을 때는 자기모순을 잘 보지 못하다가 안 좋을 때가 되어서야 비로소 모순을 발견하는 특성이 있다. 그 상황을 이겨야 진짜 성공이 열린다. 역사상 위인들은 한결같이 어려움 속에서 모순을 이겨내고 비로소 성공의 자리에 오르는 모습을 보여 왔다.

이런 시각으로 볼 때 나에 대한 싫은 말은 비록 기분은 나쁠지라도 내 모순을 볼 수 있는 절호의 기회다. 따라서 받아들이는 자세로 귀 기울여 들을 필요가 있다. 이런 태도는 나의 상한 기분도 반감시켜줄뿐더러 상대에게도 좋은 영향을 주는 이중적 효과가 있다.

다만 한 사람의 부정적 평가를 액면 그대로 받아들이는 것은 문제가 있을 수 있다. 어차피 나온 얘기라면 여러 사람의 의견을 들어보아 분명 내 모순이라면 고치도록 노력해야 할 것이다.

기왕이면 상대의 지적을 기회로 "그럼 어떻게 개선하는 게 좋지?"라고 조언도 구해보자. 내가 간과했던 좋은 답이 나올 수도 있고, 상대에게 자신을 인정한다는 느낌을 주어 인간관계도 더 좋아질 것이다.

자기 말만 하는 사람과의 대화법

자기 말만 하고 상대의 말은 잘 듣지 않는 사람이 있다. 사실 이런 사람과 대화하기란 매우 어렵다. 도무지 말할 틈을 안 주기 때문이다.

말이 많은 사람은 두 부류가 있다. 진짜 아는 게 많아서 말을 즐기는 사람, 별 지식도 없이 대화를 독차지하는 사람! 대응도 두 경우로 분리해 풀어가야 할 것 같다.

먼저, 진짜 아는 게 많아서 자기 말만 하는 사람이라면 그리 문제가 안

될 수 있다. 앞 페이지에서 제시한 '지식수준이 높은 사람과의 대화'와 상황이 유사해 '순응하는 대화법'으로 응대하면 서로 괜찮은 대화를 나눌 수 있을 것이다.

문제는 그냥 말이 많은 사람이다. 이런 사람은 남이 말하는 것을 지루해하고 잘 듣지 않기도 한다. 이런 경우 어떻게 대응해야 할까?

먼저 그 사람에게 왜 그런 습관이 생겼을까 생각해보는 게 중요하다. 성격적일 수도 있으나 아집이 센 사람이 곧잘 보이는 행동이다. 여기서 아집이란 어떤 사안에 대해 자신이 가진 답만이 맞는다고 생각하는 것이다. 그래서 다른 사람 말을 잘 듣지 않고 들을 필요도 없다는 식의 태도를 보인다.

이런 사람과의 대화를 성공적으로 이끌기 위해서는 상대의 아집을 유화시켜줄 필요가 있다. 이때 상대에게 충고하는 식의 접근은 바람직하지 않다. 충돌을 야기할 뿐이기 때문이다. 나도 지지 않겠다고 같이 떠드는 것도 부적절하다. 상대가 대화를 독점하니 그럴 기회도 적고 상대 귀에 들어가지도 않는다.

그보다는 오히려 경청하는 태도를 취하면서 팩트에 근거한 반응을 하는 게 효과적이다. "이 문제는 법이 바뀌어 지금은 이러이러해."라는 식으로 말이다! 이처럼 최대한 사실에 근거한 대응을 받다 보면 상대도 멈칫하면서 계속 자기 말만 쏟아내지 못하게 된다.

그렇다고 상대의 기를 눌러서는 안 되며 지속적으로 경청하면서 좋은 얘기엔 상대를 치켜세워줄 필요도 있다. 이렇게 어느 정도 상대와 유대관계가 형성되었다 싶을 때 "이 얘긴 당신도 들어보라."는 식으로 경청을 유도하면 상대도 따라온다. 그 역시 나로부터 자연스레 경청을 배웠기 때문이다.

내가 아는 것을 상대에게 효과적으로 전하려면

상대가 들을 준비가 된 사람이라면 모를까, 내가 아는 지식을 상대에게 전하는 일도 만만치 않다.

나는 역사, 종교, 철학, 경제 등 다방면의 지식 공부에 심취한 적이 있다. 그때 가끔은 아내를 앉혀 놓고 공부한 지식을 떠들어대기도 했는데, 아쉽게도 반응은 대체로 신통치 않았다. 아내 입장에서는 내가 잘난 체하는 것처럼 보여 기분이 좋지 않았던 것 같다.

어떻게 하면 내 지식을 상대에게 지혜롭게 전할 수 있을까? 이는 내가 아내로 인해 얻은 경험에서 답을 찾을 수 있다. 나는 내 말만 하기보다 먼저 아내의 말을 들어주기로 했다. 그리고 최대한 점수를 따기 위해 아내에게 잘해주려 애썼다. 그러던 어느 날 놀라운 일이 일어났다. 아내가 먼저 궁금한 지식을 물어오는 것이었다. 당연히 나는 훨씬 편하게 내가 아는 사실을 전해줄 수 있었다.

내 지식을 상대에게 효과적으로 전하려면 먼저 상대의 마음을 얻으려고 노력해야 한다. 그러자면 직장동료든 연인이든 나부터 상대를 호의로 대해야 한다. 호의는 신뢰를 만든다. 신뢰가 쌓이면 상대가 내 말을 받아들일 통로가 넓어진다. 그땐 거꾸로 내게 물어오는 경우도 많아진다. 그럴 때 내 대답은 물이 종이에 스미듯 상대에게 훨씬 잘 전달될 것이다.

또 하나, 지식이라고 다 통용되는 게 아니고 상대의 관심 분야 또는 상대가 필요로 하는 것을 들려줄 수 있어야 한다. 이건 나 또한 상대의 말에 관심을 기울이면 자연스레 잡아낼 수 있을 일이다.

이런 말이 있다. 상대가 원할 때 조언하면 멘토, 상대가 원하지도 않는데 가르치려 들면 꼰대! 평소에 지식을 쌓고 있다 보면 자연스레 써먹을 기회가 온다. 또 그렇게 써먹어야 존중도 얻는다.

상대의 마음을 읽기 위한 대화법

상대의 마음을 읽는 능력을 독심술이라고 한다. 만약 진짜로 이런 마법이 있다면 누구나 가지고 싶어 할 것이다. 하지만 안타깝게도 세상에 독심술은커녕 열 길 물속은 알아도 한 길 사람 속을 몰라 일어나는 비극이 너무 많다.

나는 글 쓰는 일을 하기에 여러 출판사와 거래를 한다. 대부분 신용을 지키지만 개중에는 사람 등치는 경우도 있다. 나는 그들로부터 원고료 떼이는 일을 심심찮게 당해봤다. 그때 그 사람의 마음을 읽었더라면 그런 일이 일어나지 않았을 텐데.

하지만 희망도 있다. 독심술은 힘들지라도 상대의 마음을 읽는 대화법은 있기 때문이다. 에이, 그런 게 어딨어? 하며 의심이 들겠지만 사실 원리는 간단하다. 상대의 말을 제대로 들어주는 게 그 방법이다.

인간은 근본적으로 이기적인 동물이다. 가족사진을 볼 때조차 자신을 가장 먼저 찾는 게 인간이다. 이런 이기적 본능은 대화할 때도 그대로 드러난다. 대부분의 사람들이 상대의 입장은 별로 생각지 않은 채 대화에 임하는 것이다. 그러니 상대의 마음을 읽을 수 없는 것은 당연하다.

대화를 통해 상대의 마음을 읽고 싶다면 먼저 잘 들어주어야 한다. 사실 이것만 잘하면 상대의 마음을 읽는 것은 식은 죽 먹기다. 자신의 말을 잘 들어주니 상대는 쉽게 마음의 벽을 허물고 속에 있는 이야기를 더 꺼내놓기 시작한다. 이런 원리로 상대의 마음을 점점 더 잘 읽을 수 있게 된다.

만약 당신이 대화의 고수가 되고 싶다면 더 추가해야 할 것이 있다. 그것은 사람에 관한 더 깊은 지식 공부다. 사람에 관한 지식 공부라 하면 심리학, 철학, 심지어 인체를 다루는 과학까지 포함한다.

이렇게 사람에 대한 지식 에너지가 축적되면, 이제 당신은 상대의 말을 조금만 듣고도 상대의 마음을 읽을 수 있는 실력을 갖게 된다. 그야말로 독심술 비슷한 능력이 생기는 것이다.

상대와 언쟁이 생겼을 때

대화 시 언쟁을 하게 되는 경우가 종종 발생한다. 아마도 말싸움을 해보지 않은 사람은 없을 것이다. 때론 언쟁을 통해 발전의 계기를 찾기도 하니 무조건 나쁘다고 할 건 아니지만 대개의 사람들은 언쟁을 부정적으로 생각한다. 감정 조절이 잘 안 되거나 심지어 상대와의 관계까지 망치는 경우도 있기 때문이다.

나는 가까운 친구와 종교 지식 문제로 언쟁을 벌일 때가 종종 있었다. 종교에 대한 서로의 생각이 달랐기 때문이다. 때로는 언쟁이 더 큰 싸움으로 번져 한동안 말을 않고 지낸 적도 있을 정도다.

그렇다면 언쟁 상황이 생겼을 때 대화는 어떻게 푸는 것이 좋을까? 언쟁은 주로 비슷한 지식 수준의 사람들 사이에서 발생한다. 서로의 주장이 옳다고 생각하기 때문이다. 하지만 지식수준에 많은 차이가 날 경우 언쟁 상황은 잘 일어나지 않는다. 이 점을 잘 활용하면 된다.

일단 언쟁 상황이 생기면 상대 탓보다 과연 내 주장이 옳을까를 먼저 생각해야 한다. 내 주장이 옳음에도(진짜 옳은지 판단이 쉽진 않겠지만) 언쟁이 생길 때는 그것과 관련해 상대를 설득할 만큼의 지식을 못 갖춘 상태일 가능성이 크다.

또 주장이 옳지 않으면서도 열을 올린다면 그때는 상대에게 지지 않겠다는 내 고집이 발동한 순간이다. 이건 사실 나의 하책이니 다음에라도 깨끗이 사과하고 지난 주장을 물리는 게 어리석음을 더는 일이다.

그런데 제대로 붙었다가 결론을 못 내는 때가 있다. 이때는 언쟁 상황에서 물러난 뒤 씩씩거리기보다는 그 분야에 대한 공부를 더 깊이 해야 한다. 그렇게 내 지식의 내공이 쌓이면 다시 만났을 때 상대의 주장이 더 잘 보이게 된다. 아마도 확전보다는 상대에게 바른 지식을 알려줌으로써 상황을 종료시키는 단계로 갈 수 있을 것이다.

문제는 서로의 주장을 다 털어냈는데 정말 생각의 차이가 느껴지는 경우다. 이때는 솔직히 답이 없다. 가령 진보와 보수 논객이 있다 치자. 서로의 주장에 대해 잘 알지만 가는 길이 다른 사람들이다. 그런데 생각 차이를 알면서도 서로에 대한 인간적 존중을 이어가는 만남도 있다. 그런 정도의 관계라면 나쁘지 않다.

하나 더. 언쟁에서 지식을 동원해 이겼다고 그게 다는 아니라는 점이다. 이겨도 상대를 불쾌하게 했다면 반만 이긴 것이다. 특히 상대의 감정을 다치게 하면 이류다. 예의가 빠졌기 때문이다. 또 여성의 경우 사실은 위로받고 싶어서 하는 말일 때가 있는데 그것에 논리를 들이대며 '넌 틀렸어'라고 눌러버리면 눈치 없는 사람이다.

부부 사이 소통 대화법

부부가 대화할 때 언제 막히는가? 당연히 서로 뜻이 맞지 않을 때다.

모처럼 휴일, 아내는 놀러 가고 싶은데 남편은 쉬고 싶다. 아내는 드라마를 보고 싶은데 남편은 야구를 보고 싶다. 이처럼 뜻이 맞지 않을 때 부부 간 대화는 막히고 만다. 문제는 이런 상황이 벌어졌을 때 남편과 아내 누구도 양보하지 않으려 한다는 데 있다.

왜 이런 현상이 생기는 걸까? 부부로 만난 남녀 관계는 근본적으로 경쟁 관계이기 때문이다. 그래서 서로 양보하기보다는 구속하려 든다. 하지만 경쟁과 구속은 서로 물과 불의 관계이므로 구속은 절대 해결책이 아니다.

그렇다면 어떻게 해야 꽉 막힌 부부 간의 대화를 풀 수 있을까? 이는 경쟁 관계를 상생 관계로 진화시킬 때 비로소 가능해진다. 어떻게 해야 상생 관계로 진화시킬 수 있을까? 여기서 진화란 단어에 주목해야 한다. 진화란 수준이 높아짐을 뜻한다. 즉, 부부가 서로 왜 뜻이 안 맞는지 관련 지식을 공부하며 성장해가야 한다는 것이다.

《화성에서 온 남자 금성에서 온 여자》(존 그레이) 같은 책도 좋다. 생각보다 먼 남녀의 간극을 알려주는 책이다. 사람은 어떻게 보면 나이가 든다고 철드는 것도 아니다. 같이 살아온 세월이 꽤 오래임에도 서로에 대한 몰이해로 슬프게 지내는 부부도 많다. 가령 휴일에 부부가 같이 시장에 가는 게 소원인 아내와 무조건 낚시를 가야 하는 남편이 있다 치자. 그 문제로 평생을 싸우는 부부가 있다. 반면 현명한 부부는 한 주씩 교대로 상대의 스케줄을 존중해준다. 타협의 대화를 할 줄 아는 부부다.

그 외 부부 간에 발휘해야 할 지혜를 여기에 다 쓸 수는 없지만 부부가 함께 관계 공부를 해나가다 보면 상대를 이해하는 내공이 생긴다. 이렇게 되면 서로를 바라보는 시야의 폭이 넓어지고 뜻이 점점 하나로 모아져 비로소 부부 간 대화에도 소통이 이루어질 것이다.

대화의 신, 래리 킹

래리 킹.

사람들은 세계적인 입담꾼으로 곧잘 래리 킹(Larry King, 1933~ . 미국의 토크쇼 진행자)을 떠올린다. 오프라 윈프리(Oprah Winfrey, 1954~ . 미국의 방송인)도 대단하지만 래리 킹은 그 별명처럼 정말 '대화의 신'이라 할 만하다. 어느 정도로 대화를 잘하기에 그런 별명이 붙었을까.

래리 킹은 현재 80대 후반의 할아버지이지만 자타가 공인하는 세계 최고의 토크쇼 진행자다. 역대 미국 대통령은 물론 세계적 거물들을 그만큼 많이 인터뷰한 진행자도 없다.

도대체 래리 킹의 대화 비법은 무엇일까? 그는 2015년 《대화의 신, 래리 킹》이란 책을 냈는데 그 속에 그의 대화법이 고스란히 들어 있다. 그의 대화법의 핵심은 경청과 소통, 지식에 있다고 할 수 있다. 경청이란 상대 입장에서 말을 들어주라는 것이고, 소통이란 나도 개방해 상대와 통하라는 것이다.

예를 들면, 상대가 여행을 간다고 했을 때 "좋겠다!"라는 식상한 말 대신 "거긴 나도 가보고 싶었던 곳인데. 좀 더 자세히 얘기해봐." 하고 공감을 보이는 것이 훨씬 좋은 대화법이 될 수 있다고 조언한다.

또 래리 킹은 책을 통해 '지식이란 그저 책에 박힌 지식이 아니라 폭넓은 지식, 새로운 지식, 남과 다르게 보는 지식이어야 한다'고 말한다. 이런 지식을 가진 사람은 늘 새로운 느낌을 주기 때문에 상대가 자석처럼 끌려올 수 있다는 얘기다.

래리 킹은 2004년에 출간한 《대화의 법칙》을 통해서는 말을 잘하기 위한 방법으로 말투 교정과 같은 기술적 개선보다 낯선 사람들 앞에 나설 수 있는 용기, 실수를 두려워하지 않는 태도와 같은 마음자세를 강조했다.

그리고 래리 킹은 대화를 할 때 상대와 눈을 맞추라고 권한다. '눈을 맞춘다는 것은, 난 당신의 말을 듣고 있습니다, 라고 하는 것과 같다. 말을 하는 사람도 상대에게 눈을 맞추는 게 좋다. 내 얘기가 지루하다면 상대의 눈이 다른 곳으로 돌아갈 것이다. 더 좋은 내용으로 바꾸어야 할 상황이다.'

마지막으로 이 대화 명인의 가르침에 유머와 위트까지 더한다면 당신도 래리 킹을 닮은 대화꾼이 될 수 있지 않을까!

열등감을 역이용하는 아들러 식 대화법

알프레드 아들러.

일본 작가 도다 구미는 2015년 《가슴에 바로 전달되는 아들러 식 대화법》이라는 책을 냈다. 이 책에서 언급된 알프레드 아들러(Alfred Adler, 1870~1937)는 오스트리아의 정신의학자로 개인심리학을 창시했다. 그는 '인간은 열등감의 동물이며 이 열등감을 극복하기 위한 노력 덕분에 인간이 발달해 왔다'는 이론을 펼쳤다.

사실 '대화'에 있어서도 생각보다 많은 사람들이 열등감을 가지고 살아간다. 나 또한 청년시절까지 남 앞에서 잘 말하지 못하는 열등감 때문에 고통 받았다. 말을 조리 있게 잘하는 사람을 보면 괜히 주눅 들고, 그래서 또 말을 잘 못하게 되곤 했다.

아들러 식 대화법에서는 이런 열등감을 가진 사람도 대화를 잘할 수 있는 비법을 공개하고 있다. 그의 대화법의 핵심은 '용기'를 만들어내는 데 있다. 사실 용기만 있다면 누구나 얼마든지 대화에 끼어들고 자신 있게 대화할 수 있게 될 것이다.

아이러니한 것은 이러한 용기를 만들어내는 최고의 재료가 바로 열등감이란 사실이다. 열등감은 인간으로 하여금 그것을 극복하려는 의지를 발동시키는데, 이때 개인의 성장이 일어나면서 그 성장이 용기를 부여하게 된다고 아들러는 말한다.

이제 당신도 이 사실을 알았다면 열등감 속에 빠져 허우적거리는 일은 발로 차버려라. 그리고 열등감을 딛고 힘차게 뛰어오르는 용기 있는 인간형에 도전해보기 바란다.

인터넷 공간에서의 대화법

살아가면서 낯선 사람과 오래 대화할 일은 별로 없다. 하지만 시선을 온라인으로 돌리면 상황이 완전히 달라진다. 낯선 사람과의 대화가 부지기수로 일어나기 때문이다. 이때 서로는 얼굴을 감추고 있기에 일방적으로 자신에게 유리한 말을(심지어 거짓말까지도) 떠들어댈 수 있다.

낯선 사람과의 대화에서 두 가지 짚고 넘어가야 할 문제가 있다. 첫째는 '왜 만나게 되었는가'다. 자연은 만남을 줄 때 그냥 우연히 주는 경우가 없다. 아무리 채팅이라도 뭔가 나와 인연이 있기에 그 사람을 만나게 해주는 것이다.

기왕이면 상대와의 대화를 내 공부에 활용하자. 같은 관심사를 가진 사람을 밖에서는 찾기 어렵지만 인터넷에서는 검색 몇 번이면 이내 찾을 수 있다. 하기에 따라 시간과 비용을 절감하면서 전문성까지 맞춘 일석삼조의 대화도 가능하다. 이런 온라인 대화의 장점을 왜 낭비하는가. 얼마든지 내 성장의 기회로 삼을 수 있다.

두 번째는 SNS 게시, 댓글 등과 같은 등재 글이다. SNS에서는 본인을 드러내는 경우도 있지만 ID만으로 신분을 감춘 허위, 특정인을 향한 비방 등이 너무 흔하게 일어난다. 모두 익명성에 기댄 비겁한 행위다.

2015년 '○○ 묻지마 폭행' 사건이 있었다. 10대가 낀 남녀 무리가 길을 지나던 20대 연인커플에게 무작정 폭행을 가한 일이다. 사건 후 범인 중 하나인 여고생이 SNS에 다음과 같은 글을 올렸다.

"그래 봤자 시간 지나면 모두 경험일 거. 너무 깊게 생각 않고 나 자신을 가장 사랑해야겠다."

자신의 죄를 회피하려는 무책임한 글이 아닐 수 없다. 이 여고생은 네티즌에 의해 신상정보가 공개되고 언어폭력을 당해 가해자이면서 피해자가 되었다. 무책임한 글이 주는 부정적인 교육효과는 또 얼마나 클 것인가. 은연중에 도덕불감증이 퍼져 가는 것이다. 서로 공격자가 되고 피해자가 되는 게 지금의 인터넷 대화 문화다.

인터넷 대화라 하더라도 사람과 사람 간의 만남이라는 건 다르지 않다. 실제 대화 못지않은 예절과 상대를 존중하는 마음이 동반되어야 한다. 그렇게 할 때 상대도 나에게 해를 가하지 않게 된다. 21세기 최고의 발명품인 인터넷과 스마트폰 문화를 제대로 즐기는 대화법은 '예의'가 먼저다.

찾아보기

Chapter 01_ 경제 · 경영 편

갈라파고스 증후군 105
거시경제학 30
《검은 백조》 53
경제민주화 32
경제자유구역 100
골드만삭스 52
골디락스 62
교토의정서 88, 181
구제금융 43
국가신용등급 58
《국부론》 19, 20
규모의 경제 84
그레셤의 법칙 94
그루폰 35
그리스 구제금융 43
기준금리 45
기회비용 65
나비효과 68
나스닥 73
나쓰오 다케시 105
나심 니콜라스 탈레브
(Nassim Nicholas Taleb) 53
뉴딜정책 25
다국적 기업 54
다우지수 73
대공황 23
대처(Margaret Hilda Thatcher) 26
대처리즘 26
데이비드 리카도(David Ricardo) 21
디폴트(채무 불이행) 42, 49
레드오션 33
레버리지 97
레이거노믹스 27
로널드 레이건(Ronald Wilson Reagan) 27
리먼브라더스 사태 51
리보금리 45
리처드 탈러(Richard Thaler) 60
리카도의 자유무역 21
리커노믹스 101
매몰비용 66
모라토리엄 42
무디스 58
미시경제학 30
미텔슈탄트 60
바오류 시대 91
바이두 109
반세계화운동 54
뱅크 런 49
버냉키 쇼크 40
벤 버냉키(Ben Bernanke) 40
보이지 않는 손 20
복지경제학 57
브랜드 가치 86
블랙 스완 54
블루오션 33
《블루오션 전략》 33
비트코인 107
빅 데이터 34
빌프레도 파레토(Vilfredo Pareto) 65
사모펀드 81

사이드카 76
사채(회사채, 채권) 50
사회자본주의 29
산업혁명 18
삼성과 애플의 소송전 104
상속세 98
서브프라임 모기지론 51, 53
서킷브레이커 75
선물(先物)거래 77
세계화 55
셰일가스 89
소비자심리지수 91
소셜커머스 35
수정자본주의 30
수쿠크 52
슈퍼노트 96
스태그플레이션 27
스탠더드앤드푸어스(S&P) 41, 58
승자의 저주 60
시장경제 18, 19
시카고학파 25
신자유주의 25, 27, 29
쌍둥이 적자 102
아마르티아 센(Amartya Sen) 56
아베노믹스 40
알리바바 109
애덤 스미스(Adam Smith) 19
양도세 98
양적완화 40
어닝 서프라이즈 80
어닝 쇼크 79
오일머니 52
와타나베 부인 99
우리사주 76
우회상장 80
이머징 마켓 83
《인구론》 21
잉여가치 23
《자본론》 23
자사주 소각 76
재정 절벽 41
적대적 M&A 66
전환사채(CB채권) 50
제임스 토빈(James Tobin) 93
젠트리피케이션 103
조세 피난처 99
조세부담률 98
조지프 슘페터(Joseph Schumpeter) 28
존 메이너드 케인스
(John Maynard Keynes) 24
증여세 98
지니(C. Gini) 69
지니계수 69
지주회사 86
지하경제 61
창조적 파괴 28
출구전략 64
카니발리제이션 29
카를 마르크스(Karl Marx) 22
케인스학파 25
코스닥 72
코스피 72

콜금리 45
크라우드 펀딩 106
클라우딩 컴퓨터 36
탄소배출권거래제 89
탄소포인트제 88
텐센트 109
토마 피케티(Thomas Piketty) 85
토머스 그레셤(Thomas Gresham) 94
토머스 맬서스
(Thomas Robert Malthus) 20, 22
토빈세 93
파레토의 법칙 65
파리협정 88
팝업 스토어 106
패블릿 103
퍼플오션 34
페이퍼컴퍼니 99
펭귄효과 93
포퓰리즘 32
폴 크루그먼(Paul Krugman) 85
푸드 테크 92
풍선효과 67
프랭클린 루스벨트
(Franklin Delano Roosevelt) 24
프리드리히 엥겔스(Friedrich Engels) 23
프리드리히 하이에크(Friedrich Hayek) 25
피치 59
피케티 신드롬 85
핀 테크 48
해양플랜트 79
헤르만 지몬 95
헤지펀드 82
환차익 46
《히든 챔피언》 95
1인당 GDP 70
《21세기 자본》 85
AIIB(아시아인프라투자은행) 57
BDA(방코델타아시아) 96
BIS 비율 44
BIS(국제결제은행) 44
CMA 통장 48
CP(기업어음) 78
ELS(주가연계파생결합증권) 78
Fed(연방준비제도) 38
FOMC(연방공개시장위원회) 38
FRB(연방준비제도이사회) 39, 40, 51
FTA(자유무역협정) 37
G20 87
GATT(관세 및 무역에 관한 국제무역협정) 56
GDP(국내총생산) 70
IMF(국제통화기금) 57
ISD(투자자 국가소송제도) 38
MMF 통장 47
NAFTA(북미자유무역협정) 56
OPEC(석유수출국기구) 52
P2P 108
PBR(주가순자산비율) 74
S&P500 73
WMO(세계기상기구) 88

Chapter 02_ 정치 · 사회 편

《강희자전(康熙字典)》 123
강희제 122
《고금도서집성(古今圖書集成)》 123
공무원연금 개혁 127
공산당 전국대표대회 위원 150
공산당 중앙위원회 150
공산주의 116
공산주의와 사회주의의 차이 116
공작 113
공화당 148
공화정 115
공화제 124
광명성 위성발사 135
교토의정서 181
국무원 총리 150
국민연금 개혁 128
국제사면위원회(앰네스티) 178
군국주의 120
굿네이버스 182
금수저 176
기소유예 158
나치즘 119
남작 114
내각책임제 124
넥슨 카드 160
넥슨 캐시 160
노노족 171
노동 미사일 133
노동3권 157
노블레스 오블리주 176
농르풀망원칙 145
누르하치 122
눔프 현상 130
다니엘 벨(Daniel Bell) 125
다카스기 신사쿠 155
단결권 157
단체교섭권 157
단체행동권 157
대동아공영론 155
대통령제 124
대포차 160
대포통장 160
대포폰 160
도미노이론 146
도조 히데키 156
동태 169
드와이트 아이젠하워
(Dwight Eisenhower) 146
등골 브레이커 170
디도스 184
딸통법 162
러시아 2월 혁명 118
로드맵 180
로케팅족 174
리플리 증후군 163
마르크스-레닌주의 115
매카시즘 121
명태 169
무바라크 144
무수단 미사일 133

미하일 고르바초프(Mikhail Gorbachev) 148
미 · 소 냉전시대 116
민주당 148
민주주의 114
바샤르 알 아사드(Bashar al-Assad) 140
바이마르 헌법 125
방공식별구역 136
배타적경제수역 138
백작 113
법인세 129
베니토 무솔리니(Benito Mussolini) 119
베른슈타인(Edward Bernstein) 118
베이비붐 세대 172
별건수사 131
보수 120
보스포루스 해협 143
보이스피싱 159
보편적 복지 129
봉건 112
봉건제도 112
부르주아 114
부주석 150
북한 6 · 28 조치 132
분노조절장애 164
불곰사업 149
불안장애 163
사담 후세인(Saddam Hussein) 139
사드 135
사이버 불링 170
사이코패스 165
사회민주당 118
사회민주주의 118
사회서비스 바우처 157
사회주의 117, 118
산둥방 151
산시방 151
산업재산권 162
살라미 전술 131
삼초땡 169
상무위원 150
상하이방 151
생태 169
샤오캉 사회 149
선택적 복지 129
소셜다이닝 문화 174
소시오패스 165
수니파 139
순치제 122
스미싱 159
스커드 미사일 133
시리아 난민문제 140
시리아 반군 141
시아파 139
시진핑(習近平) 151
신데렐라법(셧다운제) 168
신사임당 153
신중년 172
십장생 169
아담 바이스하우프트(Adam Weishaupt) 183
아돌프 히틀러(Adolf Hitler) 120
아랍의 봄 144
아베 신조 156

알밴 명태 169
알카에다 142
액티브 시니어 171
야스쿠니 신사 155
양해각서 179
어나니머스 184
에코 세대 172
엘아비딘 벤알리 144
영공 136
영주 113
오사마 빈 라덴(Osama Bin Laden) 142
온라인 확정일자 166
요시다 쇼인 154
우파(우익) 120
워킹홀리데이 185
유니세프 182
이어도 137
이원집정부제 125
이태백 169
이토 히로부미 155
인민민주주의 117
일루미나티 183
일본 우경화 152
입헌군주제 123
자코뱅당 120
작은 사치 174
장미족 169
장쩌민(江澤民) 149
《재능 있는 리플리 씨》 163
재특회 152
저작권 161
전기통신사업법 시행령 개정안 162
전자위치추적제도 167
전체주의 119
정한론 155
제로섬 게임 177
조기 169
조셉 매카시(Joseph McCarthy) 121
존 F. 케네디(John F. Kennedy) 146
좌파(좌익) 120
주석 150
중국의 권력 구조 150
중상주의 114
중앙법률위원회 서기 150
중앙정치국 위원 150
증세 논란 129
지롱드당 120
지소미아 137
지적재산권 161
진보 120
집단자위권 152
청백전 169
초상권 161
취집 169
카우치 서핑 186
쿠르드족 143
탈공업화 125
탈레반 142
《탈아론》 153
파리기후협약 181
파밍 159
파시즘 119

팍스 로마나 147
팍스 시니카 146
팍스 아메리카나 147
페르디난트 라살레(Ferdinand Lassalle) 118
포퓰리스트당 147
포퓰리즘 148
푸젠방 151
프랑스 대혁명 114
프렌디 마케팅 173
프롤레타리아 115
프리메이슨 183
하페즈 알 아사드(Hafez al-Assad) 140
학문의 권장 153
학생인권조례 166
한 · 일청구권협정 137
헬조선 175
확정일자 166
황여전람도(皇與全覽圖) 123
황태 169
후쿠자와 유키치 153
휴민트 134
흙수저 176
5포 세대 169
BPI(뇌물공여지수) 179
IS 무장단체 138
ISSG(국제적시리아지원그룹) 142
MD(미사일 방어체계) 135
NEET족 169
NGO 단체 182
TI(국제투명성기구) 178

Chapter 03_ 인문 · 과학 편

가치 합리성 206
강증산 214
강한 인공지능 227
검정교과서 211
공리주의 203
공자(孔子) 198
관념론 202
관념의 3단계론 204
국정교과서 211
그래핀 222
《금강경》 213
나노 트럭 224
노자(老子) 196
《논어》 198
니체(F. W. Nietzsche) 207
다선진화 193
단선진화 193
대순진리회 214
도교 197
《도덕경》 197
동로마제국 201
디도스 236
러셀(C. T. Russel) 216
로부스타 220
루드비히 포이에르바흐
(Ludwig Feuerbach) 202
르네상스 190
마호메트 212
막걸리 효능 220

막스 베버(Max Weber) 205
맹모삼천지교 199
맹자(孟子), 《맹자》 199
메모리 반도체 230
메탄하이드레이트 218
메티오닌(필수아미노산) 221
모나코 217
모세5경 195
몰디브 217
몰타 217
몰타기사단 217
무슬림 213
무위자연 197
문화융합 192
문화의 전파 191
문화의 진화 193
문화접변 192
문화흡수 192
미니국가들 216
미니문 237
바티칸시국 216
박중빈 213
발견 190
발명 190
배아줄기세포 222
변증법 202
변증법적 유물론 202
비메모리 반도체 230
비잔티움제국 201
빙하 코어 223
사단(四端) 200
사물인터넷 231
사서삼경 199
사양(辭讓) 200
사회진화론 205
생시몽 203
서로마제국 201
서비스 거부 공격 236
석면 226
《성경》 신약과 구약 195
성체줄기세포 222
수오(羞惡) 200
숙량흘(叔梁紇) 198
순항미사일 239
슈퍼문 237
스페이스 클럽 240
시비(是非) 200
시스템 반도체 230
신휴머니즘 206
실존주의 207
실증주의 204
십자군 전쟁 212
아라비카 220
안드레 가임(Andre Geim) 222
약한 인공지능 227
《에너지 이론》 193
여호와의 증인 216
왕도정치 200
외상 후 스트레스 장애 211
8K TV 235
원두커피 220
원불교와 불교의 차이 213

유물론 202
유전자 화장품 225
이동위성 238
이슬람교와 기독교 212
인공지능 AI 226
인스턴트커피 220
인의예지신 199
인정교과서 212
일반진화론 193
일원상(一圓相) 214
임베디드 229
자가면역질환 218
장 폴 사르트르(Jean Paul Sartre) 207
저궤도 위성 237
적자생존 205
《정부론》 203
정지궤도 위성 237
제러미 벤담(Jeremy Bentham) 203
《종의 기원》 194
줄기세포 221
증강현실 233
증산교 214
찰스 다윈(Charles Darwin) 194
초연결지능망 228
최대 다수의 최대 행복 203
《춘추》 198
측은(惻隱) 200
카네포라 220
칵테일파티 효과 208
코란 212
콘스탄틴 노보셀로프
(Konstantin Novoselov) 222
콘클라베 209
콜린 체리(Colin Cherry) 208
콩트 204
크리스토퍼 콜럼버스
(Christopher Columbus) 190
탄도미사일 239
테오도시우스(Flavius Theodosius) 201
트라우마 211
특수진화론 193
프란치스코 교황
(Francis Jorge Mario Bergoglio) 209
프리스틀리(J. Priestley) 203
허버트 스펜서(Herbert Spencer) 204
헤겔(Georg Wilhelm Friedrich Hegel) 202
회상성 기억조작 210
휴머니즘 206
3D 프린팅 232
4대 성인 198
IARC(국제암연구소) 226
L. A. 화이트(White) 193
LCD 234
LED 234
OLED 234
WHO(세계보건기구) 226

Chapter 04_ 문화 · 예술 · 스포츠 편

가드닝 열풍 307
강수연 293
강풀 304
개념미술 277
게임시장 303
고대 올림픽 256
고전주의 244
교향곡 〈미완성 교향곡〉 256
교향곡 〈비창〉 256
교향곡 〈운명〉 256
귀스타브 쿠르베(Gustave Courbet) 246
〈귀여운 여인〉 255
근대 올림픽 257
근대5종경기 258
기 드 모파상(Guy de Maupassant) 255
김기덕 293
김난도 266
낭만주의 246
너바나(Nirvana) 284
놀란 라이언(Nolan Ryan) 310
농구 3초룰, 8초룰, 24초룰 333
농구 등번호의 비밀 335
농구 포지션 333
다다이즘 249, 251
다양성 영화 300
더비 327
데니스 키메토(Dennis Kimetto) 343
독립영화, 인디즈 298
동계올림픽 259
두보(杜甫) 253
디스(disrespect) 266
디스코 284
디에고 마라도나
(Diego Armando Maradona Franco) 324
디지털 네이티브 266
딥 퍼플(Deep Purple) 282
〈또봇〉 268
〈똥파리〉 298
래리 킹(Larry King) 363
래퍼 288
랜디 존슨(Randy Johnson) 311
랩 288
런던 더비 327
레게 286
레드 제플린(Led Zeppelin) 283
레디메이드 276
레프 톨스토이
(Lev Nikolayevich Tolstoy) 247
로널드 B. 토비아스(Ronald B. Tobias) 273
《로미오와 줄리엣》 254
로버트 무그(Robert Moog) 285
로저 클레멘스(Roger Clemens) 312
로큰롤 281
록 282
롤링 스톤스(The Rolling Stones) 282
롱테이크 294
루 게릭(Lou Gehrig) 311
루이 암스트롱(Louis Armstrong) 280
루트비히 판 베토벤
(Ludwig van Beethoven) 256

리그 앙 326
〈리니지〉 303
리듬앤블루스, 알앤비(R&B) 281
리믹스 287
마르셀 뒤샹(Marcel Duchamp) 276
마이클 잭슨(Michael Jackson) 289
마이클 조던(Michael Jordan) 337
〈마지막 잎새〉 255
매직 존슨(Magic Johnson) 337
먹방 현상 265
메이저리그 309
메이저리그를 빛낸 스타들 310
〈메이플스토리〉 303
메타 픽션 250
명예의 전당 311
모더니즘 249
모바일 네이티브 267
모티브 274
《목로주점》 247
몽타주 293
무라카미 하루키 274
문화자본 271
미디 285
미래주의 249
미래파 250
미장센 296
박세리 341
박인비 341
박지성 329
밥 말리(Bob Marley) 287
배트 플립 315
백남준 278
백인천 314
버스킹 289
베니스국제영화제 292
베르길리우스(Publius Vergilius Maro) 253
베를린국제영화제 293
베이브 루스(Babe Ruth) 311
보스턴 마라톤 342
볼리우드 297
볼프강 아마데우스 모차르트
(Wolfgang Amadeus Mozart) 245
분데스리가 326
블록버스터 291
블론 세이브 316
블루스 280
〈비곗덩어리〉 등 255
비디오아트 278
〈빌리진〉 등 290
사실주의 246
사이 영(Cy Young) 312
사이 영상 312
사이클 히트 315
살바도르 달리(Salvador Dalí) 252
상징주의 248
샌디 쿠팩스(Sandy Koufax) 310
샤를 보들레르
(Charles-Pierre Baudelaire) 248
샷 294
서윤복 342
선동열 313, 322
세계 3대 교향곡 256

세계 3대 단편작가 255
세계 3대 시인 252
세계 3대 영화제 292
세계기록유산 270
세계문화유산 269
세르게이 에이젠슈타인
(Sergei Eisenstein) 293
세리에 A 326
세이브 316
셰익스피어의 4대 비극 254
소셜테이너 268
소울 280
슈퍼볼 340
스눕 독(Snoop Dogg) 288
스웨그 신드롬 266
스크린셀러 291
슬라이더 318
시놉시스 296
《시법》 245
시보 광고 272
시퀀스 295
《시학》 245
신 294
신시사이저 285
《실락원》 245
실증주의 246
아르튀르 랭보(Arthur Rimbaud) 248
아리스토텔레스(Aristoteles) 244
〈아비뇽의 처녀들〉 251
안톤 체호프(Anton Chekhov) 255
알리기에리 단테(Alighieri Dante) 253
알프레드 아들러(Alfred Adler) 365
애슬레저룩 308
앤디 워홀(Andy Warhol) 278
앨런 프리드(Alan Freed) 281
어니스트 헤밍웨이(Ernest Hemingway) 295
얼터너티브 록 283
에드 시런(Ed Sheeran) 289
에레디비지에 326
에밀 졸라(Emile Zola) 247
엘 클라시코 327
엘비스 프레슬리(Elvis Presley) 282
오 헨리(O. Henry) 255
〈오르낭의 매장(埋葬)〉 247
오브제 276
오티스 레딩(Otis Redding) 281
요한 볼프강 폰 괴테
(Johann Wolfgang von Goethe) 246
요한 크루이프(Hendrik Johannes Cruijff) 324
〈원피스〉 301
월드컵 역사 261
월드컵을 빛낸 스타들 323
웹드라마 305
웹툰 304
윌리엄 셰익스피어
(William Shakespeare) 254
윌트 체임벌린(Wilt Chamberlain) 337
유네스코 269
유럽 프로축구 4대 빅 리그 326
유로컵 329
윤태호 304
이봉주 343

이승엽 314
이태백(李太白) 253
일렉트로닉 음악 285
일본 프로야구 313
임권택 293
입체파 251
자연주의 247
장 바티스트 라신
(Jean-Baptiste Racine) 245
장 자크 루소
(Jean-Jacques Rousseau) 246
장 피에르 멜빌(Jean-Pierre Melville) 295
장훈 313
재즈 280
《전쟁과 평화》, 《부활》, 《안나 카레리나》 247
〈전함 포템킨〉 93
조지프 코수스(Joseph Kosuth) 277
존 밀턴(John Milton) 245
존 케이지(John Cage) 279
줄 리메(Jules Rimet), 줄 리메컵 261
지그문트 프로이트(Sigmund Freud) 249
지상파 방송광고 총량제 272
〈진격의 거인〉 302
질풍노도의 시대(문예운동) 246
차범근 330
챔피언스리그 328
체인지업 318
초현실주의 252
최동원 322
최인호 275
카림 압둘 자바(Kareem Abdul Jabbar) 337
〈카트라이더〉 303
칸영화제 293
칼 립켄 주니어(Cal Ripken Jr.) 311
캘리그라피 306
커리어 그랜드슬램 341
컷 294
코비 브라이언트(Kobe Bryant) 337
쿠르트 슈비터스(Kurt Schwitters) 252
타이 콥(Ty Cobb) 311
테드 윌리엄스(Ted Williams) 311
토막 광고 272
투심 패스트볼 317
투자배급사 299
파블로 피카소(Pablo Picasso) 250
팝아트 278
펑크(punk) 283
펠레(Pele) 323
포스트모더니즘 250
포심 패스트볼 317
포크볼 318
폴 세잔(Paul Cézanne) 251
표트르 일리치 차이코프스키
(Piotr, Ilyitch Tchaikovsky) 256
표현주의 249
프란츠 베켄바우어
(Franz Beckenbauer) 324
프란츠 요제프 하이든
(Franz Joseph Haydn) 245
프란츠 페터 슈베르트
(Franz Peter Schubert) 256
프로그램 광고 272

프로볼 340
프리메라리가 326
프리미어리그 326
플롯 273
피에르 드 쿠베르탱
(Pierre de Coubertin) 257
필리포 마리네티
(Filippo Tommaso Marinetti) 251
하드록 282
하드보일드 295
하인스 워드(Hines Ward) 340
한국 농구를 빛낸 스타들 335
한국 프로야구 역사 320
한국의 역대 올림픽 성적 308
한국의 월드컵 성적 325
한국프로야구 홈런 1위, 다승 1위 321
함기용 342
행크 아론(Hank Aaron) 311
허동택 트리오 336
헤비메탈 283
호나우두(Ronaldo) 324
호레이스(Horace) 245
호메로스(Homeros) 252
힙합 285
1인 방송 263
FA(자유계약선수) 319
FIFA(국제축구연맹) 260
IOC(국제올림픽위원회) 258
K리그 최다 우승팀, 최다 골 선수 332
K리그(한국프로축구) 331
NBA(미국농구협회) 336
NFL(프로미식축구리그) 339
UEFA(유럽축구연맹) 327

이 책을 쓰는 데 참고한 자료

《시사논술 개념 사전》 북이십일 아울북

《대한민국 소비자를 유혹하는 비즈니스코드》 토네이도

《시사상식 사전》 pmg 지식엔진연구소, 박문각

《비즈폼 서식 사전》 비즈폼

《한경 경제용어 사전》 한국경제신문 한경닷컴

《세상의 모든 지식》 서해문집

《트렌드 지식 사전》 인물과 사상사

《세계사 개념 사전》 북이십일 아울북

《법률용어 사전》 법문북스

《문화 인류학》 서울대학교 출판문화원

《실크로드 사전》 창비

《Basic 고교생을 위한 사회용어 사전》 신원문화사

《철학 사전》 중원문화

《고전해설 ZIP》 지만지

《사회복지학 사전》 Blue Fish

《국어국문학 자료 사전》 한국사전연구사

《사람을 움직이는 100가지 심리법칙》 케이엔제이

《살아있는 과학 교과서》 휴머니스트

《IT용어 사전》 한국정보통신기술협회

《훤히 보이는 3D 기술》 한국전자통신연구원(ETRI), 전자신문사

《고사성어랑 일촌 맺기》 서해문집

《영화 사전》 MEDIA 2.0

《한국민족문화대백과》 한국학중앙연구원

《드라마 사전》 문예림

《음악미술 개념 사전》 북이십일 아울북

《패션전문 자료 사전》 한국사전 연구사

《아테네에서 아테네까지》 홍경

《올림픽 정치사》 보경문화사

《올림픽 경기사》 동양문화사

《만화 애니메이션 사전》 한국만화영상진흥원

《세계 미술용어 사전》 월간미술

《문화예술 교육의 이해》 커뮤니케이션북스

《문화산업의 기초이론》 커뮤니케이션북스

《나는 문학이다》 나무 이야기

《일본소설 명인명작 감상》 제이앤씨

《NEW 경제용어 사전》 미래와 경영

《파퓰러 음악용어 사전》 & 《클래식 음악용어 사전》 삼호뮤직 편집부

《댄스스포츠 사전》 메디컬코리아

《대중문화 사전》 현실문화연구

《미술 대사전(용어편)》 한국사전연구사

《세계문학사 작은 사전》 가람기획

《세계미술용어 사전》 월간 미술

《소설학 사전》 문예출판사

《문학 비평용어 사전》 국학자료원

《세계문화 사전》 인물과 사상사

《스포츠와 게임》 브리태니커 비주얼 사전

《미국의 스포츠》 미국 국무부, 주한 미국대사관 공보과

《체육학 대사전》 민중서관

그 외 〈매일경제〉, 〈매경닷컴〉, 〈상해한인신문〉, 〈조선일보〉, 〈동아일보〉, 〈국제신문〉, 〈골프가이드〉, 〈스포츠서울〉 등의 기사와 《네이버 지식 백과사전》, 《두산 백과사전》, 《한국어 위키백과》, 《Daum 백과사전》 등 참조